教育部特色专业建设项目（编号：TS1Z016）支持成果

乐平 著　**HuangLePing ZHU**

UEDUZHIDAO
LUNYUYUNYONG

阅读之道：理论与运用

敦煌文艺出版社

图书在版编目（CIP）数据

阅读：理论与运用 / 黄乐平著. -- 兰州：敦
煌文艺出版社，2013.4（2023.1重印）
　　ISBN 978-7-5468-0502-3

　　Ⅰ．①阅… Ⅱ．①黄… Ⅲ．①读书方法 Ⅳ.
①G792

　　中国版本图书馆CIP数据核字（2013）第074339号

阅读之道：理论与运用

黄乐平　著

责任编辑：张家骝
装帧设计：石　璞

敦煌文艺出版社出版、发行

本社地址：（730030）兰州市读者大道 568 号

本社邮箱：dhwy@duzhe.cn

本社博客（新浪）：http://blog.sina.com.cn/dunhuangwy

本社微博（新浪）：http://weibo.com/1614982974

0931-8773084(编辑部)　　　　0931-8773235(发行部)

天津旭丰源印刷有限公司印刷

开本 787 毫米×1092 毫米　1/16　印张 18.25　插页 3　字数 150 千

2013 年 5 月第 1 版　2023 年 1 月第 2 次印刷

印数：1 001～4 000

ISBN 978-7-5468-0502-3

定价：65.00 元

前 言

世纪更替，除旧布新，一切都在变化，"唯一不变的就是变革本身"。在当今竞争日益激烈的知识经济时代，人力资本将加速陈旧，知识的折旧率会越来越高。据调查，如今一个大学毕业生刚刚迈出校门，所学知识中约40%左右即已过时。而且随着时代的发展，原有知识被淘汰的速度将越来越快。从这个角度来看，没有任何人可以拒绝不断的学习。

可是，仅仅意识到学习的重要性是远远不够的！

我们必须清醒地认识到，绝大部分的学习是通过阅读进行的。因此，培养一种终生阅读的习惯无疑至关重要。

众所周知，以色列物质资源缺乏、生存环境恶劣，但农业科技却是世界一流的，而且在其他方面也很突出。在人均拥有图书、出版社以及每年人均读书的比例上，以色列超过了世界上的任何一个国家。对于这样一个民族，我们就不难理解为什么会有如此强的生命力，以至产生众多的科学家、思想家和诺贝尔奖获得者了。德意志民族也是酷爱读书的，且以"德国人一辈子都读书"为荣。据有关资料统计，德国有36%的家庭平均订阅报刊4份以上，每4个成年人中至少有一人在职业学校进修。学习和阅读已经成为德国人良好的生活习惯和社会发展的内在力量，直接造就了德国发达的社会经济。

其实我们中华民族也素有爱阅读的传统。经年累月流传下来的有关格言名句俯拾即是。最朴素者莫过于"活到老、学到老"，"读书破万卷，下笔如有神"，"读万卷书，行万里路"等。正在走向强盛的现代中国人应当铭记先贤教诲，切勿漠视阅读对于提高人们素质的重要性。

但是，仅仅意识到阅读的重要性也是远远不够的！

因为，迈入信息时代以后，如何快速有效地收集提炼有用信息，已经成为时代的需要，也是人们在竞争中取胜的关键。知识爆炸迫使我们需要提高阅读速度，大量地吸取知识已成为现代人的梦想。虽然我们的国人已经非常重视对知识的摄取,但是我们的阅读速度太慢了！

提高阅读速度已成为时代的需要！

时间就是金钱，高效而合理的阅读方法就是我们的"摇钱树"！

因为它能带来大量的知识与信息！

因为它能使我们留出更多的时间去投身社会实践！

因此掌握正确的阅读方法至关重要。我们应该成为一名出色的方法使用者。提高阅读技能的关键就在于培养出一种能让你灵活自如地运用所学技能的能力。要想具有能够为不同的阅读任务选择不同的阅读方法的能力，你不仅需要不断地尝试不同的阅读方法，而且对具体的方法的熟悉程度就像用它已经成为自己的一种日常习惯。

可见，你能否提高阅读速度并不仅仅取决于你的智力水平、受教育程度或是你的年龄，还取决于你对各种有效方法的理解和掌握程度。而精通就是通过在不同的阅读情形中进行大量练习得到的。

那么，是否存在一种快速准确而高效的阅读方法呢？阅读的关键是在眼停（瞳孔不运动时）的瞬间，能感知到较多的词汇量。如同我们平时所说的"一目十行"。通过大量的阅读练习，就能很快抓住关键词语，理解句子的意思。比如在阅读"那么，是否存在一种快速准确而高效的阅读方法呢?"时，只要抓住"是否存在"、"阅读方法"这两个关键词语，就理解这个句子的基本意思了。

让我们感到欣慰的是，脑科学的发展，已经使人类找到了提高学习和阅读效率的生理上的依据；心理学的研究成果，使我们有充分的理由相信人类完全可以在短时间内掌握更多的资讯。国外十多所大学的心理学家、语言学家和脑科学家成立了一个专门研究阅读和记忆的小组，把他们的课题称为"PSR"(Plan of Speed Reading)，专门致力于英语的快速阅读计划研究。PSR小组的主要工作是研究人类是如何阅读的，以及怎样才能提高阅读的效率。其实，他们的研究内容对于我们汉语的阅读也有着重要的启迪意义。最关键的是，在经济和科学已经落后于英语国家的中国，不能再在阅读上落后于他们了。

值得幸运的是，现在我们已经有部分心理学家和教育学家意识到这个问题的重要性。北京师范大学心理系、中国科学院心理科学研究所、中央教育科学研究所、北京教育科学研究院等研究机构的专家们已经开始涉足于脑科学研究，北京师范大学心理系的认知实验室更是全面开展了关于汉语与英语阅读心理学方面的研究，眼动研究 (eye movement)、启动实验 (priming)、词汇确定作业 (lexical desing) 等阅读研究技术开始在国内扎下根来。从某种意义上说，中国自己的PSR小组已经初具雏形。

本书目的在于介绍中国的PSR训练，为你详细介绍各种行之有效的高效阅读方法，并且根据不同的方法精心选择了不同的阅读材料来训练你对这些方法的掌握程度。在内容结构上，本书分为"理论原理篇"，"基础训练篇"和"综合提高篇"。读者最好按照这样的顺序来进行循序渐进的系统性练习。相信在认真地阅读完本书后，你的阅读速度将会得到很大的提高，这也是编写本书的最终愿望。

目　录 CONTENTS

理论原理篇

当你对阅读的原理有了一个较为全面的了解之后，不同的阅读方法就会变得更加有意义了。你会更加容易地记住它们，因为你已经全面理解了它们的本质；当然，你也有了在不同的环境中变通它们的能力，因为你已经弄清楚了它们为什么会有效以及它们各自擅长做的事；你也将有能力挑选合适的方法去满足不同阅读任务的需要。即使上边的这些你都没有体会到，但是最起码对原理的了解也会让你对方法的运用产生信心。

第一章　快速阅读法：信息时代的阅读革命

信息时代的来临

在传统的眼光看来，掌握知识的人是有力量的，学生们端坐在课堂听课时，墙上往往就贴着培根的一句格言："知识就是力量"。可是，现在仅有知识是没有力量的！一个大学本科毕业生，他经过了中小学十来年的煎熬，又经过4~5年大学的系统教育，按说他应该具备丰富的知识，是个"有力量的"人了。可是不然，他从毕业的那时起就落伍了。这完全不是他不勤奋的缘故，而是他学的知识已经过时了。他要跟上时代的步伐，要想使自己能够凭借努力和才华博取成功的果实，他必须不断学习，因为在知识经济时代，知识的更新太快了。用崔健的一首歌来形容，我们身处的这个信息时代"不是我不明白，这世界变化快"。

我们必须清醒地认识到，信息时代已经来临。在每一天，大量的媒体制造出数以亿万计的印刷品，一份日报或晚报动辄数十版、数百版毫不奇怪，而且每天发行的不同报纸也有成百上千种之多。要想阅读完这些资讯对任何人来说都是不可能的。除了资讯泛滥以外，知识更新的速度如今也非常惊人。现在的研究者比之他们的前辈，思考的时间已经严重不够，他们大量的时间必须用于阅读专业文献。以心理学为例，国际各类专业期刊达数千种之多，心理学家在从事一项课题之前必须阅读尽可能多的文献资料，以保证自己的工作不是在浪费时间和纳税人的金钱。许多学科的教材，几乎每年都要重新修订。大学校园里的学子们在课堂里修习的课程，特别是新技术课程，如计算机操作，在某种程度上，从他们开始学习时就已经落伍。

快速阅读的意义

我们正处于一个崭新的信息时代，所以学会如何学习和阅读对于我们在日益激烈的竞争当中处于不败之地以及提高自身素质都起着至关重要的作用。美国科学预言家托夫勒曾说过这么一句话："在21世纪真正的文盲不是没有知识的人，而是不会学习的人。"现在，我们早已经进入21世纪！掌握学习和阅读的方法，不断激励自己更新自己的知识和资讯，这样才能成为真正有力量的人。从某种意义上说，绝大部分的学习是通过阅读开始的。当然，任何人都可以宣称："我用不着阅读这些东西。"是的，没有人强迫或要求你阅读这些东西。但等到有一天你面临"下岗"或希望重新学习时，你就会发现自己已经成为社会的古董。如果你的梦想是获得成功，那么，有太多的东西你必须认真面对，努力去阅读、去学习。对于那些只想得过且过、知足常乐的人来说，信息时代对他们没有丝毫压力。他们完全可以躺在沙滩上晒太阳，不顾身边的渔网已经破陋不堪。可是，他们面对社会的进步或丝毫动荡就会不知所措，完全失去方寸。如果经济出现衰退，他们将是第一批失业的人，而且他们一旦失业就很难再被另一位雇主聘用。

当然，在现在的城市里，充斥在各个贫民窟的人们，许多都是这样得过且过，一点都不想通过学习和阅读充实自己的人。但是我们要清楚，想在信息时代站稳脚跟实在是不容易。在经济繁荣的时候，谁都不用担心什么；可是在经济出现周期性衰退时，要想仍然不被形势抛下却需要人们真正学习很多的东西。对于一个希望获得梦想中的成功的青年来说，他必须学的东西包括英语，不仅要能够熟练地阅读，还要能流利地听、说和理解。流利的英语是让自己跻身社会上层的钥匙。除了英语，还需要了解关于经济的许多知识，这对于理解市场现象有极大的帮助；同时，也必须具备有关财务、税收等知识。虽然你并不想成为一名会计或是秘书，但是了解这些便于你掌握整个行业的经营情况，以便你将来改弦易辙时心中有数，而不致盲目抉择。计算机是你必须掌握的另一门技能。这些东西构成你的知识背景，但重要的是你在你从事的职位上——如果你是（或希望是）一名白领的话——你必须随时准备着阅读大量的材料，或是用你曾经阅读过的大量材料来使你的工作更加出色，从而得到提升的机会。

所以，快速阅读对于我们是何等的重要！当我们已经逐渐认识到要进行学习的革命时，我们更要认识到进行阅读革命的重要性。因为不会阅读的人真的是太多了！因此，如何提高阅读的效率，使阅读速度能在传统的阅读基础上提高几倍到几十倍，这不仅对在校的学生有所帮助，而且对于我们步入社会的青年也有着醍醐灌顶的启迪意义。如果我们的孩子能够掌握这么一套行之有效的阅读方法，提高阅读效率，那么他们就将有更多的时间在学校学习以外的其他方面得到锻炼和发展。这样不仅有助于提高他们的学习成绩，更重要的是提高了他们其他方面的能力，如注意力、记忆力和情感能力。如果我们的青年能够掌握这么一套行之有效的阅读方法，提高阅读效率，那么他们就能够不断更新自己的知识，不断获取力量，在社会激烈的竞争中不会被随时抛下。很多时候，由于阅读的艰难，使许多人放弃了读书。试想，忙碌了一整天，无法找到大块的时间来完整地阅读整本书，于是宁可把自己泡在电视里面，也懒得拾起书本。

其实，只要从PSR的方法中提高效率，从而培养阅读兴趣，那么一个青年人的人生也许就会完全不一样。如果我们的职工能够掌握这么一套行之有效的阅读方法，那么他们就能快速有效地增加自己的学习能力，不用担心"下岗"后给生活带来厄运，全面提高自己的适应能力。当我们无法改变社会的现实时，我们就要努力使自己适应社会现实的要求。阅读方法的提高、阅读效率的提高，其实也就是自己聚敛人生财富的效率提高，当我们自己获得了充实和力量，那么知识和技能的财富就会变为就业的保险单。如果我们的研究人员和教师能掌握这么一套行之有效的阅读方法，他们与国外同行的差距就会缩小，在同样的时间能够阅读更大量的文献资料，无论在拓宽思路，还是设计研究方案中都能比以前更胜一筹。

总而言之，从某种意义上说，你已经和将要获得的知识并不重要，重要的是你是否掌握了学习的方法和技巧。如果你以为大学毕业后就可以永远地告别学习，那么，等待你的命运将是随时准备着被抛进贫民窟。学会阅读是学会学习的最重要一步。如何快速而高效地阅读，如何增强阅读过程中理解和记忆的水平，这是本书要告诉你的，也是这个时代要求你的。

阅读测试

也许会有一些人对我们上面说的话不屑一顾，认为我们是在危言耸听。那好，在进行后面的阅读之前，我们就先对自己的阅读速度和方式进行一下测试。测试方法是这样的：首先准备好计时工具，如手表、石英钟等，你准备好后开始阅读下面的材料，以你通常的速度和方式阅读，以基本读懂为目的。读完后计算一下所花费的时间，用阅读时间除去字数，就是你的阅读速度。这里我们想告诉你的是，如果运用正确的阅读方法并且进行了大量的训练，在保证阅读质量的前提下，中国人每分钟阅读的汉字数量最多可以达到3000字左右。用这个标准对比一下自己的测试成绩，你就会知道系统地阅读本书是何等地重要！

高储蓄之忧

作者 冯蕾

前不久，人民银行沈阳分行公布的统计数据显示，2011年，辽宁居民往银行里存了1723亿元人民币。加上以前存款，粗略估算，每户辽宁居民在银行里有10万元存款。今年60岁的沈阳市民张涛说，早几年攒钱是为了给儿子上大学，现在儿子成家了，更要攒钱了，一是准备养老钱，二是给孙子攒学费。

手中有粮，心中不慌。攒钱，不只为儿子，还要为孙子。不仅要考虑自己的养老，还要考虑下一代的教育。这不仅反映了中国百姓传统的存款偏好，也反映了人们对未来预期的不确定。当前，我国的社会保障仍处于初级阶段，普通居民有太多的后顾之忧。教育、医疗、养老，哪一样能离得开自家储蓄？

面对国际金融危机的冲击，全世界都在为提振消费煞费苦心。收入乃消费之源，提高居民收入自然成为当务之急。2011年，城乡居民收入增幅明显。令人欣喜的是，上海、山西、吉林、黑龙江、山东、海南、内蒙古等共计18省份城镇居民可支配收入与农村居民纯收入增速两项数据双双"跑赢"GDP。

表面上看，人们收入高了，就应该愿意多消费。而在中国，却并非全然如此。从1978年到2011年，我国城镇居民人均可支配收入从343.3元上升到了21810元，增长了63.5倍。而居民消费率反而从1978年的48.8%下降至目前的

30%多。越来越多的收入沉淀下来，变成储蓄存款，从2005年开始，我国已成为世界居民储蓄率最高的国家。

"高储蓄"与"低消费"，这一中国特有的"怪圈"被很多西方经济学家形容为背离经济规律、难以解释的"谜团"，而在许多中国百姓看来，"高储蓄"与"低消费"又不得不成为一种必选。

相比城市居民，农村居民的后顾之忧更多。央行刚刚公布的数字显示：2011年全社会消费零售总额中，城市消费15.69万亿元，农村消费2.43万亿元，城市消费是农村消费的近7倍。也就是说，人口与整个欧洲相当的中国广大农村地区，其消费力不到城市的17%，人均消费只有城市的六分之一。看病难、上学难、就业难、养老难，种种难题制约着农民的即期消费。这就需要加快收入分配制度改革，提高中低收入者收入水平，而更为重要的是，均衡公共资源的分配，加大社会保障支出，健全社会保障。

一方面，随着城镇化进程的加快，越来越多的农民走进城市，这给提振消费带来难得机遇。2011年，我国城镇化率首次超越"50%"，这意味着中国数千年来以农村人口为主的城乡人口结构发生了逆转。据测算，一个农民转化为市民，消费需求将会增加1万多元。城镇化率每年提高1个百分点，可以吸纳1000多万农村人口进城，进而带动1000多亿元的消费需求，而相应增加的投资需求会更多。目前我国农民工总量达2.4亿人，其中外出农民工约1.5亿人，农村还有相当数量的富余劳动力，城镇化蕴涵的内需潜力巨大。

另一方面，与城镇化有关的问题也摆在我们面前。随着越来越多农村富余劳动力进城务工，如何保障农民工子女平等受教育的权利？如何解决数千万留守儿童的问题？住房、医疗、养老问题怎么破解？在国家财政收入已破万亿元的今天，我们期待更多支出用于解决百姓的后顾之忧，让大家对未来拥有更加安全与稳定的预期。这也正是中国经济持续发展的动力所在。

（摘自《光明日报》2012年02月18日，字数1194）

记下你的阅读速度，在阅读完本书后，你还会接受同样题材和难度的文章阅读测试，以确定你自己是否从本书中受益。做完测试后，下面你将面临的是"理论性"稍强，读起来比较"涩"的内容，我们建议你仔细阅读它们，虽然你一时并不能完全理解。在后面的训练中，你会感觉到这些理论内容将有助于你真正掌握全脑速记学习法。

```
〔测试记录〕
文章字数：                    字

阅读用时：                    分钟

阅读速度：                    字/分钟

理解率：                      %

阅读效率：                    字/分钟
```

快速阅读法简介

我们必须清醒地看到，在信息时代，阅读方法和效率已经成为严重制约我们获取知识、获取力量的"瓶颈"。美国普林斯顿大学、斯坦福大学、伊利诺大学、伯克利加州大学、卡耐基–梅隆大学，以及英国的剑桥大学、伦敦大学、纽卡斯尔大学，澳大利亚的新南威尔士大学，加拿大的多伦多大学和南非的开普敦大学等十多所大学的心理学家、语言学家和脑科学家成立的"PSR"小组就专门致力于英语的快速阅读计划研究。我们熟悉的《新概念英语》、《新英语教程》，以及许多大学研究生学习的泛读课本《Reader's Choice》等，都不同程度汲取了PSR小组的研究成果。因为英语国家的科学家们早已经认识到，阅读的效率是制约人们获得知识的最大障碍。

其实，他们的研究内容对于我们汉语的阅读也有着重要的启迪意义。因为，我们的教育还停留在内容教育的层面上，无论是中小学还是高校，都局限在传授知识的狭隘范围内，根本或几乎没有教会学生们如何学习、如何阅读。落后的教育模式和学习方法已经不适应知识经济时代的要求。"素质教育"口号的提出，如果不落实在学习方法上的全面改革，最终也难免沦落为一句空话。要授之以渔而不是授之以鱼。典型的美国教育是给学生们布置一个题目，然后让他们各自去寻找资料。在图书馆里，美国的学生浏览和阅读大量的资料，然后用自己的创造力和想象力完成教师布置的题目。我们甚至会对美国一个10岁小男孩的论文惊讶不已，他为写这么一篇作业竟然阅读了数百本图书！

北师大教育系的一位比较教育专家，曾经在访问洛杉矶一所普通公立小学后，在研讨会上对美国学生的阅读量感到不可思议："我们研究生也难以保证为写硕士论文而阅读数百本图书，可他们一位智商平平的小学生却能轻易地办到。"一个并不聪明的小男孩怎么能在短短一个月之内阅读数百本图书？而他竟然还不像我们的小学生那样累和紧张！PSR小组的研究已经在美国教育界结下了硕果。我们可怜的孩子们每天那么累，为了作业连课外书都不敢看，可他们一个月的阅读量才不过寥寥几千字。不知道这样的差距还将延续多少年。

　　庆幸的是，在我们中国，已经有部分心理学家和教育学家意识到这个问题的重要性。北京师范大学心理系、中国科学院心理科学研究所、中央教育科学研究所、北京教育科学研究院等研究机构的专家们已经开始涉足脑科学研究，北京师范大学心理系的认知实验室更是全面开展了关于汉语与英语阅读心理学方面的研究，眼动研究（eye move-ment）、启动实验（priming）、词汇确定作业（lexicaldesing）等阅读研究技术开始在国内扎下根来。

　　PSR是一个庞大的阅读研究计划，它包括课程的改革和阅读方法的改善两个大方面。课程的改革主要是语文课程教学中需要增加阅读教育的内容，削减精读课文的数量和降低难度，增加泛读课文的数量，普及阅读方法的教育。这方面的内容限于中国目前的现实还难以真正地普及开来（因为这涉及培训师资、更新教材的繁重任务）。另一方面是阅读方法的改善。据有关方面统计，15世纪全世界的各种图书共3万种，16世纪为25万种，19世纪为700万种，20世纪为2750万种。当今世界各国的书籍和期刊正以"爆炸"的方式增长。就是一位科学家，一生的时间全部用来阅读本专业的书刊，也只能读完5%。可见，如何提高阅读速度已成为一个非常迫切的问题。传统的阅读法难以适应当前的需要，一些国家已将改进阅读方法作为一项重要的研究项目，并在此基础上提出了行之有效的快速阅读方法。

　　从课文中迅速提取有用信息的阅读方法就是快速阅读法。这里必须澄清的一点是，这种快速阅读法决不只是追求时间上的快速浏览，而是重视质量的一种积极的创造性的理解过程。读者进行快速阅读的过程中，对一些概念进行综合加工，对有关的事实和结论进行分析，从而掌握所读材料的主要信息，形成一个新的知识结构。快速阅读法的理论依据来自于大量的理论研究和实验研究。在这里我们只是对这些理论依据做一简单介绍。后面我们会在脑科学和心理学等方面对快速阅读法的理论依据进行更为详细地阐述。

1. 抑制发音：人们在快速阅读时，在很大程度上限制了发音器官的活动，视觉对文字信息进行直接加工成为主要的形式。这样，就能加快阅读速度，并使读者较好地把握全文的思想。

2. 方式灵活：快速阅读者能够根据自己的需要、目标和任务，灵活地选取不同的方法，正确地理解课文，获得所需要的大量有效的信息。

3. 回跳消失：回跳是一种重复运动，它使眼睛只是局限在刚刚读过的没有准确理解的某个单词上。这不仅极大地限制了阅读的速度，也会对内容的理解产生支离破碎的影响。对于重要或者困难的内容，快速阅读法主张在读完全文之后再进行重读。

4. 注视点少：快速阅读者在一篇文章中眼睛停顿的次数很少，一般来说，在每一页上只有十几个甚至几个注视点，而且呈现Z字形分布，或者从左边下来，再从右边上去。

5. 眼停时间短：眼停时间短是阅读速度加快的另一个因素。绝大多数的快速阅读者比平常速度的读者，在每个注视点停顿的时间大大缩短。

常用的快速阅读法

概括而言，整体阅读法、鉴别阅读法和无声阅读法是常用的快速阅读法。在本书的后面章节，我们将详细介绍这些快速阅读法。下面先分别做一简单介绍。

（一）整体阅读法

整体阅读法是一种按照一定的程序对文章从整体上加以快速理解的阅读方法。这种程序是根据文体的特点并结合阅读目的而设计的一套阅读步骤。

运用整体阅读法，可以有步骤地对信息进行筛选。一般说来，阅读材料中文字负载的信息可分为三类：有用信息、次要信息、无用信息。阅读时，如果目的明确，大脑就能对文字负载的有用信息优先选择，而不至于为处理次要信息、无用信息费时太多。整体阅读法的程序实际上就是筛选有用信息的程序。运用整体阅读法，能使阅读的过程变得井然有序，大大提高阅读的效率。

运用整体阅读法阅读好比是带着索书单去书库取书，根据索书单上填的书

名、号码就能从排列有序的众多图书中准确而迅速地找到所需要的图书。如果
没有索书单，进了书库后，漫无目的地选择，一定会浪费很多时间。

按照整体阅读法读一篇文章的程序，一般包括以下项目：

（1）文章（或书）的标题

（2）作者

（3）出处及出版时间

（4）文章的基本内容

（5）文章所涉及的重要事实

（6）文章在写作上的特点和有争议之处（包括自己的不同见解）

（7）文中新思想及读后的启示变式程弃是固定程序的变化形式。是读者根
据自己阅读的特殊需要，针对某一具体文体而设计的阅读步聚。

（二）鉴别阅读法

鉴别阅读法是一种快速提炼文章的段意、主要内容以及中心思想的阅读方
法。鉴别阅读法分为三个步骤。首先要划分出文章的段落，迅速划出段落的中
心句、重点句，或用自己的语言概括出段意。其次，连接各段的段意，分析文章的
重点句、段，归纳主要内容。最后，在阅读过程中，要留意文章的题目，开头段、
结尾段以及文章的议论部分，从中概括出中心思想。鉴别阅读法实际上就是通
过以上三个步骤来掌握文章的重要信息，而无须一字不漏地通读全文。

概括段意

运用鉴别阅读法阅读一篇文章，首先要针对不同的文体进行分段。分段之
后，正确概括出每段的大意，就可以使我们了解作者安排材料的秩序；了解段
与段之间的关系；抓住文章的主要内容；为进一步研究文章的重点、中心思想
和写作方法打下基础。

概括段意常用的几种方法：

1.用段的中心句概括段意。一段文章中，往往有一个高度概括该段主要内
容的句子，即中心句。有的中心句指明了段的写作范围；有的中心句突出了段
的主要内容；有的中心句归纳出段的思想要点。全段围绕中心展开叙述。中心句
或在开头，或在结尾，或在中间。只有抓住中心句，才能简练、准确地概括段意。

2.用文章重点句概括段意。在有的文章段落中，作者在叙述事实以后，用
抒情议论的方法，写出了自己的感想、体会。这些感想，往往概括出全段的主

旨，点明了段的中心意思。阅读时可以直接引用作为段的段意。

3. 用自己的语言概括段意。在许多文章的段落中，往往找不到中心句，也没有作者的抒情，这样就必须认真阅读全段内容，把中心句归纳、总结出来，用自己的话概括段意。步骤是：首先看看这一段共讲了几句话；然后分析是分几层意思来叙述的，每一层都写了什么内容，全段主要叙述了什么问题。这样逐句逐层地阅读、分析，就可以概括出段的大意了。

抓住文章的主要内容

归纳文章的主要内容是分段理解课文后，综合理解全文的必不可少的步骤。只有归纳课文的主要内容，才便于概括文章的中心思想，理解作者的写作意图。

抓住文章的主要内容，要具有一定的理解能力、概括能力，同时也要掌握一定的方法。

1. 研究题目，把握主要内容。有时文章的题目已经点出了文章的主要内容，把题目稍加扩展就能归纳出课文的主要内容来。

2. 连接每段段意就是主要内容。段意是一段文章主要内容的概括，把每段段意连接起来就是一篇文章的主要内容。所以，从归纳段意入手，是抓住一篇文章主要内容的方法之一。

3. 分析重点句、段，归纳主要内容。从文章中找出重点句，把这些句子连接起来，就是文章的主要内容。一篇文章中，往往有重点段落，它对表达文章的中心思想起着重要作用，阅读时要加以重视。

归纳中心思想

阅读一篇文章，要按照阅读程序进行。虽然文章的体裁不同、类型不同，但应该相对稳定地保持"综合–分析–综合"的阅读程序。也就是按照先浏览全文，了解段落大意，然后逐段分析和琢磨关键的字、词、句，弄清段落大意和各段关系，最后概括出全文的中心思想。

怎样概括文章的中心思想呢？

1. 要分析一篇文章的题目。文章的题目往往是内容的画龙点睛之笔，有时就是中心思想的高度概括。读这类文章，要搞清题目与中心思想的内在联系。

2. 要重视文章的开头和结尾。文章的开头和结尾，往往显露出全文的中心。阅读时要认真分析它们与内容之间的关系。

3. 留意文章的议论部分。有些文章采用了夹叙夹议的方法，这些议论含蓄地点出文章的中心思想。阅读这类文章时，特别要注意其中的议论部分。

4. 体会主要内容，概括中心思想。有些文章的中心思想不那么明显，暗含在文章所叙述的事物之中，只有深思一步才能领会作者的写作意图。读这类的文章，必须对关键的词、句、段深入理解，统观全文，透过现象看本质才能准确地总结出文章的中心思想。

人的大脑具有选择和压缩信息的功能。鉴别阅读法正是利用了大脑思维的这一特点，通过寻找文章的段意、主要内容及中心思想来加快阅读的速度。运用鉴别阅读法是对文章提供的信息进行加工整理，去粗取精，以达到广泛获得知识的目的。在运用鉴别阅读法时，注意力应高度集中，大脑处于积极思维状态才能保证阅读的质量。掌握鉴别阅读法有一个练习的过程，初学阶段可以不求快，运用熟练了，阅读的速度自然会加快。

（三）无声阅读法

阅读时，大脑直接感受文字的意思，不必通过发音器官将文字转换为声音，这种阅读方式就叫无声阅读。采用无声阅读，由于发音器官受抑制，视觉不受逐字换音的牵制，因而视角广度大，便于以句、以行、甚至以段、以页为阅读单位进行阅读，还可以根据阅读目的需要浏览、跳读。由于是直接理解文字的意义，省掉了发音阶段，所以阅读的速度比出声读的速度快。据研究，就一般读者来说，无声阅读的速度是出声阅读的速度的3倍左右。无声阅读是快速阅读基本要领之一，要掌握快速阅读法也就必须掌握无声阅读法。

无声阅读不等于默读。默读虽然听不出发音，但它实际是在自我听读，也就是说大脑的语言运动中枢以及相关联的发音器官都是处在强烈的冲动之中，用科学仪器可以测出它们的运动状况，阅读时，存在着一种压得很轻的、不为人所察觉的声音（即潜语）。这种内听现象，在默读时广泛存在。采用无声阅读法阅读，则完全排除了内听，它将对文字的理解由压缩后便于思维的内部语言来反映。这种内部语言是一种不借助声音的语言，它是一系列能反映文章内容的关键词。这些关键词去掉了许多多余的、次要的信息，是一种缩短式的无声语。

要运用无声阅读法，必须学会严格控制发音，直接感受文字的意思。归纳起来，无声阅读的关键是克服"四动"：

1. "唇动"。嘴唇轻轻启动，发出非常微弱的人耳听不到的声音。

2."舌动"。这种情况更不容易察觉，想都难以想到。当我们将嘴闭合的时候，舌头是静止的。可是当我们开始阅读的时候，舌头仍然处于静止状态，我们都会认为它没有别的动作，没有再出声。可是，舌底下有块肌肉却没有停止活动。它在微微颤动，而且很"忙乎"，上下急速地颤动着。它在干什么呢？那是它与喉部声带一起在偷偷读书呢！我们却毫未察觉。

3."颏动"。这也是在偷偷发声，发出我们人耳听不到的声频参与阅读，降低了阅读速度。

4."喉动"。它与舌头底下那块肌肉一道，在偷偷地参与阅读。它也是难以发现的，只有把高度灵敏的话筒系在脖劲上，随着阅读活动的进行，扩音器里才能传出轻微的声音。

如果这些不易察觉的潜读动作不能被有效克服，就会影响快速阅读。克服的方法如下：

1.把整个喉咙部分的肌肉全部放松。

2.把嘴唇合上并含上一块糖，它能帮助消除舌头下方肌肉参加阅读的颤动，经过一段时间锻炼之后，舌头下方肌肉偷偷参加阅读的动作消失了，就可以不必再含糖看书了。

3.我们可以检查喉咙是否还在潜读：把双手轻轻地放在喉咙部位，阅读中它如发生任何轻微的带有一定节奏的颤动，那就说明它还在进行潜读，这时候，你可以按上述方法加以克服。

4.克服颏动及膈肌颤动的办法是保持正确的阅读姿势：快速阅读时并不意味着呼吸速度也要加快,那样做,不利于实施快速阅读。快速阅读时，大脑处于高度集中注意状态，而身体器官要放松。不是要紧张，而是要放松。学会腹式呼吸，有利于全身肌肉和其他器官的松弛，有利于克服颏动和隔肌颤动。

另外，下列两种方式也可用于训练无声阅读：

1.人为机械地、强迫性地控制发音量。例如，舌头抵在唇间，或者口里含个东西。这种方法能从根本上控制语言运动分析器（发音器官：口腔、齿、唇舌等）的末梢神经，但不会控制中枢神经部分。因此，初学时可采用此法，而要完全控制阅读时的发音量，却不能依靠这种办法。

2.节奏敲打法。默读文章时，手指头按着一定的节奏进行敲打。这种连续性的有节奏的敲打能防止内发音，又能防止外发音，掌握快速阅读法的关键，是正确地掌握有节奏的敲打法，应当按照音乐的节奏进行敲打。常用的是2/4拍。第一小节敲打4次，第二小节敲打2次，每小节的第一拍打得较响。训练时，可以有节奏地自行敲打和反复练习。在一般情况下，只要有节奏地敲打上20小时就能够有效地控制音量。

第二章　被忽视的右脑

左脑与右脑

人的大脑分为两个部分：左脑与右脑。关于左右脑不同功能的分工情况请看下面的分工表。

大脑两半球分工表

左半球	右半球
"理性的脑"、知识"司令"	"感性的脑"、创造"司令"
说　话	知　觉
阅　读	综　合
书　写	图　形
分　析	直觉思维
抽　象	理解整体
理　论	空间知觉
推　理	视觉记忆
判　断	想象能力
计算能力	艺术能力
语言记忆	扩散思维

　　在生理构造上，临床解剖学和有关方面的研究表明，人的大脑分为左右两个半球，由一个胼胝进行连接，两个半球不对称，功能也各不相同。左脑是知识"司令"，它的职责是以思维、分析思维、集中思维为主进行智力开发；右脑是创造"司令"，它的职责是以想象力、直觉思维、扩散思维为主，进行创造开发。人体所有行动动和思想的最高统治者是自身的大脑。自从16世纪笛卡儿提出"心是一个，大脑为何是两个"这一问题以来，世界各国专家对大脑的研究始终没有停止过，提出了许多的理论和假说。对大脑最早的研究见于解剖生理学和神经生理学领域。其成果表明，人的大脑左右两半球呈镜面对称（图2-2），通过由大约2亿条神经纤维组成的胼胝体进行频繁的信息交换。左右两部分神经呈交叉状，大脑左右两半各将相反一侧半身置身于自己的管辖之下，躯体和四肢运动是由对侧大脑半球的运动区指挥的。

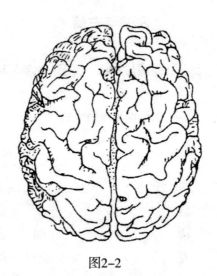

图2-2

　　从人脑的顶视图可清楚地看到几乎对称的左右两半球，它们之间由胼胝体相联。

　　虽然我们对大脑的生理构造情况已经获得了清楚的认识，但是我们依然不能解释人脑为什么要分两个半球，它们各自的功能又有何不同？对诸如此类疑问的解答推动着脑科学研究的进展。1836年，医生戴克思发表丧失语言是由于左大脑半球而非右大脑半球受到破坏所造成的报告。这一观察结果，当时没有引起人们的广泛重视。直到25年之后的1861年，一位杰出的法国医生P·布罗卡才做了相同的观察。他对一个能听懂他人说话、口咽肌肉不瘫痪，而自己不能讲话的病人进行了遗体解剖。他在检查这个病人的大脑时，发现其大脑左半球有一处损伤。

由此，布罗卡提出假设，大脑左半球额下回部是与言语生成有关的大脑皮层的一个专门区域；该区域的损伤会导致患者发音断断续续，或者虽然能说出话来，但不能组成有一定内容意义的言语。1874年，德国的生理学家C·维尔尼克发现，大脑皮层的另一个区域（在左半球颞叶后部）控制着言语的接收和理解。这个区域受损的患者，无法理解别人所说的话，甚至完全不能分辨语音。上述两个皮层区域，被后人分别命名为布罗卡区和维尔尼区（图2-3）。

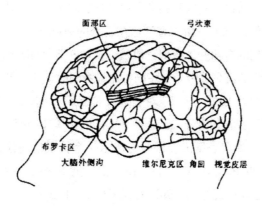

图2-3

虽然取得了这些成绩，但是人们仍然不清楚大脑两半球在功能上究竟有何不同。之所以这样，是因为人们无法打开活的人脑来直接研究。比如在日常生活中，我们常常会发现，左脑受伤比右脑受伤出现的病状严重。如脑溢血患者，其在左脑出血时较之右脑出血时更易表现出丧失言语能力和神智模糊。后来，在这个领域作出突出贡献的是美国的神经生理学家R·W·斯佩里和他的两个学生。20世纪50年代，美国加利福尼亚技术研究院R·W·斯佩里博士和他的学生龙·迈尔斯开始在动物身上进行裂脑实验研究。当他们切断猫和猴子的两半球之间的全部联系时，吃惊地发现这些动物仍然很正常；更令人兴奋的是，他们发现可以训练两个脑半球以相反的方式去完成同一任务。1962年，在美国洛杉矶的一家医院里，一位48岁的老兵患了严重的癫痫抽搐。癫痫抽搐是由于脑瘤、脑损伤等原因引起的，使人难以承受，甚至丧失知觉昏厥过去。当这位老兵还没有从一次发作中恢复过来时，往往又一次抽搐便已经来临。所有的治疗方法都用过了，在无计可施的情况下，医生约瑟夫·博根和P·J·沃格尔，进行了大胆的手术尝试，即切断大脑两半球的联系。由于癫痫抽搐正是通过这种连接反应扩散到整个大脑的，所以在医生切断了这位老兵的胼胝体后，剧烈的抽搐奇迹般地消失了。用这种方法随后又在数十个久治不愈的人身上进行了同样的治疗，结果不仅减轻了抽搐症状，有的人甚至完全被治愈了。经过多年对裂脑动物研究的斯佩里，遇到了这么多的裂脑人，这是一个千载难逢的好机会。他和他的学生开始对裂脑人进行了一系列的观察研究，设计了许多巧妙的实验。从大脑两半球延伸出来的神经系统，在视神经处交叉，然后与相反方向的神经互相连接。所以，右眼看到的东西传导至左脑，而左眼看到的却传至右脑。不过，在一般情况下，由于有沟通左右脑的胼胝体起着传递信息的作用，所以，左右眼看到的东西并无差别。但是一旦切断胼胝体，断绝了左右脑之间的联系，右眼看到的就只能传导至左脑，左眼看到的只能传导至右脑。

斯佩里博士想到了这一点。他对裂脑人进行了如下试验：在患者的面前立一道屏障，将左、右眼分离开来，分别将不同的物体和图画出示于左右眼的视野内，然后提问。如向裂脑人左眼视野出示一个桔子后问他："这是什么？"于是，由左眼得到的信息输入右脑，右脑立即判断出那是一个桔子。但是由于没有信息输入左脑，因此左脑不知道看到了桔子（图2-4）。

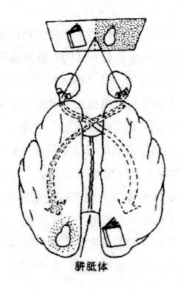

胼胝体   图2-4

　　如果一个人两眼盯着某个点，则右半球只看到左边的物体，而左半球将只看到右边的物体。在正常情况下，左半球与右半球通过胼胝体来交流彼此的视觉信息，但对于裂脑病人来说，视觉是左右独立的。

　　根据同样的原理，裂脑人差不多都无法照原样画出在右眼视野范围内出示的一些简单的图形和画片。造成这种情况的原因是，传入左脑的信息输送不到右脑，而判断图形的是右脑，因此裂脑人陷入了全然无知的境地。斯佩里等对裂脑人进行的一系列实验研究，进一步揭示了大脑两半球功能的不对称性和右半球的许多高级功能。斯佩里为此获得了1981年诺贝尔医学和生理学奖。实验研究发现了人脑左右半球具有两个相对独立的意识活动。他们发现，大脑每一半球都有自己独立的意识思想链和自己的记忆，更重要的是，他们发现大脑两半球基本上是以不同的方式思维的，左脑倾向于用语词进行思维，右脑则倾向于以感觉形象直接思维。""大脑两半球具有一种合作关系，即右脑负责语言和逻辑思维，而左脑则做一些难以换成词语的工作，通过表象代替语言来思维。"具体地说，右脑主管形象思维，与知觉和空间判断有关，具有音乐的、图像的、整体性和几何—空间鉴别能力，对复杂关系的处理远胜于左半球。而左脑主管抽象思维，同抽象思维、象征性关系和对细节的逻辑分析有关，具有语言的、分析的、连续的和计算的能力。我们可以通过以下图示来大致反映左右脑的这种结构上的对称性以及功能上的差异性（图2-5）。

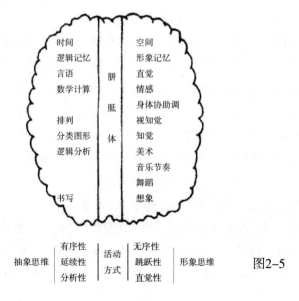

图2-5

　　不过，这并不意味着左右脑的分工是绝对的。实际上已经有很多的实验证明了在左脑中存在一些视觉-空间能力控制中枢，而右脑也存在一些语言中枢。这就是说，存在于左半球的语言中枢、分析性思维由右脑控制，而整体性形象性思维则由左脑控制。据统计，左撇子中有15%的人是这样的。斯佩里博士关于裂脑人的实验的一系列研究，应该说是划时代的。它使人们对大脑机能的认识大大前进了。正是基于对人脑两半球功能的科学研究，我们才能从脑科学的角度对快速阅读法进行科学的研究。以往我们仅重视逻辑思维的阅读，而忽视了形象思维的阅读训练。脑科学对大脑尤其是右脑功能的揭示，无疑为我们提出"开发右脑，发展全脑阅读"的PSR训练提供了十分重要的科学依据。接下来我们就以此为基础，来详尽阐述右脑开发对于提高阅读速度的重要意义。我们也相信读者在阅读了这些论述后，会大大增加对快速阅读的信心。

形象思维与右脑

　　正如上面描述的有关大脑的科学研究已经证实，大脑左右两半球的分工是不同的。右半球主要处理各种各样的形象，左半球主要处理形形色色的语言符号。右半球的主要思维工具是形象，我们可以称这种思维为形象思维；左半球的主要思维工具是语言，我们可以称这种思维为语言思维。语言是形象的象征性符号，形象是语言代表的意义。在大脑中，形象和语言、形象思维和语言思维之间并不是毫无关系的。相反，连接大脑两半球的胼胝体以难以想象的速度传递左右脑的信息，而且在很多时候形象思维比抽象思维更为重要。以往只重视抽象思维的阅读方式是片面的。右脑主管的形象思维其实对于阅读速度的提高起着非常重要的作用。形象思维是普遍存在的。幼儿和小学低年级儿童的思维主要是形象思维。怎样发展儿童的语言和思维，一般认为先发展语言而后发展思维。儿童一入学，就在课堂上一个一个地识字、一句一句地阅读，虽然教师注意了教学的直观性，但是教学往往费时多、效果差。

　　那么问题出在哪里呢？我们认为，根本原因就在于没有重视发展儿童的形象思维。儿童识字、阅读、作文、计算，都要以他对周围世界的形象的表象为支柱，只有丰富儿童的生活经验和对周围世界表象的积累，发展儿童的形象思维，才能促进儿童语言和抽象思维的发展。许多阅读教学的经验证明，重视发展儿童的形象思维，阅读教学就会取得好的效果。如南通师范附小李吉林老师运用情境教学发展儿童形象思维，即通过实体情境、模拟情境、语表情境、想象情境发展学生的形象思维，从而为训练学生阅读能力和语言表达能力打下良好基础。

形象思维的重要性同样在文学艺术领域表现得非常明显。高尔基说："艺术作品不是叙述，而是用形象、图画来描写现实。"在文艺作品中的形象包括人物、景物、场面、环境和一切有形之物，每个人物、每个自然景物、每个场面和环境都各是一个形象。艺术家就是运用这些形象来思维，通过具体的生动的形象构成一幅幅画面来反映现实生活的。音乐则通过音乐的艺术形象，唤起人们对音乐意境的联想和想象。当我们欣赏贝多芬的《田园交响乐》时，那山间小溪的潺潺流水，那林间唧唧喳喳鸣唱的鸟叫声，那夏天隆隆的雷鸣，那雨后农民欢乐的情境，使人如闻其声、如临其境。著名的维纳斯雕像，芳臂断缺，双目无瞳，但在欣赏者心中，这些部分得到了完美的补偿。所有这些不都是依靠欣赏者的联想、想象以及情感共鸣的形象思维吗？

如果认为形象思维只是在文艺领域发挥作用，那就大错特错了。其实在历史、地理等学科，也需要广泛地运用形象思维。如叙述历史人物、事件经过、战斗场面，讲解山川地貌、气候变化、信风，或讲述行星的运行、月球的盈亏、大地的昼夜变化等，都无不借助形象思维。因此，发展形象思维对于我们阅读各种题材的文章起着积极的作用。必须指出的是，科学技术活动同样离不开形象思维。许多科学技术的发明创造，是通过模仿、模拟生物或自然现象而取得的。飞机的设计是受到蜻蜓、鸟类飞翔的启发，潜艇的制造离不开对鱼类的模仿，机器人的制造是对人类自身的模仿。北京航空学院教授高歌，过去在青海沙漠地区工作时，发现有一种沙丘，不管风怎么吹，都不会变形。他想这种沙丘肯定是气流绕过沙丘后形成的漩涡特别稳定造成的。后来当他攻读研究生时，从沙丘的稳定性中得到启发，设计出"沙丘驻涡火焰稳定器"，使我国这方面的航空喷气发动机技术处于世界前沿水平。当代控制论又把模拟方法发展到功能模拟的新阶段。某些自动控制系统，就是模拟生物机体有目的性的动作的性质工作的。如火炮自动控制系统，就是把火炮自动打飞机的动作与人狩猎的行为作了类比，从而将雷达站自动跟踪目标得到的坐标信号，输入高射炮控制仪，再由控制仪把预测目标送给高射炮进行射击。

即使在那些神奇的微观世界中，虽然人的肉眼无法直接看见其中的微观粒子，但是通过形象思维就可以很好地把握它们。比如在1903年，物理学家汤姆森提出了"面包夹葡萄干"的原子模型。他认为正电荷散布在整个原子中，就像葡萄干散布在整个面包中一样。英国人卢瑟福用a粒子冲击原子，发现有些a粒子不是沿着直线前进，有的甚至被弹回来。他想一定是粒子碰到一团相当结实的物质而给弹回来了，后来人们把这团物质叫作原子核。由此卢瑟福不得不放弃汤姆森假说，于1912年提出了一个类似太阳系结构的原子模型。这种科学上的创见无疑得益于形象思维的帮助。再比如几十万年前的古生物，根据它的几颗牙齿或头盖骨的化石，科学家就可以通过想象再现它的原形。裴文中教授在周口店发现北京人的头盖骨化石后，根据原始人类使用的工具、用火的痕迹以及大量的动物化石，通过想象得出它的原形。生物学家达尔文，在他5年的环球航海生活中，搜集大量生物标本，挖掘古生物化石，认真地对这些形象进行观察、分析、比较，用生动的想象来再现这些古生物的原形。

形象思维在抽象的数学学科里同样非常重要。列宁就说在数学上也是需要幻想的，甚至没有它就不可能发明微积分。其中一个重要原因在于数学的显著特征就是形和数的结合。我们在二维空间的平面上画出三维空间各种各样的立体图形，如圆柱、棱台、锥体、二面角等等，就是由于形象思维在起作用。

除此之外，在生产实践和日常生活中人们也在广泛地运用形象思维。下棋的时候，老棋手能超前看好几步，他的脑子里有许多棋式，有的老棋手能在脑子里自己同自己下棋。通常我们认人、认字，也是用形象思维。一个多年不见的朋友，虽然他的模样有些变化，胖了或长胡子了，还是能一眼认出他来。认字也这样，有的字写得很潦草，龙飞凤舞，很不规范，但是还是能被识别。再如火车进站后，工人用锤子在车轮上、弹簧部件上叮叮当当地敲打，只要听听声音，就可以知道轮子、弹簧有没有毛病。发电站的工人，只凭机组运转的声音，就知道运转是否正常。这里主要不是靠逻辑推理，而是通过将现场情况（声音、形状等）与头脑中贮存的大量形象记忆作对照、比较而加以辨别。以上说明，从儿童到成人，从文学艺术、从科学技术到日常生活，形象思维是普遍存在的。但应该指出的是，在大多数情况下，形象思维和抽象思维是互相渗透、相辅相成的。许多科学发明就是兼用了两种思维的结果。德国化学家凯库勒面对炉火遐想时，看见火焰像有原子在蛇行的行列中跳舞，形成了一个旋转的圆圈，刹那间，形成了著名的六角形的苯分子结构式设想，并对这一设想进行了严密的论证，奠定了芳香化学的基础。当我们阅读一篇文学作品时，我们通过形象思维去把握作品中的艺术形象，又要运用抽象思维分析其层次结构，归纳中心思维。当我们讲述一个历史事件时，既要具体地生动地讲清事件经过，又要分析事件的原因、结果及其历史意义，这里就兼用了形象思维和抽象思维。

由上可见，形象思维实际上在各个领域都起着很重要的作用。但令人遗憾的是，由于右脑的非语言性，长期以来，人们在阅读教育中一直忽视对右脑功能的研究，忽视对形象思维发展的研究，并且存在着许多误解。今天，该是我们努力补上这个人类对自身认识的重大课题有关知识的时候了。其实在阅读过程中，右脑形象思维能够帮助我们尽快地建立记忆仓库，并且帮助我们高效率地理解和记忆。因此在进行快速阅读的训练时，对右脑形象思维的开发至关重要。在本书的第二篇即"基础训练篇"中，读者将受到专门的右脑开发训练，为提高阅读速度打下坚实的基础。

快速阅读与右脑

据有关方面报道，美国国会通过决议，将1990年1月以后的10年定为"脑的十年"；这个决议得到当时的美国总统布什的批准而成为法律。国际脑研究组织号召它的成员国将"脑的十年"变为全球行动，日本制定了"人类新领域研究计划"，欧洲共同体则制定了"脑计划"，英语国家快速阅读计划（PSR）小组的心理学家和教育学家也开始注重脑科学和神经科学对阅读教育的革命性意义。我国有关专家也建议把神经科学列为国家基础研究重点项目。与此同时，大脑分工的研究获得突破性的进展，尤其是对右脑功能的研究有力地匡正了长期以来盛行的"左半球是优势半球"的传统观念。前面我们已阐述了形象思维的普遍性，毫无疑问，右脑功能的开发、形象思维的发展，对于改变传统的阅读教育思想，对于提高阅读教育质量、早出人才、出好人才，将起着十分重要的作用，这正是我们要深入研究的问题，下面谈几点初步的认识。

首先，形象思维对于提高人的记忆能力有着非常重要的作用，而有效的记忆无疑是快速阅读的前提。记忆方法主要可分为形象记忆、运动记忆、情感记忆和意义记忆4种。与阅读过程有关的，主要是形象记忆和意义记忆。

意义记忆又叫"词的抽象记忆"或"逻辑记忆"，是指以逻辑所概括的逻辑思维结果为内容的记忆，也就是对反映事物本质的内在联系的概念、定理、公式、推理和思想问题等的记忆。这些内容都是通过严密的逻辑思维过程形成的，而又与词语密不可分，所以，这种记忆也是按照逻辑思维的过程以词语的形式加以识记、保持和再现的。它具有高度的概括性、理解性和逻辑性，是记忆发展的高级形式。它的生理机制是以第二信号系统的暂时神经联系痕迹为基础的，但也是两种信号系统协同活动的结果。如果识记某一概念，借助直观材料，有形象记忆参加，效果会更好。人们只有借助意义记忆，才能把思想的结果保存下来，才能通过学习获得丰富的间接经验。

形象记忆是指以感知过的事物的形象为内容的记忆。它是感性材料，包括事物的形状、体积、质地、颜色、声音、气味等等具体形象的识记、保持和回忆。它带有显著的直观性和鲜明性，其生理机制是第一信号系统的暂时神经联系的建立和保持。人的记忆都是从形象记忆开始的。儿童出生6个月左右就会形成形象记忆，如认知母亲和辨识人的面貌，就是形象记忆的表现。人有了形象记忆，复杂的心理活动才有可能进行。因为，人感知的事物，只有经过形象记忆，才会变成人的直接经验，即感性知识，才能使思维等高级心理活动成为可能。所以，形象记忆是由感知到思维必不可少的中间环节。

记忆的重要性是很明显的。因为在学习上，如果没有字词的记忆，就不能阅读、听讲。所以，从简单的认字计数，到掌握复杂的现代科学理论，及各种思想体系，都离不开意义记忆。但是，当人们在利用语言作为思维的材料和物质外壳，不断促进了意义记忆和抽象思维的发展，促进了左脑功能的迅速发展，而这种发展又推动了人的思维从低级到高级不断进步、完善，并越来越发挥无比神奇作用的过程中，却犯下了一个本不应犯的错误：忽视了形象记忆和形象思维的重要作用。于是，人类越来越偏重于利用左脑的功能来进行意义记忆和抽象思维，而右脑的形象记忆和形象思维功能渐渐遭到不应有的冷落。经过漫长的岁月之后，终于发展到今天的"左脑占优势"的社会，左脑这个后起之秀已成为公认的"优势半球"。在前面我们详细介绍了右脑的财富以及形象思维的重要性，这里我们再进一步地阐述它与快速阅读的重要关系。

其实，我们对右脑形象记忆的潜力还缺乏深刻的认识。那么，形象记忆和意义记忆之间的差别究竟有多大呢？据日本创造工学研究所所长中山正和推算，我们一般人"记忆中的语言信息量和形象信息量的比率为1:1000。"美国图论学者哈拉里有一句名言："千言万语不及一张图"，真是"英雄所见略同"。

为了证明形象记忆在我们大脑中的重要位置，我们不妨做一个西维累尔摆动实验（19世纪澳大利亚化学家西维累尔发明的实验）。

准备一根长25~30厘米的线，拴一枚大纽扣或小螺母，当成一个吊摆。再在一张纸上画一个直径为10厘米的圆，通过圆心在圆内画一个十字，然后按下列步骤开始实验。

第一，平稳地坐在椅子上，两肩放松，胳膊放在桌子上，心情平静，呼吸平缓，排除杂念。

第二，用右手食指和拇指轻轻捏住细线，使下面的纽扣垂悬在圆心，高度距纸2~5厘米。

第三，眼睛紧紧盯住纽扣，头脑中浮现纽扣左右摆动的形象。如果一时想象不出纽扣摆动的形象，可以左右移动自己的视线，不要摇头，并暗示自己："纽扣开始摆动了"。这样在不知不觉中纽扣就真的会摆动起来。这时再进一步暗示自己纽扣摆动的幅度越来越大了。

第四，如果你想象纽扣停止摆动的现象，那纽扣就真的会慢慢停止摆动。

第五，熟练以上方法后还可以用想象随意让纽扣做前后摆动、对角线摆动和绕圆周旋转，也可以将纽扣放入玻璃杯里，通过预想使其碰杯子内壁，碰几次完全听从你的指挥。

为什么会产生这种有趣的现象呢？原来，这是大脑中的手或手指活动的形象记忆在暗暗地起作用。通过心理暗示的作用，同当时的身体动作（运动记忆）结合在一起。因此，当你回忆和想象时，身体就会自发地重现当时的表现。

日本能力开发研究所所长保坂荣之介曾介绍，东洋大学教授恩田彰曾带领学生进行过这种实验，看看语言信息和形象信息对实验结果有何影响。他把学生分成两组，每组男女生各半，让其中一组学生只在嘴里念叨"纽扣前后摆"或"纽扣左右晃"，而头脑中不浮现纽扣摆动的形象。让另一组学生默不作声地在头脑中浮现纽扣的形象。实验结果表明，浮现形象的小组纽扣摆动的现象开始得早，并且摆动的幅度比只在嘴里念叨的小组要大4~5倍。这个实验说明什么问题呢？保坂荣之介认为："通过形象的浮现，大脑肯定会向我们的躯体发出变化的指令信号。实际上，这里面正好隐藏着记忆力、注意力的秘密……增强记忆力、注意力的动力，似乎就隐藏在如何控制形象记忆力中。"这个实验实际上揭示了人的记忆力的一个最大的奥秘，即形象记忆是人脑中最能在深层次起作用的、最积极的，也是最有潜力可挖的一种记忆力。

为什么人脑中的形象信息量要远远多于语言信息量呢？为什么人脑形象记忆力远远大于意义记忆力呢？我们可以从生物进化史的角度来认识这个问题。科学界普遍认为，地球的历史已有45亿年，而地球上生物的历史也已有36亿年。为了便于理解，我们把36亿年压缩成一年的长度。按这样的比例压缩，每天相当于历史上的1000万年，每小时相当于42万年，每分钟相当于7000年。照此类推，我们可以看到从原始生物产生到人类语言能力形成的进化，显示为以下顺序：如果1月1日在地球上产生原始生物，那么最早的真核细胞在9月20日出现；恐龙12月1日才出现并在同一天灭绝；12月25日出现灵长目动物；12月30日出现猿类；12月31日晚上11时，北京猿人才学会用火；而我们现在看到的原始文化遗迹和文字纪录，则都是在最后一分钟形成和发展的。

在从猿到人的几百万年的进化过程中，古人类最初是没有语言的，那时思维也几乎谈不上，因为语言有思维的物质外壳之称；没有语言，也就不可能有较成熟的思维。因此，那时古人类的大脑左半球还没有语言记忆功能，抽象思维的功能也是十分低下的。但是，他们右脑的形象思维功能却十分发达，并始终在积极地工作，在古人类生存的各个环节上都发挥着主要的、重大的作用。可以说，如果当时的古人类没有非凡的、远远超过其他动物的形象思维和形象记忆的能力，那么古人类也就不可能在严酷的生存竞争中以其明显的智力优势成为优胜者，也许现在个别人表现出来的超凡的形象思维、直觉思维和记忆能力，甚至某种难以令人置信的特异功能，都与那时古人类右脑功能的高度发达有着某种渊源关系。后来，手的使用和劳动的产生日益复杂化，使人的大脑与动物的大脑开始产生了本质的区别，手的发展对脑的发展影响特别大。手所进行的复杂的动作必然引起大脑两半球皮层的迅速发展。直立行走不仅扩大了人的眼界，增加了人的感性认识材料，同时也促进了发音器官的发展、完善，这为语言的产生提供了物质条件。劳动则是人产生意识的最主要的条件，它使人们彼此间的交际形式发生了根本的变化，语言活动也就随着人类社会的产生和发展而不断发展起来。这样一来，语言和抽象思维、意义记忆在人类的长期实践中相互依托、相互促进，共同得到长足的发展和进步，大脑左半球的功能在人类实践中的作用越来越突出，这种突出的作用又反过来推动人的思维从低级到高级不断进步、日趋完善。所以，人类就在不知不觉中犯了一个前面所说的本不应犯的错误——逐渐忽视了形象记忆和形象思维的重要作用。

搞清上述历史的原因，我们就不难理解为什么现在往往不被重视的右脑竟会有这么多潜在功能，才能理解在我们的记忆中形象信息比语言信息要多出许多倍的根本原因。阅读记忆，是指对读物内容和形式（语言文字）的识记、保持和再现。因此，绝大多数的形式和内容都是属于抽象性、逻辑性的，其生理机制也由大脑左半球的言语视觉中枢和言语听觉中枢来完成。这似乎就成为天经地义的左脑功能了。殊不知，正是由于在阅读过程中偏重左脑，废置右脑，才造成了一般人所共有的阅读记忆和阅读速度成效甚差的结果。

根据巴甫洛夫的学说，具有颜色、声音、气味、形状、质地特征的具体物刺激称为第一信号，在第一信号直接作用下建立的条件反射叫第一信号系统。第一信号系统是人和动物共有的。而用语词、文字和在它的影响下所建立起来的条件反射，组成人类所独有的第二信号系统。第二信号系统是建立在第一信号系统的基础之上的，它是信号的信号。本来，人的两种信号系统是密切联系，经常协同地发生作用的，纯粹的第一信号系统和纯粹的第二信号系统活动几乎是没有的。但是，从这一点来看，比较熟练地掌握了词语文字的人，往往又犯了一个单纯依赖第二信号系统而忽视第一信号系统的错误。抽象语词、文字之所以不容易获得良好的记忆效果，就是因为它们本身不是具体的形象刺激，第一信号系统没有发挥配合与支持第二信号系统的作用。当然，我们绝不是低估第二信号系统在阅读记忆中的作用，相反，对它的作用评价还相当高。由于词语的抽象性和概括性，使人类形成条件反射的能力无论在量上还是质上都远远超过了动物，使人类的大脑在条件反射中能准确地进行分析、综合活动，建立和完善暂时神经联系，使人类的记忆过程更为复杂、灵活和高效。

由上可见，对西维累尔摆动实验和生物进化史的分析，使我们对发挥右脑的形象记忆潜力有了浓厚的兴趣和极大的信心；而巴甫洛夫的两个信号系统的理论则使我们既要重视右脑功能，也要重视左脑功能。我们必须全面发挥左右脑的功能，并使两个信号系统密切协调，这样一来，我们的阅读记忆必然能够收到1+1的高质量、高效率。

我们这里所讲的快速阅读正是能够同时调动左右脑潜力，同时发挥两个信号系统功能的崭新的阅读法。这是因为，快速阅读强调的整体感知开发了右脑的图像识别能力和形象记忆能力，当快速阅读者以一目二三行或一目十行乃至一目一页的速度来进行阅读时，读物内容是以组块或整页为单位被感知和记忆的。也就是说，一页书将像一幅画或者一个电影、电视镜头一样被输送到大脑的记忆仓库之中保存。大家都知道，一页书上有六七百字，把一页内容作为一个感知和记忆单位来处理，绝不仅仅是阅读速度的加快，更主要的是记忆内容压缩了数百倍，记忆仓库中的内容必将有序化，便于检索和提取。因此，凡是掌握了快速阅读的人都会在读书时有一种"更清楚、更明白"的感觉，当需要回忆读过的部分内容时，他们不仅能复述或默写出来，而且能清楚地记得该部分内容在书中的哪一页的哪一个位置。

值得指出的是，快速阅读还充分发挥了两个信号系统密切配合、协调动作的功能。当右脑的形象记忆功能充分发挥时，第一信号系统的作用是其生理基础，但它仅仅是在读物内容的存贮方面发挥了作用；而在理解和回忆时，第二信号系统的功能也不可或缺，要由它来把记忆仓库中的形象记忆内容转化成语言，然后再表述出来。正是由于在快速阅读的过程中，大脑的左右两半球和两个信号系统都充分发挥了其卓越的功能，所以才能够几倍、几十倍地提高阅读速度，而且理解、记忆的效果也达到了使人满意的程度。

其次，形象思维的发展是进行阅读能力早期训练的基础。脑科学研究表明：学龄前儿童脑的结构、神经系统发展迅速。3岁儿童大脑重量可达1011克，到7岁时可达1280克，已接近成人的脑重量，神经纤维在继续增长，髓鞘化基本完成，整个大脑皮质达到相当成熟的程度。在儿童5~6岁时，脑的结构就基本成熟，但未达到成人水平。脑神经的发展，为阅读的早期训练提供了生理上的基础。开发幼儿的学习潜力，进行早期教育，一直是国内外许多从事教育和心理研究的人不断研究、探索的课题。我国有的研究者认为，儿童从4岁起，就可以通过教具、动作、情境、游戏等方法学外语。有人认为，5~6岁的儿童普遍具有认字的可能性和巩固性。朱智贤教授认为，"如何适当地把小学的语文、外语课程下放一部分到幼儿园，的确是一个具有战略意义的课题"。在这些研究中，虽然有不少成果，但在实践中却有不少困难。近年，我国幼儿教育工作者在总结幼儿教育工作时，认为过去"过多地灌输知识和训练技能，忽视儿童的主动性"，问题在哪里？我们认为问题在于指导思想上存在"左脑优势"的传统观念。传统心理学认为人的思维没有语言是不可能的，要想发展智力，就要走"语言–思维（抽象）–思维"的路子。我们知道，学龄前儿童虽然也能掌握一些低级的概念和进行简单的计算，但需要直观形象不断的强化和支持，否则就会出现很大的困难。对大脑左右脑功能的研究，使我们认识到，首先大力发展形象思维才是真正早期开发儿童阅读学习潜力的途径。形象思维是先于语言的。这里举一个例子：一个20个月的幼儿，在翻阅一本《妈妈和小宝宝》连环画册时，看到画中的妈妈戴着眼镜，便抬头看看屋里的3个老人。她发现奶奶没有戴眼镜，便跑到奶奶的房间里取来奶奶的眼镜，并给她戴上。这说明此时她虽然还不会说话，但她已能很好地进行形象思维了。幼儿在交往活动、游戏、观察中，运用视觉、听觉、触觉等感觉器官感知外部世界，积累了视觉、听觉、触觉的表象，发展了形象思维。儿童的语言是在交往活动和游戏中以表象为基础发展起来的。儿童的表象愈丰富，形象思维愈发展，其语言愈能得到发展。相反，表象不丰富，形象思维不足，必然影响语言的发展。而语言的发展又促进思维能力和交往能力的发展。北京师范大学心理系认知实验室的研究成果发现，早期语言能力发展水平低是造成许多孩子阅读困难的重要原因。因此，我们认为儿童的早期教育应该遵循"形象思维—语言—抽象思维"的路子，应大力发展儿童的形象思维，并在此基础上丰富儿童的语言、词汇，逐步发展抽象思维。这样才切合幼儿智力心理发展的特点，才能充分发挥其阅读潜能。

再次，形象思维是创造思维的一个决定因素。人们通过阅读学习的目的不仅仅是消遣或工作，而是要提高自己的知识水平和技能，要把掌握的知识应用到实际工作中去。这就需要我们不仅通过阅读积累"死"的知识，还要磨练我们的创造性思维，因为创造性思维是真正"活"的技能。在文学、音乐、绘画、舞蹈方面的创造活动中，形象思维起着决定作用。刘白羽在谈自己的创作经验时说："对一个创作者来说，是生活中种种具体的动人形象打动你，给你带来思想、认识，你通过复杂的生活形象，才提炼出你的一点理解、一种思想、一分诗意，这是作品的灵魂；但同时理解、思想、诗意也只有得到最能恰如其分的表达它们的典型的形象、细节，才能取得反映生活的艺术形象的鲜明光彩。"不仅是文学艺术创作，绝大多数的创造性工作都需要形象思维以及它和逻辑的有机结合。我们说形象思维在创造过程中具有决定作用，是指其中创造性的突破是直觉的产物，但它必须经过语言的描述和逻辑的检验才具有价值。关于这一点，我们研究一下创造的过程就很清楚了。美国的华莱士谈到："创造过程分为四个阶段，即准备阶段、酝酿阶段、闪光阶段和验证阶段。准备阶段包括收集有关信息并缩小问题直至能看得见障碍；酝酿阶段是大脑中无意识过程对问题进行工作的时间，但通常不应有解决问题的压力；闪光阶段可能会自然到来，或者是意识努力的结果，这是直觉和顿悟产生解决问题的可行性办法的阶段；最后，在验证阶段，直觉的解决办法受到逻辑的检验，证明其有效性，然后再组织安排到问题解决之中。"显然这中间两个阶段主要靠形象思维。这中间两个阶段，美国著名教育家兰本达教授在她的《物理学家是怎样工作的》一书中是这样描述的："理论物理学家，在他们的生活中长达几周甚至几个月，确确实实会在那里冥思苦想。他们要阅读所有与他们的课题有关的资料，要简明扼要地与实验物理学家交谈，还要和其他物理学家进行切磋探讨。经过各方面长期的实验检验，那令人难忘的日子、难忘的时刻终于来到了。在那一瞬间，茅塞顿开，所有的疑点都有了归宿。物理学家们欢欣鼓舞，惊叹不已：'哎呀！理所应当，多么明显！'但是直到那一瞬间，这一切对世人来讲并不是明显的。"量子论之父马克斯·普朗克在其自传中指出：创造性的科学家必须具备"对新观点的一种活跃的直觉想象力，这些新观点不是演绎得出的，而是通过艺术家一般的创造性想象而得出的。"这里用"非语言"产生的种种观念，要用逻辑思维去验证。创造过程的四个阶段说明，创造力是左右脑两种思维协同作用的结果。创造思维是思维的最高形式，是人类智慧的结晶，一切物质文明和精神文明，无不是创造性思维的成果。一个多世纪来，人们一直在探索如何培养创造性思维。现在，对脑功能的研究表明：创造活动是通过逻辑思维和形象思维协同进行的，其中形象思维起着关键作用。因此，开发右脑功能，发展形象思维的重要性更加突出了。

最后，发展形象思维，有利于造就左右脑并用、学会全脑速读记忆的高素质人才。分析了创造过程的特点，了解了左右脑的功能以后，我们就容易理解，古今中外许多出类拔萃的奇才，大都是善于左右脑并用的人。意大利画家达·芬奇既是艺术大师，又是工程师、科学巨匠；德国伟大诗人歌德，曾发表诗体论文《植物的演变》；科学泰斗爱因斯坦擅长演奏小提琴，更是大家所熟知的。我国大科学家钱学森酷爱艺术，他曾说："搞艺术的人需要灵感，难道搞科学的人就只需要数据和公式吗？搞科学的人需要灵感，而我的灵感，许多就是从艺术中悟出来的。"高占祥曾说："艺术的想象力，往往会刺激科学创造所必须的想象力；而科学的想象力，又会给艺术的想象力插上更加美丽的翅膀；那些集科学与艺术才能于一身的'能人'，则是左脚踏着艺术世界，右脚踏着科学世界前进的奇才。"这里说的就是左右脑并用的奇才。他们在阅读各种资料时往往比普通人快上数十倍，而且理解和记忆效率并不因此而降低，这都是因为他们具有极丰富的想象力（形象思维），又善于巧妙地运用左右脑。长期以来，阅读教育一直忽视右脑开发，忽视形象思维的发展。普通心理学所论述的思维只是抽象思维，儿童心理学认为儿童时期的思维正从具体形象思维为主要形式向抽象思维为主要形式过渡。由于年龄特点而初步发展起来的形象思维，在这种理论的影响下，被"过渡"掉了。学校课程设置中，美术、音乐课向来不被重视，被归为"小四门"，并且把教育的重点放在知识、技能、技巧上，直到最近新制定的教学大纲，才强调发展形象思维。有着丰富形象思维内容、左右脑并用的语文课，往往变成了只发展语言和逻辑思维的课，变成单一发展左脑的语言分析课，而忽略了培养学生阅读兴趣和阅读想象力，严重束缚了他们阅读能力的发展。随着新世纪的到来，人类已高度重视对自身脑的研究。左右脑功能的研究已获得突破性进展，阅读教育必须努力跟上时代。深入开发右脑的功能，重视发展形象思维，必将引起新的一次学习革命和阅读革命。

第三章　心理与快速阅读

阅读过程的心理学模型

前一章为读者揭示了快速阅读的脑科学依据，在这一章，我们将从心理学角度进一步揭示快速阅读的心理学基础。首先我们要向大家介绍以下国际上科学家们对阅读过程的心理学模型的建构。阅读是极为复杂的信息加工过程，PSR小组把阅读研究的重点集中在阅读过程的本质上，以期找到能够较好地解释阅读现象的模式。PSR小组的心理学家和教育学家们通过大量的研究，提出了阐明阅读过程的一些理论。一般来说，这里引进的理论可以分为三类：第一类是自下而上的理论，即从基本的感觉刺激一直到文字语言的理解，以高夫的模型为代表；第二类是自上而下的理论，即从知识经验出发，用积累的语言知识和经验来对文字进行诠释，以哥德曼的模型为代表；第三类综合了前两者的长处，提出相互作用的理论，以鲁梅哈特（D.E.Rumelhart）和罗森布拉特（Rosenblatt）的模型为代表。下面分别做些介绍。

一、高夫模型

高夫模型是指用以描述从看到文字符号时起到理解意义为止的整个过程。这个模型是由美国阅读心理学家高夫提出的，高夫模型完全是用信息加工的观点来解释阅读过程的（见图3-1），即从低级的小单位字母加工发展到高级的词组、句子以至语义加工的过程。在这个模型中，自来单词的图形信息进入视觉系统，并被登记在短暂保留的映象中。然后它被一个图形识别器加以扫描和操作，从而辨认出输入的字母。之后，这些字母进入了字符寄存器。再由一个译码器借助于密码本而将字符转变成它们的音素表征。这些音素表征再进入程序库管

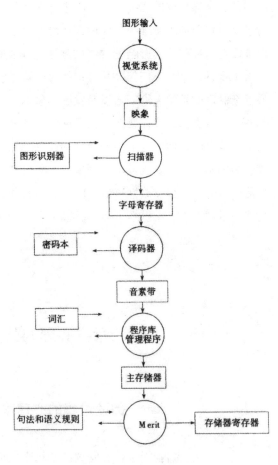

图3-1 高夫阅读模型

理程序，并和词汇匹配，然后把产生的词汇反馈入主存储器，最后输入具有魔力的系统，这个系统运用它所具有的句法和语义知识去确定输入信息的深层结构，即意义，并到达最后的存储器，这是句子被理解后存储的地方。

在阅读过程中存在两类信息，一类是直接从字母或单词的视觉完形中得到的知识信息，另一类是由读者对单词或词组在头脑中已有的知识经验所提供的高级信息。通常我们把前者称为视觉信息，把后者称为非视觉信息，它包括人们关于语言的知识、关于研究对象的知识和怎样进行阅读的知识等。很明显，高夫的模型，虽然容纳了视觉信息和非视觉信息的作用，但它本质上是由一系列自下而上的加工依次进行的转换作用构成的。任何低一级的输入信息，都转换到高一级水平，并在高一级水平上得到加工。任何低级水平的信息加工根本没有受到高级水平加工的影响。因此，这种模型是一种自下而上的模型。在这个模型中，没有两种信息交互作用。任何水平上的信息加工，只能对随后一级较高水平的信息加工产生直接的影响。另一位PSR小组的阅读心理学家福斯（D.J.Foss）提出了自下而上的模型的另一变式（见图3-2），认为阅读开始于视觉信息输入，第一个加工阶段是感觉，把这种输入刺激变换成映象表征。视觉编码机制是在映象记忆里对信息进行操作，并把它转变为字母、音节或词的视觉代码。紧接着，是语音转录机制，这个机制把视觉的字母或词通过一组规则，把它们转换成一种系统音素。接着在心理词典中进行搜索发现和匹配词条目。当所需的词条被发现时，句法或词义的信息结合在一起，进入短时记忆，继而进行语法的分析，这是在更高水平上的句子加工机制。

正像我们在前面讨论过的，字母或词的视觉表征是绕过语音转录机制，直接进入词典搜索机制，还是经过语音转录，产生系统音素，再到词典搜索机制，这是一个争议较多的问题。但是，我们从这个模型中可以看出，阅读和语言听觉理解可能在这个加工系统中结合起来。这样，在词汇搜索之后的各阶段，是阅读和语言听觉理解的共同机制。上述模型可以解释阅读过程中的一些现象，但用它说明整个阅读过程还是很有困难的。

二、哥德曼模型

著名心理学家哥德曼博士提出了一个自上而下的模型，反对把阅读看成是对一系列词的知觉，他认为人们在阅读过程中，通常是利用语言知识和有关经验的作用，对课文进行加工的。他还指出，阅读是一种选择过程，即在读者预期的基础上，对那些从知觉中选择出来的、最少的语言线索进行加工，形成暂时的预测和判定。这种暂时的预测和判定在继续进行的阅读中得到证实、拒绝或进一步提炼。所以，哥德曼认为阅读是一种语言心理学的猜测游戏，它包括了思想和语言之间的相互作用。有效地阅读并非精确的知觉与辩认所有文字成份，而是选择最少的线索以产生有效地猜测的一种技能。

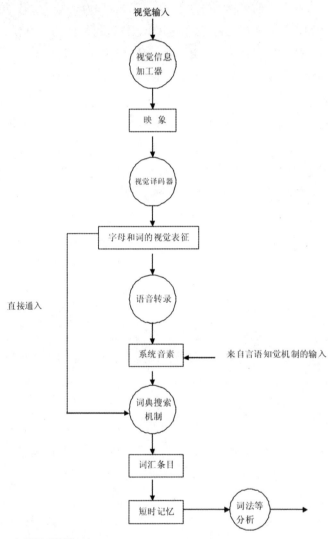

图3-2 福斯阅读模型

（图中的圆表示操作或加工机制，长方形表示这些操作的输出或产品）

在哥德曼的模型中，对课文信息的加工过程是按以下步骤进行的：人的视觉器官从左到右对文字符号进行扫描，并且一行一行地阅读下去。也可能对材料的某些部分进行注视，这一部分的文字符号处于注视的中心，其余部分处于注视的边缘。此后，选择过程就开始了。这种选择过程受到读者的语言知识、认知方式以及他所学会的阅读策略等因素的影响。通过这些选择得来的线索和其他预期线索一起形成一种知觉的意象。这种知觉意象，部分来自他所看到的东西，部分来自他的预期。与此同时，读者从自己的记忆中寻找那些有关的、语义的和语音的线索，重新形成知觉的意象。紧接着，读者要作出一种暂时的选择，其获得的文字的意义也暂时保存在短时记忆里。这时若获得的线索还不能用以进行任何猜测，读者就要检查他的知觉输入，并且再次进行尝试猜测。倘若猜测仍无可能，读者就将进一步阅读并聚集更多的文字线索，直到能够做出选择，并检查这种选择在上下文中语法和语义方面的可接受性。如果这种暂时的选择在句法或语义上是不可接受的，读者还要退回去重新进行扫描，直到发现选择是可以接受时为止。这样，译码的过程继续扩展，所获得的意义也被先前获得的意义所吸收和同化。同时，对于下面内容的期待又形成了，于是开始一个新的循环。这就是哥德曼关于阅读的自上而下的模型。

哥德曼研究了年幼儿童的阅读过程，并记录了他们所发生的错误。结果发现，儿童的错误是有一定原因的。这些错误表明他们在运用句法的和语义的信息对书写文字进行猜测。所以，阅读过程并非一个精确知觉的过程和系列加工的过程，而是一个选择的过程和预期的过程。

在美国阅读教学中哥德曼的模型有很大影响。由于他强调过去经验和理解的作用，认为阅读过程只需要很少的关于文字方面的线索，因而出现了一些问题，即在阅读教学中忽视基本知识的作用，使学生的阅读技能有所下降。从理论方面来说，用单一的自上而下的模型来解释阅读过程也是有困难的。在我们后面的阅读技巧和方法中，很多地方都运用和贯彻了哥德曼博士的这一卓越模型。

三、交互作用模型

在上述两个系列加工的模型中，视觉信息和非视觉信息不存在相互作用的问题。加工过程中每一个阶段都是独立的。它们的任务只是把加工的结果传递给下一个阶段。所以，在这类模型中，信息的传递只有一个方向，高级阶段的信息不能影响低级阶段的信息加工；在阅读过程中已经发现了大量事实，这些

事实是系列加工的阅读模型所不能解决的。因此，鲁梅哈特提出了交互作用
（Interactive）模型（见图3–3）。这个模型把两种信息结合在一起。当读者扫描
课文时，字母就被登记到视觉信息存储中，以后由一个特征提取装置对这种信
息进行操作，并且从视觉信息存储中提取了关键性特性。这些特征作为感觉输
入进入图形综合器。在图形综合器中，除了这种感觉信息以外，还有各种非感
觉信息。图形综合器利用这种非感觉信息，对输入的图形作出了一种最可能的
解释，即阅读是自下而上和自上而下加工相互作用的过程。这种信息的汇总，
有视觉的加工和认识的加工，而认知加工是这种阅读模型的关键。视觉加工需
要视觉信息，即文字。认知加工需要非视觉信息，这种读者头脑中的知识结构，有
时称之为图式（schema）。在阅读过程中，各种不同来源的信息以复杂的方式互
相作用着。阅读活动就是同时使用所有这些感觉知识和非感觉知识的结果。

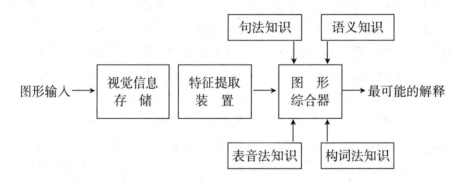

图3–3 鲁梅哈特的相互作用模型

　　人在阅读的时候，头脑就像一个信息加工中心，不断地搜索外界输入的信
息。此外头脑中还有四个储存库，即表音法知识、构词法知识、句法知识和语
义学知识。鲁梅哈特的模型强调了读者关于语言的知识（即四个储存库）在阅
读过程中的作用：

　　1.语义学知识，指语境的意义对阅读理解的作用。例如一个句子"They
are eating apples"单独出现，我们很难确定它的准确意思。是他们正在吃苹果，
还是它们是可以吃的水果？如果前面有一个句子，"What are the children eat-
ing"我们就知道这个句子意思是他们正在吃苹果；如果前边的句子是"What
kind of apples are there"那么这个句子的意思就是它们是可吃的苹果了。这种情

况对于一段课文来说也是适用的。

2. 句法知识，即一种语言的语法知识。根据这种知识，人们能凭借一个句子中前面的单词去确定随后一个单词的词性。如在句子或名词性短语中的单词"the"之后，人们将预期出现名词或形容词，而不可能出现动词或介词，这就是句法知识的限制。心理学家们还发现，一年级小学生在阅读课文上出现朗读错误，90%在语法上是可以接受的。如把"spot can读成"spot and"。由于后一种读法也有可能成为一个正确的句子，它在语法上是可以接受的。这说明在单词再认时，人们早就使用了句法信息。

3. 构词法知识，指哪些字母可能构成一个单词。由于人们知道字母总要构成一个单词，因而在看到一些字母时会预期出现另一些字母，并且相同的单个字母在一个词中就比在一个非词中认知得好些。在非词中，如果这些字母是合乎英语拼写规则的，那么它们又比在不合乎拼写规则的情况下要认知得好些。这是由于词及其拼法知识能够影响低级阶段的信息加工。

4.表音法知识，即关于字母组合的读音知识。如字母"u"通常跟在字母"q"后面，读作〔kw〕。

由上可知，表音法、构词法的、句法的和语义学的信息都能影响我们对文字的知觉。这些知识库能对输入的信息不断地扫描，这样，一方面对视觉扫描到的信息从低级阶段到高级阶段进行加工，依次经过表音法知识、构词法知识、句法知识和语义学知识，最后达到理解。另一方面，信息加工也以与此相反的方向，由高级阶段到低级阶段进行加工，即读者将已有的背景知识和语言知识，对视觉扫到的信息立即提出假设，最先从语义学知识进行证实，然后分割成句法知识分析、构词法知识分析和表音法知识分析，通过这一系列的分析，对假设进行肯定或否定。因此，每一阶段的知识分析不仅来自更高一级的知识分析，也依赖于低一级的知识分析。也就是说，这些不同的信息发生相互影响，而且在低级阶段和高级阶段的信息加工吻合时，就产生令人满意的正确理解。否则，假设就要重新修改或建立，直至两种信息加工互相吻合。

从鲁梅哈特提出这种交互作用的阅读模型后，图式理论在阅读中的重要性受到了人们的重视，正像鲁梅哈特所说，图式是认知的基石，一切信息加工都要建立在图式的基础上。读者头脑中的图式通常具有六个作用：帮助吸收课文、帮助推论、调节注意力对重要信息加工、有条不紊地搜索记忆、进行信息概括和通过推论重新组织原始信息。图式通常分为内容图式和形式图式两个部分，前者是指读者对一篇课文内容的熟悉程度。如果读者对课文内容十分熟悉，就会一看就懂，并且看了课文题目和课文开头，就能大略猜出全篇课文的主要内容。形式图式是指读者对课文格式安排的熟悉程度。课文有不同的类型和风格，如果读者对课文的写作格式相当熟悉，就能十分容易地从格式的结构和发展，推测出课文下一部分的内容。交互作用的阅读模型和图式理论是相辅相成的，并得到一些实验的证实。PSR心理学家们对美国和印度的大学生做了一个实验。请这两组学生阅读内容不同的两封信，一封是关于美国方式的婚礼，另一封信是关于印度方式的婚礼。阅读后自由回忆和探测回忆的结果说明，学生对于陌生文化内容的理解容易发生错误，而对自己文化的内容易于产生更多的回忆，并且，学生阅读关于自己文化的婚礼的信时，速度明显加快。可见，阅读理解不仅是语言文字的加工，也是读者已有的背景知识的运用过程。不管读者的语言水平高低如何，只要具有较多的背景知识，在阅读课文时这些背景知识就可以弥补语言水平的不足。当然，既有丰富的背景知识，又有很高的语言水平，阅读理解过程就会更加迅速和准确。鲁梅哈特提出的这种交互作用模型，实质上假定了自下而上和自上而下的两种信息的综合加工；在感觉信息非常贫乏的情况下，人们必须使用头脑中存储的知识对刺激做出解释。在这种条件下，人们的阅读过程主要是自上而下的加工；反之，则以自下而上的加工为主。因此，这个模型能够说明高夫和哥德曼模型所不能解释的大量阅读问题。

虽然在解释阅读问题时交互作用模型具有许多优点，但这个模型也有它的一些缺点。PSR小组的另一位阅读心理学家比尔（Beers）就指出它把课文和读者当时的情感因素和环境因素给分割了，所以具有一定的机械性和局限性。后来，罗森布拉特提出了相互作用的另一种形式——交易（Transactional）阅读模型。这种模型强调，在阅读环境中，读者与课文不再是一个物体，而是产生阅读理解的一种潜在力量。读者不是单纯地追求课文中表达的意思，而是创造性地理解作者所表达的意思。由于读者的知识经验不同，在阅读时情绪和环境不同，因此对同一课文会有不同的理解。由于阅读的目的和重点不同，阅读速度和阅读理解的程度也会不同。罗森布拉特进一步指出，阅读一篇文章，是发生在某一读者在其人生过程中的某个阶段、某种环境和某一时刻里的活动。这时读者的情绪和周围环境要么促进、要么阻碍阅读理解的发生。在某种环境条件下，当读者和作者具有共同的语言和思路时，阅读理解能达到令人满意的程度，一个阅读流畅的读者和课文能达到心有灵犀一点通的程度。

交易阅读模型与交互作用阅读模型的共同点是，它们一致认为阅读理解是书面信息与读者头脑中已有的知识的结合。其不同点是，交易阅读模型强调阅读是一个不断发展的过程，是某种具体阅读环境和某一读者互相发生作用的过程。不难看出，交易阅读模型反映了一个有机的具有生态意义的不断发展的阅读过程，它是目前说明较多阅读问题的一个较好的模型。这一模型在当今的许多国家的阅读教学中受到了广泛的推崇和应用。

快速阅读的心理学依据

前面对阅读过程的心理学模型进行了详细的阐述，这里我们将对与快速阅读更为相关的心理学原理做进一步的描述。我们知道阅读是一种从书面符号中获取意义的心理过程。人们通过阅读，把物化在书面材料中的别人的外部语言，变为自己的思维工具和表达工具，要经历一个十分复杂的心理活动过程。

从心理学的角度看，阅读是从语言的认知向语言的运用（无声的思考或大声的朗读）的过渡。在这个过渡过程中，读者不是机械地将原文读（或者讲）出来，而是要通过内部言语，用自己的话来理解或改造原文的语句和段落，从而把原文的思想变为读者自己的思想。因此，阅读是由感知、思考、推理、评价、判断、想象和解决问题等一系列心智活动构成的。所以，我们有必要讨论一下人的心理活动在阅读过程中的作用，以及良好的心理素质在快速阅读过程中的功能。

必须指出的是，阅读是一种非常复杂的心智活动，其中有着多种心理因素。在阅读文字材料时，人们感知的对象不仅是一个个单字或单词，而且是一组组句子和段落以及由它们组成的完整的篇章。阅读过程的第一个阶段就是书面语言的感知，它的特点是眼睛的视觉感知必须与大脑的思维理解活动统一，这样才能获得语义，达到理解和记忆的阅读目的。

我们已经知道，阅读时存在着两种认知加工：一种是对从视觉刺激来的信息的"自下而上"的加工，另一种是对已有知识经验和句法语义环境中来的信息的"自上而下"的加工，它们相互作用联合产生对阅读材料的理解。人们在阅读时并不是按线性方式一个一个字词进行加工，而是按一组一组的词进行加工的。这种感知和理解所依靠的基本成分或加工单位，从感知的角度来讲就叫作感知单位。感知单位不同，其结果也不一样。例如，我们看到"〇"时，不会认为是点，而是圆；我们看到"□"时不会认为是四条直线，而会认为是正方形。这就是整体感知，在心理学里也被称为"格式塔"。

根据感知的这一特点，我们可以知道感知单位不同，阅读中的理解和记忆效果是大不相同的。如果阅读时以字或词为感知单位，在校对或阅读艰深的古文时效果较好，但在阅读中等难度以下的读物时，不仅速度慢，而且理解和记忆效果也差。如果我们扩大感知单位，也就是以短语或句子为感知单元时，不仅速度快，而且理解和记忆的效果也佳。这是因为，我们对阅读材料的感知单位越大，视觉感知和大脑思维的步调越趋于协调一致，理解和记忆的综合效益越强，其效果当然会更好。

快速阅读就是根据这一心理学原理，通过按步就班的训练，帮助学员扩大感知单元，逐渐由一个字一个字的点式阅读过渡到一行一行的线式阅读，再由线式阅读逐渐过渡到二行、三行……以至十行、半页、整页的面式阅读。

注意与快速阅读

注意是心理活动的警觉性，也是心理活动对一定事物的选择性。我们在学习中都有这样的体验：阅读课文、小说，集中注意力、聚精会神地读两遍，要比漫不经心、杂念丛生地读十遍，更能记住所学的内容，因此集中注意力也是快速阅读的一个重要条件。一个不会很好地组织自己注意力的人，就不会有良好的阅读速度。

20世纪50年代中期以来，随着认知心理学的兴起，人们重新认识注意在人类大脑信息加工中的重要性，提出了若干注意模型。其中有代表性的是注意的过滤模型和衰减模型，它们属于知觉选择模型。这两种模型把注意机制定位于信息加工的知觉阶段，在识别之前实现信息选择。与知觉选择模型形成对照的是反应选择模型，它认为注意的作用不是选择刺激，而是选择对刺激的反应。

该模型认为，所有的信息都可以进入高级处理阶段，但只有最重要的信息才会引起中枢系统的反应。这两类模型的侧重点不同，知觉选择模型强调集中注意，而反应选择模型则注重分配注意。两者争论的焦点是注意机制在信息加工中的位置。注意的中枢能量模型就是在这一背景下产生的。该模型的理论基础是信息系统的有限加工能力。它避开了注意机制在信息加工中的位置这个难题，使知觉选择模型和反应选择模型的实验结果在形式上得到了统一；但缺点是没有揭示注意所涉及的信息加工过程。

随着脑成像技术和神经生理研究的迅速发展，使得把注意网络从其他信息处理系统中分离出来的努力成为现实。利用正电子断层扫描（PET）和功能磁共振成像（fMRI）技术，可以较精确地测量在完成特定的注意任务时大脑各区域脑血流的变化（Rcbf），从而确定各个注意子网络的功能结构和解剖定位。80年代初期提出的特征整合模型把注意和知觉加工的内部过程紧密地结合起来，并用"聚光灯"形象地比喻注意的空间选择性。根据这一模型，视觉处理过程被分为两个相互联系的阶段，即预注意和集中注意阶段。前者对视觉刺激的颜色、朝向和运动等简单特征进行快速、自动的并行加工，各种特征在大脑内被分别编码，产生相应的"特征地图"。特征地图中的各个特征构成预注意的表象。预注意加工是一个"自下而上"的信息处理过程，并不需要集中注意。特征地图中的各个特征在位置上是不确定的，要获得物体知觉就需要依靠集中注意，通过"聚光灯"对"位置地图"进行扫描，把属于被搜索目标的各个特征有机地整合在一起，实现特征的动态组装。1989年，Gray指出集中注意可以引起与被注意事件相关的神经元的同步发放，同步发放通常表现为40周左右的同步振荡。这一发现为注意的特征整合模型提供了神经生理证据。

此外，根据已有的研究结果，Posner把注意网络分为三个子系统：前注意系统、后注意系统和警觉系统。前注意系统主要涉及额叶皮层、前扣带回和基底神经节。后注意系统主要包括上顶皮层、丘脑枕核和上丘。警觉系统则主要涉及位于大脑右侧额叶区的蓝斑去甲肾上腺素到皮层的输入。这三个子系统的功能可以分别概括为定向控制、指导搜索和保持警觉。

以上这些科学研究为我们揭示注意对快速阅读的作用提供了坚实的依据。接下来我们将进一步阐述注意力在快速阅读中的作用机制。注意是一种"定向反射"和随之发生的"适应性反射"。它的生理机制主要是大脑皮层的优势兴奋中心相互诱导的作用。"定向反射"发生时，大脑皮层的一定区域就产生优势兴奋中心，并由此产生机体的各种适应性反射活动，因而大脑就能够清晰地反映有关的事物。与此同时，皮层的其余区域由于受诱导的作用处于一定程度的抑制状态，而与这区域相应的事物就不能引起反映，或不能引起清晰的反映。居里夫人有惊人的记忆力，是与读书过程中专心致志分不开的，一读起书来，对周围的一切就都理会不到了。她小时候，有一次，她的几个姐妹搞恶作剧，用6把椅子在她身后搭了一个不稳定的三角塔，只要她一动，塔就会倾倒。然而，直到半个小时后，她读完了预定要读的一章书，这才抬起头来，"椅塔"轰然倒塌。可见，保持注意力的集中对于阅读速度的提高起着非常重要的作用。

注意力是一个人的个性品质和能力结构的重要因素。没有高度发展的注意力，人的心理水平就要受到直接影响，所以，它是决定人的心理发展水平的重要条件。良好的注意力，不仅应具有高度的稳定性和集中性，而且应具有广阔性、分配性、转移性和紧张性等重要品质。

和阅读关系特别密切的注意品质，除视觉注意的广阔性以外，还有注意的稳定性、集中性和紧张性。注意稳定性是指把注意长时间地保持在一定认识对象或所从事的活动上的能力。需要澄清的是，注意的稳定性并不是说始终停留不变地指向和集中于注意对象的个别方面或局部一点，而是在注意的总任务支配下，指向和集中于注意对象的各个方面。例如，学生在课堂上注意总是随着教师的板书、讲解、实验、布置作业等活动不断变化，这正是注意的稳定性的表现。所以注意稳定性不是心理活动的停止状态，而是在一定注意任务范围内自觉地变换着注意的具体对象，只有这样，人的注意才能长时间地稳定在某一对象上。注意的集中性是指心理活动离开其他事物，而深入到当时所应指向的某种事物的能力，也就是专心致志的能力。它一方面指向范围的相对缩小，另一方面是对象的深入，从而使反映效果更加清晰、完整和深刻。所以它是准确、顺利地完成某种活动的必要前提。注意高度集中时的积极状态，就是注意的紧张性。这种积极状态，一方面是注意范围的收缩，一方面是对集中对象的深入。在注意处于适度紧张状态时，人会沉浸于注意的对象，而忘怀周围的其他一切。在快速阅读过程中，保持适度的紧张是有益的，但紧张过度将造成其他心理能力的损害。因此，正确的做法是时，在放松的状态下保持适度的紧张性，以提高阅读的效率。

注意的稳定性、集中性和紧张性相互作用，谁也离不开谁。注意的稳定性越强，集中性和紧张性越好，反过来也是这样。因此，在实际生活中，善于保持注意的稳定性、集中性和紧张性意义特别重大。把它们高度专注于当前的任务上，就可以提高学习或工作的效率。

根据以上原理，阅读注意是指在阅读过程中不分心、不走神，全部精力指向和集中于读物内容的心理活动。由于注意和认识紧密相关，因此，阅读注意对阅读过程中的心理活动起着组织和维持的作用，它是保证清晰的感知、深入的理解、牢固的记忆和活跃的联想必不可少的心理条件。有了它，当你展卷阅读时，就能做到全神贯注，心无旁骛。

我们还可以根据注意的中枢机制是神经过程的诱导规律来理解快速阅读可以使注意力集中的道理。注意力这种心理现象是从属于大脑皮层活动的重要规律之一——神经过程的诱导律的。人在做某一件事时，大脑皮层的某一区域就会由这件事引起的刺激而处于兴奋状态，而其他区域则处于抑制状态，这样有兴奋，有抑制，注意力就能高度集中。一个人在读书时，如果他的注意力高度集中，书的内容就属于他的意识中心；兴奋区域高度集中，外界的其他干扰就会被排除，专心致志达到忘我状态，当然能加深对书的理解和记忆；而良好的理解和记忆效果，又会反过来强化阅读理解相记忆，这样就形成了一个良性循环——注意力集中，阅读速度快，理解和记忆效果好；理解和记忆效果好，阅读速度快，注意力更集中。如此循环往复，就加快了阅读速度，收到了良好的阅读效果。

我们要培养自己专心致志的精神，要学会集中注意力、排除各种干扰的办法。我们在阅读中切勿"漫不经心"，要改正一面阅读一面又想别的事这样的坏习惯。聚精会神地阅读是快速阅读的有效措施。

这里必须指出的是，对于不同的人来说，虽然注意力各有不同，但注意力不是固定不变的。由于环境影响和教育训练，这是完全可以变的，因此加强对注意力的训练很重要。良好的阅读注意是可以通过训练养成和增强的。据说哲学家康德每天早晨起床，全神贯注地盯着窗前的花草30分钟，以便锻炼自己的注意力；莎士比亚为了培养阅读注意，经常捧着书到闹市的一角去读，以便锻炼自己的自制力，培养在闹中求静的本领；毛泽东在青年时代，为了培养和锻炼自己专心致志的能力，也曾故意到人声嘈杂的城门口去读书。

第四章　视觉与快速阅读

在快速阅读中，视觉发挥了关键的作用。据统计，人体使用眼、耳、鼻、舌、身五种感觉器官，通过视觉、听觉、嗅觉、味觉、触觉将各种信息输入大脑。据有关测试表明，各种感觉对信息的吸收率不同，视觉为83%，听觉为35%，嗅觉为11%，味觉为1%，触觉为1.5%。

1991年Mayeux和Kandel在Wernicke-Geschwind模型基础上提出新的语言信息处理模型。听觉输入的语言信息由听皮层传至角回，然后至Wernicke区，再传到Broca区。视觉输入的语言信息直接从视觉联合皮层传Broca区。对一个词的视知觉与听知觉是由感觉模式不同的通路相互独立地处理的。这些通路各自独立地到达Broca区，以及与语言含义和语言表达相关的更高级的区域。

让我们接下来探究一下人在阅读课文时，眼睛在感知文字符号时做了什么？大约100年前，法国眼科专家贾瓦尔（Javal）发现，阅读时眼睛在连续不断地运动。后来其他人进一步研究才知道，人眼的运动一般可分为生理震颤、扫视和眼跳运动三种形式。生理震颤是一种当头位运动时，由前庭器官发出的信息所引起的补偿性眼球运动。扫视是当注视目标在视野中移动时发生的两眼跟随目标的眼球运动，它是一种均匀缓慢连续的运动。如果在一个人面前慢慢移动一支钢笔，并让他注意这支钢笔，你将发现，被试的眼睛用流畅的没有跳动的运动形式追踪目标。眼跳运动是眼睛从一个注视点跳到另一个注视点或者从一个物体跳到另一个物体的运动。当把钢笔拿走，再让被试者重做扫视运动，这时被试者的眼睛却以快速的眼跳运动方式移动着。眼跳运动只发生在没有运动目标需要追踪的情况下，当然阅读时也没有移动目标需要跟踪，所以在阅读中的眼动主要是眼跳运动。研究阅读中的眼跳运动是了解阅读活动的重要手段之一。

在阅读过程中，眼睛是以快速的一系列眼跳运动的方式进行的。其中每一个跳动称为一次眼动。每次眼动之后是相对的静止，固定在一个单独点上。这种注视的暂时停顿称为眼停。每次眼动仅占10~20毫秒，眼停却占200~250毫秒。这样阅读中大约90%的时间，眼睛处于不动的状态（很小的震颤运动除外），而固定在一行文字的某一点上。在眼动过程中你看到的东西很少；而在眼停期间，却能获得大量的有用的信息。所以在眼动过程中出现的眼停，保证了在阅读中对文字符号的清晰感知。这与人们的"常识"恰恰相反，即不是通过眼睛在课文上的扫视来获得其中的信息，而是依靠眼跳中的注视停顿来获得信息。

在每次眼停期间，读者可以接受注视点两边的信息。随着离开注视点的距离的增加，获得信息的清晰度也明显加长。下面看一个图，请把你的注视点固定在圆圈的X上。首先，你不要移动注视点，试着接受它左边尽可能多的信息。然后，试着以同样的方式获得注视点右边的信息。通过实验你会发现，在注视点两侧，视觉感知的敏锐度快速地下降。准确地说出远离注视点的字母是很困难的。同时你会发现，边缘视觉也能感知一些信息。尽管人们不能清晰地辨认其中的字母，但也能得到关于这些词的长度信息。也许有人看到右边最远处的符号，虽然不能准确地说出它是问号。由于右边的单词由小写字母组成，有"上升"或"下降"的特点，且词形易于辨别，所以人们能看到较多的词。而左边的词是高低一致的大写字母，不能传达更多的词形信息，所以，人们较难看清左边的字母。总之，在注视期间一般只能准确地获得大约四个词，而一些边缘信息可能被用来决定下一个注视点放在何处。

ONE HOP SILK BUT EYE NOW ⊗ How far away can you see？

图4-1　从边缘视觉获得的信息

在阅读过程，存在三种眼动方式，即向前运动、后退运动和换行运动，它们在阅读过程中具有不同的作用。向前运动，即从课文中每一行的始端到终端，阅读时包含数次眼动和眼停。后退运动，是读者在没有看清或者没有理解课文的意义时眼动退回到原来曾停顿的注视点上，进行重新感知和理解，这种回跳称为后退运动（又称回视或回跳）。回跳次数越多，眼停的次数和所用的时间也越多。回跳与读者的阅读能力、课文难度和阅读任务有关。换行运动，是指视线从一行的终端移动到另一行的始端。开始学习阅读的儿童，换行运动较多，而且容易发生行次错误，或者反复寻找。而初步掌握阅读技能的学生，反复换行逐渐减少。但在换行时视线从一行终端跳到下一行始，多数都是宁可跳得近些，不愿跳得太远，往往需要短距离地再跳一次。善于阅读的人比阅读能力差的人，在每一行停顿较少，而且每次停顿的平均持续时间倾向于变短。更重要的是，善于阅读的人也有较好的停顿方式，眼睛从左到右通过一行课文时，几乎没有回跳运动。而开始学习阅读或者阅读能力较差的读者，每行都有较多的停顿和回跳。小学生大约到了四年级时眼动形式变得有规律了。变化无常的眼动不能提供信息，它是阅读困难的表现。因此，在进行阅读训练时，如果能够减少眼跳次数和杜绝回跳，就会大大地改善阅读能力。研究阅读活动的，人们常按单词或行来计算各种眼跳的次数，每次眼跳后的注视持续时间，以及注视出现在课文的哪个部位。一般来说，阅读容易的课文时，眼停的次数减少，注视持续时间较短，而回跳次数也较少。阅读困难的课文时，眼停次数增加，持续时间增长，回跳次数也增加。人们的阅读能力不同，眼动也有明显的差异。我们来看一下美国阅读心理学家延克尔（M.A.Tinker）在1965年时所做的关于善于阅读和不善于阅读的被试者眼动的比较实验。其中，每次眼停的时间用1/50秒作单位。结果发现，善于阅读的被试者阅读这一行所用的时间为1秒，而不善于阅读的被试者阅读一行却用了3.04秒。另外，课文容易或只要求提取课文内容大意，眼停次数就较少，注视的平均时间也比较短。可见，眼跳次数和每次眼停持续时间，与阅读能力、阅读材料难度及阅读要求有关。

延克尔的实验证明，眼睛扫视运动的速度有一个生理极限。无论怎样努力，也不能超过每秒钟五次的眼跳运动。我们根据眼跳的速度和每次眼动可以清楚感知的字符数量，可以计算出人在阅读过程中的最大速度。一般来说，每秒钟有五次眼跳，每次眼跳可以清楚地知觉四个词，每分钟一般就可达到1200个词的阅读速度。绝大多数成年读者低于这个速度，每分钟200到400个词的速度是阅读报纸时一般能够接受的阅读速度数字。由于中文与英语不同，因此，汉语的阅读速度与英语国家PSR（Plan of Speed Reading）小组研究结果不同，英语是由单词构成，每个单词长短不一，单词之间有空格相隔；而中文是由字构成，单词由一个或两个字组成，词与词之间没有空格相隔。因此，折算成中文的阅读速度，大约可以达到每分钟3000字左右的阅读速度。事实上，绝大多数成年人的阅读速度仅仅每分钟500字左右。

善读者：

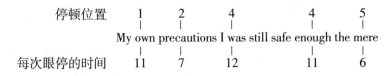

不善读者：

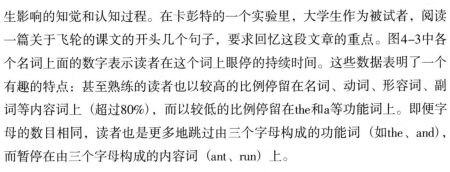

图4-2 延克尔（1965）关于善读者不善读者的实验

　　有关眼停在课文中发生的位置和持续的时间的研究也受到了其他科学家们的关注，他们还进一步探讨了眼停注视的这些词在课文中的分布，以及对其发生影响的知觉和认知过程。在卡彭特的一个实验里，大学生作为被试者，阅读一篇关于飞轮的课文的开头几个句子，要求回忆这段文章的重点。图4-3中各个名词上面的数字表示读者在这个词上眼停的持续时间。这些数据表明了一个有趣的特点：甚至熟练的读者也以较高的比例停留在名词、动词、形容词、副词等内容词上（超过80%），而以较低的比例停留在the和a等功能词上。即便字母的数目相同，读者也是更多地跳过由三个字母构成的功能词（如the、and），而暂停在由三个字母构成的内容词（ant、run）上。

图4-4

读者从课文中提取信息，并与内容的理解过程同步完成，读者花费在个别词和短语上的时间，依赖于需要再认和加工该词或短语的知觉和理解过程。以前面的数据为例，当读者在第一行中看到与文章的题目——"飞轮"有关的单词时，他花费了较长的时间（超过1500毫秒），而以后在课文的第二行重新看到"飞轮"这个词时，注视时间明显下降（刚超过1000毫秒）。一般来说，读者在阅读与题目有关的词时，由于这些词变成了较为熟悉的概念，因而花费的时间较少。这给了我们一个重要的启发，对于那些我们不断熟悉的概念，阅读时间将逐渐减少。分析眼停和课文性质之间的关系，能够指明阅读过程的一些重要事实。分析眼停的持续时间，我们可以计算出一组读者花费在一个特殊词上的平均时间，并能比较它在不同条件下的时间变化。例如，同一个词在不同课文中的眼停时间，或不同种类的词的眼停时间，或同一个词在不同读者中眼停的时间。我们也能分析句法加工的某些例子。在一些眼动的研究中，读者花费了更多的时间停顿在句法上是模棱两可的词上。可见，眼停分析能够揭示一个双歧意义的句子应该给予哪种解释，以及各种操作都在哪里进行。

由上可知，视觉系统在快速阅读中作用很大。在后面的有关具体方法的介绍中，我们将会更深入地认识到眼球的运动是何等的重要。线式阅读法和面式阅读法等快速阅读法的关键就在于恰当有效地运用眼球。正基于此，在"基础训练篇"中，我们特意安排了有关的眼球训练，为读者迅速有效地提高阅读速度打下坚实基础。

第五章　汉语与快速阅读

虽然快速阅读法产生于西方英语世界，但是这并不意味着快速阅读法对于汉语阅读就不适用。其实在某种程度上讲，汉语不仅可以实现快速阅读，而且比英语这样的拼音文字更适合快速阅读。我们这样评价汉语绝不是因为汉语是我们的母语，也绝不是因为讲汉语的人超过世界人口的五分之一，而是因为汉语本身具备很多独特的优势，有利于快速阅读的实现。

但是在历史上，却有一些人认为汉字比不上拼音文字，进而认为要改革汉语。为实现汉字的拉丁化，近百年来，多少学者殚精竭虑、苦研终生，但却收效甚微。其实实践已经证明，汉字可以简化，但却无法拼音化。用拼音文字来代替现行的方块汉字之路是走不通的。而香港的安子介先生就对此做过多年钻研，系统地提出了汉字科学的新理论、新观念，为近百年的汉字蒙冤史画上了一个句号。近年来，报纸上刊物上论证汉字先进性的文章更是屡见不鲜，汉字能够适应当代科学发展的观点，已经牢固地站立了起来，而且与20世纪华人社会科技发展的现实也不矛盾。

下面我们就简单介绍一下汉语的独特优势及其与快速阅读的关系。

较强的构词能力

汉字的部件，包含部首字（木、禾、米、山……）和部首（宀、忄、扌……），不仅表意，而且具有很强的构字率。这一部分汉字知识对人们识字产生深远的影响。例如，了解了"三点水"的意义，"汹涌澎湃"四个字可能一个也不认识，但是小学生知道这几个字与"水"有关系。不认识"惭愧"，但可以知道这两个字与心理活动有关系。所以汉字的构词能力很强，常用字集中，为快速阅读提供了便利条件。汉字作为汉语书面语言的基本单位，是一种语素文字。语素是语音和语义的最小结合体，是语言的原材料，不能单独使用的纯粹的备用单位。汉字和语素有相当强的对应关系，90%左右的汉字对应于汉语的一个语素，一般来说，一个字代表一个没有语法上的形态变化，易于形成整体性认知的单元。

众所周知，汉字的绝对数量是相当大的，较全的字典收字就达50000多个，但是基本的常用的则不足总量的十分之一，即4000个左右。这些基本汉字的构词能力是相当强的，《现代汉语词典》中所收的56000多个词就是由这4000个左右汉字（语素）进行组合构成的。因此，人们只要掌握4000个左右的基本汉字的语素义，就能对绝大多数的合成词的意义达到无师自通，比较准确地推测出来。如"凉爽"一词，根据"凉"与"爽"的语素义，可以推测这个词的意思是表示"清凉爽快"也就是口语中"凉快"的意思。再如，中国人民大学语言文字研究所傅兴岭、陈章焕主编的《常用构词字典》，共收常用汉字3994个，由这些字构成的词、词组、成语和熟语达90000多个，其中构词量最大的"不"、"子"两字构词量分别都在500个左右。另外，据1976~1977年国家出版局等单位主持进行的一次大规模的文字"查频统计"说明，在抽查的2000多万字的出版物中，所用到的汉字共有6335个，最常用字、常用字、次常用字三级合计共2400个字，这2400个字的出现次数累计占总字数的99%以上。

发挥右脑功能

汉字是直接从象形文字发展出来的，以单字为单位，呈现出整体性，每一个汉字都是一个完整的图形。人们在学习汉字时，不能依靠对其组件或笔画的背诵来进行记忆。对汉字的记忆，应该是一种整体记忆，就像照相机照相时在底片上曝光一样。人们在阅读时，人脑通过眼睛输入汉字，采用的是瞬时图像输入的方式。这是一种整体的形象输入，而不是时序性的逻辑输入。这种整体性，属于形象思维的范畴。汉字已经存在了几千年，它的这种整体性，对以汉字为主要阅读对象的中国人的思维方式，应该会有所影响，使得中国人在形象思维方面会更发达一些。受这种影响产生的思维方式，应该表现出某种整体性、综合性的特点，而这正是中国人的思维特征。

而正如本书前面所揭示的那样，充分开发右脑的形象思维能力将大大提高阅读的速度。因此汉语这一特征不仅能促进右脑功能本身的开发，另一方面又使得右脑功能比在英语阅读上得到更好的发挥。下面我们用识字教育的例子来说明汉语的这一特征的优势所在。教学中我们采取图字对照的方法引导学生观察，对照字的基本笔画，找出相像点。

以"木"字为例：

（1）提问：图上画的是什么？

（图上画的是树木）

（2）图字对照、分析比较。

"一"象土地。

"丨"上半部像树冠，下半部像树根。

"八"也像树根。

在学习"木"字的基础上学习"休"字，学生头脑中由于建立了"亻"表示人，"木"表示树木，就自然联想起人靠在树边休息。解决了"休"和"体"相混的问题。再从"木"字中取半部"K"与"片"比较，使半个"木"的表象印在头脑中。

学生很容易理解了"片"是"木片"，"一片"。

值得指出的是，儿童思维的基本特点，是以形象思维为主要形式，儿童是用形象、声音、色彩和感觉在头脑中的表象进行思维的。人们受到的视觉、听觉、嗅觉以至运动觉的刺激，在头脑里形成所感知的形象就是表象。这种用表象进行的思维活动便是形象思维。而汉语阅读无疑有利于锻炼孩子的形象思维，从而进一步提高汉语阅读本身的速度。

最后需要指出的是，汉语不仅比拼音文字更能调动右脑的形象思维，而且正如很多科学家已经证明的那样，汉语还是一种能充分发挥大脑左右两半球功能的文字。用左半球识记字音字义，用右半球识记字形，有利于挖掘人类形象记忆的巨大潜力，符合人类从形象到抽象，从现象到本质的认识规律。

而拼音文字则不然。拼音文字的特征是其组合性，单词由字母组成，人们对单词的记忆，是通过对组成该单词的字母的排列顺序的背诵而得以实现的，即其输入是时序性的，类似现在电子计算机的击键输入。这种时序性的输入方式对人脑的影响是在逻辑思维范围内起作用的。人们在阅读拼音语言文字时，虽然在快速阅读情况下，对其单词一般也是整体输入的，但由于其非方块性，其作为图像输入人脑就远不如汉字方便。拼音语言对人脑的输入与其他语言一样，是时序性的，其文字本身对人脑的输入也是时序性的，这就使得人们在使用这种语言文字的过程中，只是受到了逻辑思维的训练。受这种训练产生出来的思维方式，会表现出某种分析型、结构型特征。这些特征在西方人的思维方式中，是很常见的。西方人逻辑思维发达，这也许是原因之一。与中国人在阅读时，会同时受到逻辑思维和形象思维两方面的训练相比，我们当然更倾向于赞美汉字。

既然如此，我们每日都在使用汉字的中国人，就更应该充分发挥自己的优势，把它应用于快速阅读中去。我们进行快速阅读训练的要内容之一，就是开发大脑右半球形象记忆和形象思维的潜力，使之与大脑左半球抽象记忆和抽象思维的优势结合起来，这样就会达到非常好的的效果。

字形与字义的联系紧密

众所周知，汉字有六种造字方法：象形、形声、指事、会意、转注、假借。其中象形、形声、会意三种造字方法在字词教学中被普遍运用。脑科学实验根据脑损伤阅读障碍七例病人阅读过程的分析，认为："阅读过程中字词形、音、义信息加工的途径是以字形的视觉感知为起点，其后分别与字音、字义建立联系；字形和字义间的联系强于字形与字音间的联系；字形与字义的强联系，可能与汉字特点有关。"

因为汉字是以形表义的，这使得人们能够"望文生义"。根据一个字的形旁，大致能猜出该字的意义类属。我们在阅读时，如果看到"木"字旁、"鸟"字旁、"草"字头的字，就可以知道这些字的意思大致是一种树、一种鸟、一种草。

可见，汉字的表意性为快速阅读提供了天然的有利条件。文字是记录语言的书写符号系统，是最重要的辅助交际工具。教育家丹·考斯特认为，文字作为记录语言的符号具有两重性，它一方面是口头语言的符号，起着第二信号系统的作用；另一方面它又是独立的有意符号，和口头语言一样，也可以直接表达意思，而不需要同口头语言挂钩。也就是说，文字既可以"以形表音"又可以"以形表意"。而汉字在这方面又具有最强的优势。

作为汉语书面语最小的表示符号，汉字是以象形文字为基础发展起来的表意文字，它最突出的特点就是字形与字义的联系非常紧密。有的汉字形体直接反映意义，比如"日"、"月"、"山"、"川"等象形字，这些字在最早的汉字形态——甲骨文中具有非常明显的直观性，很明显地把事物的轮廓或具有特征的部分描绘出来。虽然象形字在汉字总数中所占比例不多，只有几百个，但它却是造字的基础，是组成无数个汉字的基本元素。有的汉字是用记号指出事物的特点，看到它的外形就能知道它指的是什么；仔细辨认它的结构，就能明白它，知道它指的是什么，如"上"、"下"、"本"、"末"等指事字，其中有些是纯粹符号的指事字，有些是在象形字的基础上增加指示的符号。有些汉字是由两个以上的字组成，把它们的意义组合表示后就是一个新字的意义，人们看了就可以体会出来，如："吠"、"尖"、"明"、"林"、"尘"等会意字。而有的汉字是由意符（也叫形符）和声符两部分组成的，意符表示意义范畴，声符则表示读音类别，如："问"、"闻"、"洋"、"蝴"、"狸"等形声字，由于有表义的偏旁，字形与字义联系也很是紧密，通过偏旁就可以了解这个汉字所表示的事物的范围、材料等。即使是形声字，也是作为一个意义符号来加以构造的。例如嘟嘟响的"嘟"字，是在都市的"都"的基础上加个"口"构造出来的。"都"字本来就念du，加上口字旁并没起什么作用。原来口字旁是为了确定新造的字是一个形声字，以便与同音字区别开来。这说明，对汉字来说即使是表音的字，也要加音符，使这个字有表意的功能。

用象形、指事、会意、形声四种方法创造的汉字，占通用汉字的绝大多数，其中仅形声字就占据通用汉字的90%左右。形声字是我们的祖先根据汉语的特点，更巧妙地运用文字固有的表音和表意功能的伟大创造。形声字由形符和声符组成，这样象形、指事、会意三种字就都可以成为形符或声符来组合新字，并且形声字本身也可以作为一个部件组成新字，所以它产生后能够大量发展，成为汉字的主体。以前，国内外语言学界对汉字的认识不足，以为表意的汉字比表音的拼音文字落后，尤其是对形声字认识不够，只把它看作是向表音方向发展的一个重要的进步因素。20世纪80年代后期以来，随着汉字科学研究和计算机汉字信息处理技术的迅速发展，许多语言学家已认识到汉字，尤其是形声字的先进性和科学性。

其实早在上世纪20年代，我国心理学家艾伟就已经研究过汉字形、音、义三者之间的联系形成的一些心理过程，他的主要结论是：汉字学习过程中，形义与形声两种联结同时组成，但形义联结较形声联结更为耐久；对呈现的字形加以解释所组成的联结，较不解释的耐久性更高；采用释字法，不但使形义联结强而耐久，形声联结也较不释字的联结强而耐久；联结较弱的字如果长期不用，形声方面先行解体，然后变为形义，但不会完全消失；形义联结消失后，形声联结就完全不起反应。由此可见，汉字的表意性在汉字认识心理过程中的作用是不容忽视的。

汉字的这一特征既可以使人们在阅读过程中因形见义，也可以使人在阅读过程中因义知形。这就决定了已经掌握这些汉字的人们，在阅读时看到文字后可以直接在大脑中理解意义，而不必经过声音转化过程来靠听觉言语中枢理解，这就为阅读速度的提高带来了极大的便利。汉字表意性强的特征，还能使人们在阅读过程中遇到未掌握的汉字时根据字形推测字义。据测算，阅读中碰到不认识的形声字时，先看声音，再结合形旁去推断字义，成功的概率在30%左右。因此，在阅读过程中，少量的、偶尔出现的生字对理解文意和阅读速度的影响是很微弱的，这也给快速阅读的进行提供了便利。

独特的书写形式

汉字的书写形式也有利于快速阅读。我们知道，形声字是汉字的主体，而左形右声字又是形声字的主体，这种格局的形成与人的认知机制密切相关。首先，左右结构识别的反应时比上下、包围等结构短，识别正确率高，因而更易于加工处理；其次，人脑右半球直觉与形象思维发达，长于处理字形信息，左半球抽象与分析思维发达，长于处理语音信息且双眼左右视野与左右半球相关部位存在着交叉的对应关系，从而为左形右声结构形声字的存在与发展提供了认知机制与生理基础。

此外，作为一种方块的图形文字，汉字所展示的这些图形是以式样不同的基本笔画，按一定的数量（比如几点、几横）、一定的度量（比如笔画的长短，出头与否、封口或不封口）、一定的空间配置（比如左右上下、内外）构成一些偏旁部首或者其他结构单位，并且由这些形形色色、大大小小的单位按一定的布置组合搭配成字的。汉字这种以面作为信息分布形式的特征，避免了拼音文字呈线性分布的弱点，在平面之内笔画的样式富于变化，显示了信息含量大的优势。对此，有文字学家认为：汉字字形多姿多态，各有各的模样。在阅读时，字形差别比较明显，视觉分辨率较高，有利于提高阅读速度和节省视力。汉字以方块作为布局的原则，与线性拼音文字相比，还可以大幅度地节省篇幅，不论横写还是竖写，每个字的书写长度和印刷长度都比拼音文字要短，而且长度完全相符。这样就使词语数量和内容相同的文字，用汉字排印要比用英文、法文、德文、俄文、阿拉伯文等拼音文字排印在长度上都要小得多。

因此在联合国五种工作语言印制的文本中，汉语的文本从来都是最薄的。上世纪70年代，一些海外学者经曾做过汉字与英文、德文阅读速度的对比试验，结果发现，中文默读速度比英文、德文阅读速度都快。而波兰专家科诺尔斯基仔细研究了同阅读有关的思维过程后指出，大脑在接收拼音字母组成的词语时必须有一个条件：字母的组合应具有固定的位置，就是要像课本上那样，都必须按一次序从左到右地进行排列。即使是一个很熟的词，如若把它竖着排成行，或者字母之间的间隔太大，人们就会一下子理解不了。与此相反，汉字构成的语词或篇章，则不论自左至右的横排，还是自右至左的横排，或者自上而下地竖排，都不会影响读者的理解，这也是汉字方块书写形式的显著优点之一。此外，从视觉生理上来看，汉字正方形的轮廓，与人眼睛视网膜中央小凹的视物聚焦广度比较匹配，阅读时就可以减少扫描和回视，便于形成视觉整体性，同样有利于提高阅读的速度。

独特的语法

与印欧系语言相比，汉语的语法也具有鲜明的特点，那就是意合。这种特点使汉语能够言简意赅，容易意会，从而有利于快速阅读，由于汉语是词根语，形态变化不多，没有繁复的变位、变格，所以词语的结合不受形态成分的约束，而是更多地受语义因素的制约——无论是词组合成句子，还是单句组合成复句，首先考虑的因素往往是语意的配合，而不是语法形式的使用，只要几个负载重要信息的关键词在意义上大致搭配得拢，能够言简意赅地达到交际目的，这几个词就可以组合在一起。

吕叔湘在《语文常谈》中就指出："汉语是比较经济的。尤其在表示动作和事物关系上，几乎全依赖'意合'，不靠'言传'。汉语里真正的介词没有几个，解释就在这里。"而黎锦熙在《新著国语法》中说："国语义用词组句，偏重心理，略于形式"。王力在《中国语法理论》里也说："中国的复合句往往是一种意合法，在西文称为Parataxis（按：不同连词而并列一些Clause）"，把意合作为一种正式的语法术语首先用于复句的分析。由此可见，汉语语法只重视意义上的并联，不重视形式上的标志，使得汉语形式简洁、表意灵活、以意统形。

　　进一步讲，汉语语法的意合特点主要表现在语法的灵活性上。一是词语句法位置的灵活性。人们可以根据所听语义重心的不同，而把同一词语放在不同的句法位置上。如：（1）写完了作业——作业写完了（宾－主）作业在前一句中只是动作的受事，因而放在宾语位置上，作为话题来进行说明。（2）你拧紧了液化气的阀门——液化气你拧紧了阀门（定－主）。"液化气"在前一句中只是作为定语限制中心词，而在后一句则被作为话题来强调，因而成了主语。可见，人们可以根据意义表达的需要而相应地变换词语的句法位置，从而使汉语词语的句法位置非常灵活。

　　二是词类功能的灵活。汉语的词不像印欧语那样有明确的词类标志，又由于汉语词与词的组合主要靠意合，很多词可以根据句意的需要在句法结构的不同位置上充当不同的词类，体现不同的语法功能，这样就使汉语词类的功能非常灵活。当一个词直接从本来的词类用作另一种词类时，就成了兼类词。如"学习、生产"等是动名兼类词，"古典、理想"等是名形兼类词，"充实、活跃"等是形动兼类词，"感冒、电疗"等是名动兼类词，"困难、油腻"等是形名兼类词，这样的词在实际运用中占有相当比例，而且还有发展的趋势。由于可以意会，词与词的搭配不受词性限制，这样就使词类与句子成分之间没有固定的对应关系。名词不仅可做主语和宾语，也可以做定语，还可以做谓语；动词不仅可以做谓语，也可以做主语和宾语，还可以做定语、状语和补语；形容词不仅可做定语和谓语，也可以做主语和宾语，还可以做状语和补语。

　　三是词语搭配的灵活性。在汉语中，不仅动作的受事可以直接放在动词后面做宾语，并且动作的原因、目的、方式、结果、工具、处所等都可以直接放在动词后边做宾语，而不需要任何改变和介词，这一点和印欧语言大不相同。尤其突出的是，汉语中还有很多泛义动词，如"跑、整、打、搞、吃、做、弄、办、干"等，它们用法灵活，后面所带的宾语更是多种多样，其语义关系也是灵活多变，带有一定的随意性，是意合关系的典型表现。虽然有些动宾搭配从字面上看似乎不合理，如"救火、养病、吃官司"等等，但这不仅不会影响交际，相反，读者（或者听众）只需根据这几个关键词及其语义联系，就可以心领神会，从而达到言简意赅的目的。这正是汉语词语搭配灵活，重意合而不重形合的生动体现。汉语语法的这一特点，使它结构独特，灵活多变，颇多隐含，着重意会，其意合性、灵活性和简约性是其他语言所不能比拟的。

意会作为一种认知方式，是指主体认识客体不需要经过严密精细的逻辑分析和推理过程，只凭借已有的知识经验与客体包含意义的相互联系和作用，就能直接获得对客体的整体认知理解的心理过程。把意会这种认知方式运用到对书面语言的感知和理解，就构成一种阅读理解技巧。人在阅读过程中不可能也没有必要对每一个词语的意义都有明确精细的了解，而同样可以获得对文意的准确理解。这种获得在多数情况下正是使用意会这种认知方式的结果。一个人关于认识客体的准备性知识和经验越丰富，那么意会的结果越确切、越深入。例如，我们从文学作品涉及的社会生活内容，对作者的际遇和所生活的时代，对作者的创作意图、作品风格等知识越丰富，那么意会到的作品意义就越准确、越深刻。

除了上面的功能，意会在阅读中的价值还表现在：人们学习书面语言，往往是通过意会方式来实现的，即使在课堂学习情况中，也不可能都靠查字典来学习所有的词语。通常的情况是，学习者往往在一篇文章中见到一个新词，有了初步的意会，以后在别的文章中又见了面，在相似的语言环境中验证上一次所意会到的意义，或在不同的语言环境中对上一次所意会到的一个侧面予以补充。这样的循环往复，逐渐形成一个对词语的完整正确的理解。一个词语如此，一段文字以至整篇文章，都不可避免地会遇到意会的问题。在阅读实践中，凡是意会能力强的读者，其阅读速度就快，理解能力就强。因此，如果我们有意识地通过训练来提高意会能力，就会促进快速阅读能力的提高。

汉语的以上这些特点造就了汉字永恒的魅力，是汉字区别其他文字的特点。汉字是中华瑰宝，它的诞生反映了中华民族形象思维的水平，而使用汉字又促进了形象思维能力的发展。明确了这些问题，就有利于我们去寻求一种能够弘扬汉字自身特点又有利于提高阅读速度的快速阅读法。

阅读之道：理论与运用

基础训练篇

相信阅读完本书的"理论原理篇"后，你已经对快速阅读
法的理论依据有了较为详细的了解，而且这种了解也将会
大大增强你对快速阅读法的信心，从而激发你对快速阅读
法的学习欲望。接下来，我们就将进入正式的训练阶段。
在本篇，我们将为你提供快速阅读法的基础训练。我们中
国有句古话叫"欲速则不达"，在学习快速阅读法上同样
如此。你应该循序渐进地根据本书的安排来展开自己的训
练。

第一章　眼球训练和注意力训练

眼球运动训练

在"理论原理篇"中，我们已经知道视觉系统对于快速阅读起着非常重要的作用。因为快速阅读的一个关键特征就是以视觉来感受和接受信息。在后面的"综合提高篇"当中，我们重点介绍的线式阅读法及面式阅读法等快速阅读的方法，都要以眼睛的快速移动为前提。所以，这里进行的眼球训练是非常重要的，希望你能认真对待。

首先我们介绍一下通常眼球运动的方法。这主要包括以下四种运动方式：

（1）左右动作：

眼睛尽量往左看，然后慢慢向右移，平视后继续向右移，再尽量往右看，然后反方向按相同要领做回去，一来一回算一次。

（2）上下动作：

眼球尽量往上看，然后慢慢往下移，平视后继续下移，再尽量往下看，然后反方向采用相同要领做回去，一来一回算一次。

（3）顺时针方向旋转：

眼球从左眼角转到下方、左方上方，再转回左眼角，转一周算一次。

（4）逆时针方向旋转：

眼球从右眼角到上方、左方、下方再转回右眼角，转一周算一次。

下面我们再介绍一下训练眼球运动的几种方法。主要有：

（1）凝视法。凝视一固定物，持续1~5分钟，在相距3~5米处，举目平视，做丹田呼吸，每次持续时间可依次递增，凝视完毕后，按摩太阳穴、印堂穴、阳白穴、睛明穴、球后穴（眼框下缘，外1/4与内2/3交界处）、承泣穴（瞳孔直下七分处）。

（2）移动法。清晨起床后，晚上入睡前，做深呼吸后，用左手食指尖在眼前10公分处引两眼球上下移动10次；左右移动10次；上下左右再转10次；后闭目养神约3~5分钟，如眼球酸胀，可按前述眼部穴位按摩。

（3）水中锻炼法。当眼睛不觉得疲劳时，或清晨起床后，准备一盆煮沸过的冷开水，将整个脸部（要洗干净）浸入水里，张开眼睛做眼球运动，反复不断练习1分钟左右，当练习一段时间后，眼睛能适应水中的运转，再增加时间和次数。水中眼球运动比较难做，若眼睛不舒服或有眼疾者，请不要做。

（4）扩视法。放松，入静，意守上丹田约1~3分钟，放眼扩视，眼前出现的一切事物。像摄像机一样将其尽收眼帘，力争一瞬间记住所见事物，微闭双目，心默述所见之事物，做丹田呼吸，再张目复视，检验记住多少所视之物。扩视练习每天可进行3~7次。

眼睛注意力集中练习

1.直背端坐，睁大眼睛，闭上嘴，与图相距30~40厘米。

2.注视（图1–1）上边的圆黑点1分钟，暗示自己：黑点扩大了，而且清晰入目。

3.练习时，要尽量不眨眼。练到眼睛能一眨不眨地注视这个黑点时，就换用小些的方黑点继续训练（图1–2）。

视点左右移动练习

1.直背端坐，鼻尖正对（图1–3）左右两黑点的中间，眼睛与图相距30~40厘米。

2.视点从左到右快速、反复地移动。眼球移动时，逐步做到灵活自如。

3.练习时，头很容易被视线牵引而左右移动，要尽量保持不动。

4.练习时间为1分钟，其间尽可能多次重复。

视点头尾快速转移练习

1.直背端坐，眼睛与图（图1–4）相距30~40厘米。

2.视点快速从左边两个黑点移动到右边两个黑点，然后再迅速转移到下一行开头的两个黑点。以下练习方法与上相同。

3.练习时，做到眼动，头不动，眼睛移动滑而不涩。

4.练习时间为1分钟，其间尽量多次反复。

眼睛灵活"8"字练习

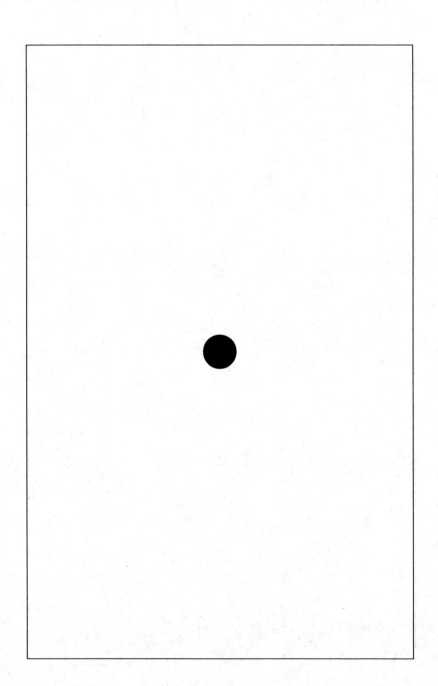

图1-1 注意力集中练习图

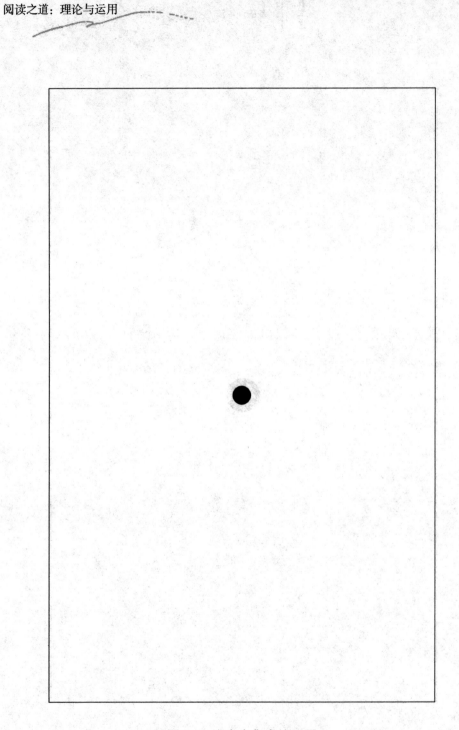

图1-2 注意力集中练习图

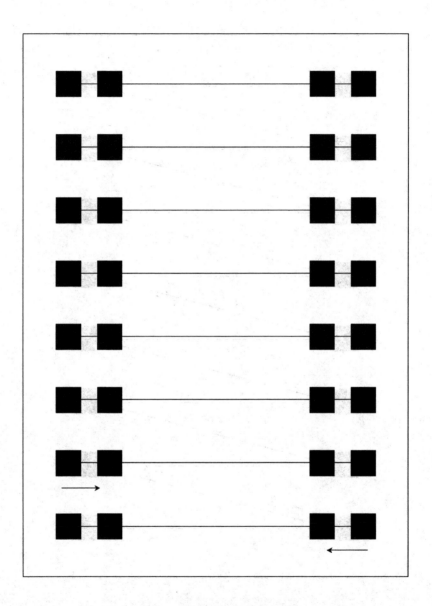

图1-3　视点左右移动练习图

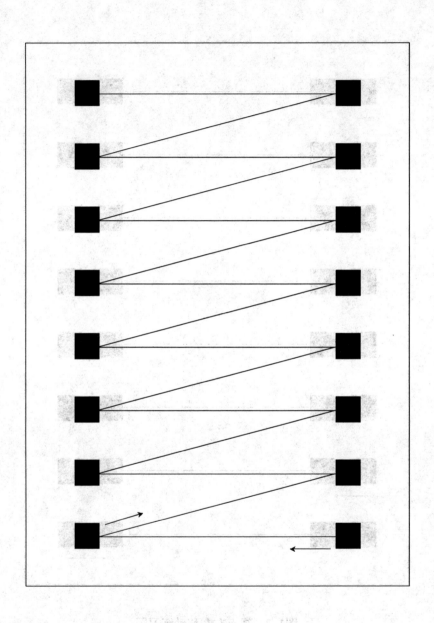

图1-4　快速移动练习图

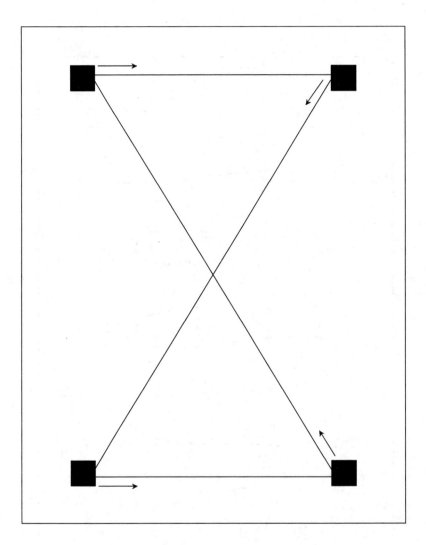

图1-5 "8"字练习图

1. 直背端坐，（图1-5）摆在正前方，与眼睛相距30~40厘米。

2. 视点从左上角开始，按箭头所指的方向快速移动。

3. 眼球移动时，逐步做到灵活自如，头不要随着视线摆动。

4. 练习时间为1分钟，其间尽量多次反复。

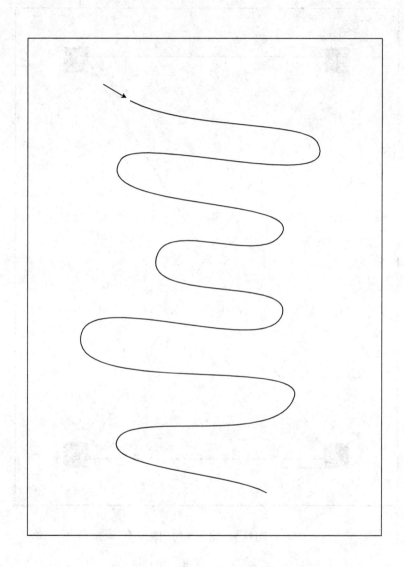

图1-6 "蛇形"扫视练习图

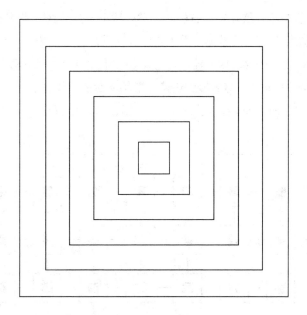

图1-7 扩大视野练习图

眼睛"蛇形"扫视练习

1. 直背端坐，（图1-6）摆在正前方，与眼睛相距30~40厘米。

2. 视点从图的左上方开始，随蛇形曲线移动。

3. 眼球移动时，逐步做到灵活滑润，头不要随之摆动。

4. 练习的时间为1分钟，其间尽量多次反复。

扩大视野练习

1. 直背端坐，（图1-7）摆在正前方，眼睛与图相距30~40厘米。

2. 视点先注视最里面的方形，这时不能光意识到方形的四周，而要意识到方形的整体。

3. 接着视点向外，注视第二个方形，即第二个方形的整体，也包括最里边的方形。这样，一层一层向外展开，最后达到最外层的大方形。

4. 同样方法，再从大方形回到最里边的小方形。然后重新再开始。

5. 练习时间为1分钟。

一目十行练习

1. 直背端坐，把（图1-8）摆正在正前方，与眼睛相距30~40厘米。

2. 视点从图的左上角开始向右移动，然后接下一行。这时要注意把大方形与里面的方黑点作为统一的整体，而不要分开来看。

3. 练习时，视线的移动要有流动感，不要在中途点上注视不动。

4. 练习时间为1分钟，尽量做到快速、准确地看清这些符号。

5. 刚开始时，要逐行地看。也许由于不习惯，一次只能看见半行符号，但经

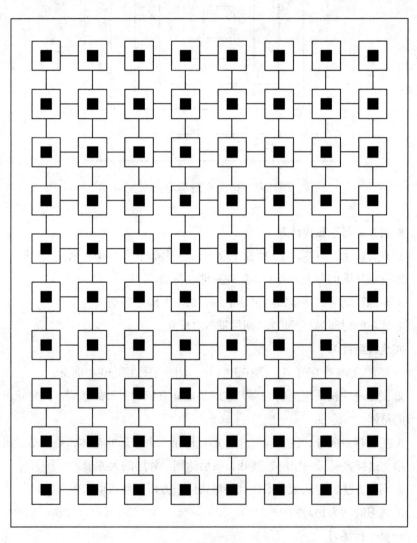

图1-8   一目十行练习图

过反复练习,持之以恒,逐渐就会达到一目一行、二行、三行……甚至一目十行。

直读法预备训练

1. 直背端坐,把（图1-9）摆在正前方,眼睛与图相距30~40厘米。

2. 眼睛从上面注视点,迅速下移到下面注视点。

3. 视线移动时尽量看清两边的数字,反复几次。

4. 训练时间1分钟。

文字

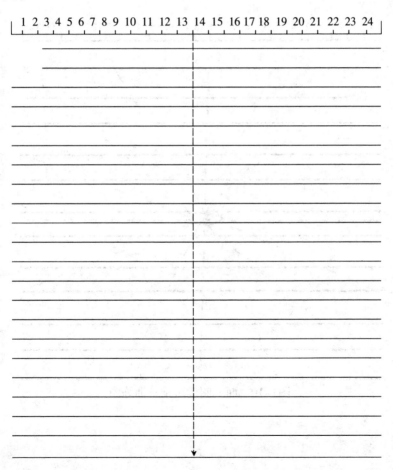

图1-9　直读法预备训练图

面式阅读法预备训练

1.直背端坐，把（图1-10）摆在正前方，眼睛与图相距30~40厘米。

2.眼上表从上方注视点沿五星轨迹快速移动，最后回到上方注视点。

3.熟练后，尽量同时看清所在轨迹。

4.反复几次。训练时间为1分钟。

文字

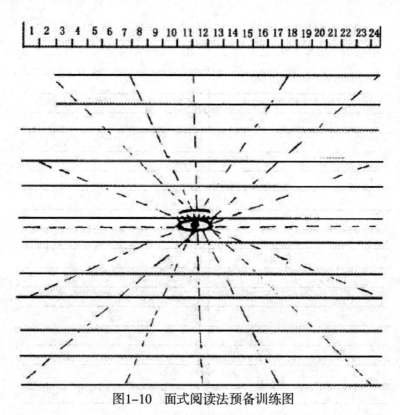

图1-10 面式阅读法预备训练图

注意力集中练习

除了眼球训练外，注意力也需要进行训练。因为阅读的过程是一个思维活动的过程，如果注意力不集中，就很难运用快速阅读的方法与技巧。因此培养训练高度集中注意力的能力，就显得十分重要。可见，保持注意力集中的程度是快速阅读的基础。因为速读是快速而有效的阅读，如果学习时能保持思想高度集中，那对你所阅读过的文章一定会留下很深刻的印象，记忆也就能持续很久。

生物进化论的奠基人达尔文，在自传中写道："我比一般人略胜一筹就在于我能够注意到那些很容易被人忽略的事物，也就是我能够仔细地观察事物。"注意力在人类生活中起着重要的作用。射击手在打靶时，要集中注意力，才能

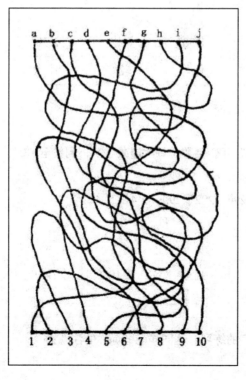

图 1-11

射得准。同样，要练好速读也必须集中注意力。在训练注意力时，心情不可紧张，身体要放松，最好能先静坐数分钟，或按照前一章中的图像法训练一下右脑，因为唯有在身、心都平静的情况下，才能发挥智慧的潜能。

接下来我们就开始注意力集中练习。

首先进行找数字与字母的练习。图1-11可用来训练视觉集中的能力，请你在图上找出各个数字与字母的联系。

还有数数字的练习：

1. 顺跳数

要求：

从数字"2"开始数，每次增加"2"，数到"300"。准备好钟表。

现在开始：　　分　　秒

"2、4、6、8、10、12、14……298、300"。

完！请计时：　　分　　秒

结果评定：

时间	1′30″	2′	2′30″	超过2′30″
成绩	优秀	较好	一般	较差

2. 倒跳数

要求：

从数字"300"开始倒数，每次递减"2"，倒数至"0"。

现在开始：　　分　　秒

"300、298、296、292、290……4、2、0"。

完！请计时：　　分　　秒

结果评定：

时间	1′30″	2′10″	2′40″	超过2′40″
成绩	优秀	较好	一般	较差

下面是写数字的练习，这同样能锻炼你的注意力。

1. 顺跳写

要求：

从数字"2"开始写，每次增加"2"，写到"300"，准备好笔和纸。现在开始：　分　秒

"2、4、6、8、10、12、14……298、300"。

完! 请计时：　分　秒

结果评定：

时间	2′50″	3′20″	3′50″	超过3′50″
成绩	优秀	较好	一般	较差

2.倒跳写

要求：

从数字"300"开始写，每次递减"2"，倒写至"0"，

现在开始：　分　秒

"300、298、296、294、292、290……4、2、0"。

完! 请计时：　分　秒

结果评定：

时间	3′	3′20″	4′	超过4′
成绩	优秀	较好	一般	较差

做完以上练习后，让我们来做一个找"的"的练习。这个练习要求用2分钟时间，找出下面这段文章中有多个"的"字。

小 水 车

雨过天晴，蔚蓝的天幕上点缀着几朵白云；和煦的阳光洒遍绿色的田野，显得格外清新、明媚。我从一户农民的屋檐下躲雨出来，走上了归途。

村边，一群穿背心短裤的娃娃，欢乐地喊叫着，在水渠边泼水嬉戏。离他们不远的桔树下，蹲着一个穿嫩黄色汗衫、酱紫色短裤、长得挺俊的小男孩。是什么有趣的事吸引了他呢? 我不禁悄悄地走了过去——啊! 原来小家伙在入神地欣赏一架小水车。

这小水车，是用乒乓球般大的青桔子做的。先在桔子上用刀竖着划上相等的六道缝，接着将对折的桔叶挺进缝里，用桔子中间穿一根细竹棍，小水车就

做成了。再在"水沟"两边插上两根木丫杈，把小水车放上去，当流水冲击在桔叶上时，小水车就飞快地转动起来。

小水车在飞转，小男孩一动不动地蹲着。他那两条淡淡的眉毛下，一对活泼的大眼睛充满了幻想的神采，灵巧的小嘴紧紧地抿着。多可爱的孩子啊！我真不忍心打扰他。

正当我想抽身离开时，小男孩发现了我。他亲热地喊了我一声"老师！"我惊奇得很，笑着问他："小朋友，我可不认识你呀！"小男孩小心地站起来，生怕惊动了身边正在飞转着的小水车。他神秘地一笑，说："我认得您，上次我到你们学校去给姐姐送伞，您正在教室给姐姐他们讲故事呢！您讲了那个拿着长矛的勇士，爬上上那高高的风车，跟风车作战……"

啊，我想起来了，这是有一天我给同学们讲《堂·吉诃德》的故事，没想到这个窗外的小听众却记在心里了。我高兴地拍拍他结实的肩膀，说："风车，你可没见过呢！""我见过的，在姐姐买的小人书里有。您看我做的这个小水车，还仿着那个风车呢！老师，您说像吗?""像，像！"我不住地点头回答。小男孩高兴极了，眉开眼笑地拉着我的衣襟，说："老师，明年我要上你们学校念书了，您也给我讲有趣的故事吗?""好的。"小男孩心满意足地拍起手来。

这时，水位低下去了，小水车不知什么时候停止了转动。小男孩眨眨眼睛，忙伸手把两根木丫杈向泥土里用力地插下去。小水车又飞快地转动起来。

转吧，快快地转吧，灵巧的小水车！

结果评定：

注：全文有29个"的"字。能找出28个为优秀；找出27~25个为较好；找出24~22个为一般；找出22个以下为较差。

在此我们还要为你介绍一种特别的训练方法，那就是注视绿点的练习。这种方法对加强注意力有很大作用。练习绿点注视法的程序主要如下所示：

①用3个月的时间完成练习，天天练习不要间断，要在晚上睡前练习。

②做绿点练习前，先从书上把短文复印下来，将其贴在厚纸板上。读短文时，思想要集中，只读一遍，读时要慢。

③立在桌前，把短文放在面前。光亮要固定、均匀。全身要放松，双脚自由下垂，触地，但不要交叉。

④基本要领：直视下面短文中的一个想象出来的绿点，共10分钟。注意力

集中，排除杂念，全部注意力都要集中到绿点上。全部思想和全部意志都同这个绿点联系在一起。总之，注意力达到最大限度的集中。

⑤10分钟后，闭上眼睛，立即躺下睡觉。这一天的最后一次视觉形象的印象应是不断注意绿点而产生的幻觉。

而练习绿点的方法可以这样操作：

①一开始，你应试着沿着横线往两侧扩大视野。在不放过绿点的状态下，以这一页的横线中心为起点，尽可能地看见整行文字。

②设法同时看见绿点和上下2至3行文字，逐渐扩大视觉度。

③视线只能集中在中心点上，设法辨别轮廓和中心点周围的字、词、句，并尽力逐渐扩大篇幅。

④自如地注视中心点10分钟，争取在精神集中的一刹那间，不但看到中心点，同时也看到文字。

在具体的练习阶段上，绿点练习一般分为以下两个阶段：

①第一阶段（第1周~第2周）的任务是训练如何集中注意力问题。控制自己的行为和耐力时，应该经常回想绿点。

②第二阶段（第3周~以后几周）力求同时看见绿点和一页文字的上下左右所有的方面，逐渐扩大有效视野的感知范围。

这种注视绿点的练习，即在看绿点的同时看文字，目的不是为了阅读文字，而是要像看到绿点一样地感觉到文字的存在。如果你每天坚持练，3个月即能见效。

下面就是一篇可以用来进行绿点训练的短文：

植物基因能使木材更挺直小麦更高产

科学家在对植物基因的研究中有了两个新的重要发现。这两个新发现表明，充分了解植物基因的功能并合理利用这些基因，能使植物更健康地生长，农业生产更环保，经济收益也更好。

美国康奈尔大学的研究人员在植物的质膜中找到一种蛋白质，它能够帮助植物有效吸收周围土壤中共生真菌根部所释放出的磷酸盐。这一发现对于农作物种植的可持续发展具有重要意义。研究人员表示，将这种植物与真菌共生的方式运用到农业中，可以减少磷肥的使用，从而减少磷酸盐的排放，降低环境污染。目前，研究小组正在致力于研究哪些基因在这种植物与真菌共生关系中起作用，以及哪些基因负责向植物输送真菌释放出的磷酸盐，希望借此来解释共生关系的更多奥秘。

而英国约克大学的科学家则在拟南芥中找到了一种名为MAX3的基因，这种基因可以控制植物在何时以及植株的哪个部位抽芽。而那些发生MAX3基因突变的植株会萌发出格外多的侧芽。研究人员猜测，MAX3对植物萌发侧芽有抑制作用，可能是由于它产生的蛋白质能够附着在一种名为类胡萝卜素的分子上，并将其"砍"成碎片，而类胡萝卜素分子正是负责向植物生长分子发出信号，告知它们何时进行分裂的分子。通过控制植物中的基因，就可以决定让植物在什么位置长出侧芽。这样一来，部分树木就能减少分枝，长成更挺直更优质的木材，而小麦在减少了侧芽以后也能够更加高产并且营养丰富。同时，使MAX3发生变异也能让某些观赏植物长出更多的枝叶，从而更饱满更美观。

最后是舒尔特表的练习。这种方法同样很有用。先介绍一下舒尔特表的制作方法：

请仿照下图，划10张9×9公分的正方形，请每个正方形划成81个方格，在方格内无规律地填上1至81的数字。注意，10张表，数字排列顺序各不相同。如：

55	14	75	24	35	2	54	60	74
65	9	45	73	13	61	47	11	76
34	56	19	1	31	59	6	53	23
64	44	35	25	63	18	27	62	78
77	15	5	43	10	38	48	17	28
26	72	57	32	49	12	3	22	52
79	36	4	66	20	30	39	29	40
81	58	37	33	69	50	41	8	51
71	16	67	42	68	21	70	80	7

接下来我们进行训练。具体方法是：在每个单独的表中，按1至81的数字顺序，第一遍找两个数字。如：一眼找到"1和2、3和4、5和6、7和8……一直找到81"。第一张表找完，按照这种方法，再练习第二张表、第三张表、第四张表……到第10张表。找时，并用钟表计时。如找两个数字的练习熟练了，可进行找出3个数字、4个数字、5个数字、6个数字……10个数字的练习，或更多数字的练习，这时你的阅读能力将迅速提高。

而具体的练习步骤可以如下所示：

练习开始，请计时：

a.视线集中在表的中心，以便看清表的全貌。

b.眼睛离表的距离为30~35公分。

c.按数字排列排顺序、不同的要求找全81个数字。如开始不习惯，可用铅笔或手指加点。

d.熟练后，只靠视线移动来寻找，不必加点。

e.每天练整套表一次，不要过分疲劳。

我们坚信，只要你坚持练习下去，你的视觉定向搜索运动的速度一定会加快，这样找的时间就会缩短。

第二章　右脑开发训练

图片运用练习

我们知道，右脑主管形象思维，因此开发右脑功能就意味着要开发右脑的形象思维能力。而运用形象直观的图片进行练习，就能够充分发挥右脑的作用，收到意想不到的效果。运用图片练习，不但能发挥右脑的作用、发挥大脑的潜力，而且能增强记忆、开启智力。这主要表现在以下两个方面。

① 图片记忆与右脑潜能的发挥

上世纪60年代中期，保加利亚心理学家格·洛扎诺夫创立的"启发式外语教学法"，是把一系列有关知识组成序列，在课堂上用听音乐、做游戏等方法来教学外语。这是一种舒适而充满乐趣的学习。用普通教学法教学，学生每天至多记忆20至30个外语词，而用"启发式外语教学法"可以使学生每天记忆200至300个单词。为什么一天能记这么多外语单词呢？主要是发挥了左右脑的作用，特别是右脑的作用。

我们把这种"启发式外语教学法"，迁移到看图学习词句上，收到了意想不到的效果。运用图片学习词句和课文，可以充分发挥右脑的作用。大脑左半球：主管数学、语言、逻辑、分析和笔记；大脑右半球：主管想象、色彩、音乐、节奏、幻想和直观。在看图识字的过程中，在看到图形的同时记忆材料，大脑的右半部此时完全体会图片上的形状、色彩等活动起来，而左脑起初是不活动的，后来在看图片中有词语出现，也活动起来，这时大脑两半球同时并用，左右脑都处于积极活动状态，所以效果更佳。

实践证明，大脑的功能不是算术法则，即1半球+1半球≠2，全脑的功能是一半球功能的5~10倍，甚至几十倍。

②图片记忆与智力开发

运用图片进行练习，不但能增强记忆，而且具有发挥想象、思维、联想、回忆等作用。如要记住100个词，而且能熟练地背出来，要经过6个过程才能完成，如果再要求在几分钟内完成，这就更能显示发挥大脑智力的作用。一是，眼睛要去看图片上的图和词；二是，大脑要去记这些图和词；三是，发挥右脑，进行想象、联想这些图和词；四是，大脑要去思考组合这些图和词；五是，大脑要进行回忆这些图和词，在脑中形成图像；六是，有顺序地复述或背诵出这些图和词。

下面我们进行正式的图片运用练习。

（见右页表）

通过实践练习的情况，可分为以下6个阶段：

第一阶段：（10天）

在第一阶段，你需要10天时间的练习，而且只能记住70个词。开始，一次看5张图，只记住4个，不敢多记，记多了怕记不住。又经过8天的练习，一次看20张图，记住了20个词，当时认为效果就不错了，不敢再发挥。这时在学习

看图记词进展统计表

时间 （天）	每天练习次数 （次）	每天计时 （分秒）	看图 （张）	记住 （个）	备　注
1	2	15秒	5	3	第一阶段（10天）
1	2	20秒	8	6	
5	2	30秒	10	9	
1	3	60秒	20	20	
2	3	5分	70	70	
5	3	8分	100	100	第二阶段（5天）
2	3	10分	150	147	第三阶段（16天）
2	3	15分	200	198	
2	3	18分	250	250	
10	2	25分	300	300	
10	2	30分	350	350	第四阶段（10天）
10	1	60分	500	500	第五阶段（10天）
10	1	80分	750	750	第六阶段（10天）

了前面第三章中介绍的记忆法，一小时能记住50~100个单词后，很受启发。后来，又经过2天时间的练习，收到了点效果，一次看70张图片，全都记住了，真有点不相信。

第二阶段（5天）

在这个阶段，你用了5天时间的练习，就能记住100个词，当时，认为记住100个词，需要巩固巩固，不敢再发挥往下记，所以进步不大。这时，又学习了图像法全脑心智训练，受到启发，决心下次练习，让大脑大胆发挥，步子迈大点。

第三阶段：（16天）

第三阶段需要16天时间的练习，能记住了300个词。当时认为右脑潜力确实得到了发挥，就一直不敢再往下记。又学习了保加利亚心理学家洛扎诺夫创立的"启发性外语教学法"，一天能记200~300多个单词的记忆方法后，受到了很大的启发，准备下次练习向350个词进攻。

第四阶段：（10天）

与第一阶段相比，这个阶段10天时间的练习，能记住350个词，当时认为，大脑已到了极限，右脑潜力发挥得差不多了，这次再也不敢多记了。有次偶尔看到有些外国专家研究左脑右脑潜力对比1：1000的材料，信心又来了，想再练习，尽量发挥右脑潜力，看到底能记多少个。

第五阶段（10天）

这时你不敢相信的奇迹出现了，一次能记500个词，真不敢相信，右脑的作用这么大！这10天一直是巩固练习，由于练习的量增加了，所以次数就减到每天只练习一次。当时认为，右脑是否还能再发挥潜力，还能记住多少，心里也没底，只有大胆地尝试才知晓。

第六阶段（10天）

尝试成功了，在80分钟时间内一次记住750个词！当时认为这是到了最高峰，右脑的潜力也发挥到了极限，所以，以后就一直再也没往下记，始终练习巩固这个"最高峰"的数字。看来，右脑的潜力是还能发挥的，潜力还是很大的。只要坚持不懈，就能达到今后最高的目标——100分钟能记住1000个词，或更多……

总之，运用图片练习记词，帮助发挥右脑作用，取得了意想不到的效果。如何发挥右脑更大的作用，如何发挥大脑更大的潜力，我们已经把看图记词的学习方法，迁移到用儿童连环画练习看句、看层、看自然段，又收到了很好的效果。我们又把看儿童连环画的学习方法，迁移到小学课文、中学课文、专业书中去练习，也收到了显著效果。但这里必须指出以下两点：

①要适应各种场合的练习

自己在家看图记词的练习，效果很好。但一换新的地方，需要适应，心里紧张，不能够正常发挥，所以记忆效果很不理想。为了适应各种场合，不断地加强练习，逐渐进入正常。由于在记忆时，环境要绝对安静，这样思想才能高度集中，发挥才能正常，效果才能显著。有一次，作者在一个机关的办公室里进行表演，开始场内很安静，所以记忆的效果非常好。后来就不再保持安静的气氛（由于是在办公室里，电话铃声、人员的流动性等都很大）。所以这时我努力使自己慢慢地去适应，暗示自己要沉着、冷静，不要紧张。通过这次表演，为了使自己今后适应各种变化的场合，就要到各种各样的场合去练习、去锻炼。

② 要适应在任何时间的练习

为了适应在任何时间的练习，我们就变动了看图记字词练习的时间，开始不太适应，经过一段时间训练后，逐渐适应，效果也非常好。

开始练习，都是放在每天上午8点进行看图记字词的练习，由于上午精力充沛，所以效果很好。为了使自己适应在任何时间的练习，于是就改为上午10点钟进行练习，开始效果不好，时间增长，记忆力也明显地一次比一次往下降，自己也很着急。于是就静下来分析原因，主要是自己不能越过心理障碍，认为学习工作了一段时间，这时的精力也有所下降，大脑也有点疲劳，这个时间再进行练习，效果肯定不会好的。有了这种思想进行练习，自信心也不强，这样，记忆效果当然是不会好的。找到原因，就要克服它，努力使自己逐渐适应，经过一段时间，上午10点以后也能静心练习，效果也很好。

左侧训练

可以毫不夸张地说，迄今为止的人类，只是使用一半的脑进行活动，如果使用两个半球的精神力量，那就能完成惊人的工作。那么，如何开发右脑，同时使用大脑两个半球呢？目前国外提出了做单侧体操的方法，就是使左半身的手、臂、脚灵活地运用自如，从而促进右脑的发展。比如，一般用右手的人，可以举左臂、踢踢左脚、左臂撑体、左手活动等。开发右脑，常做的左侧活动有以下内容：

①左手剪纸、写字、画画：可用左手叠纸、剪字、剪画、剪各种东西。左

手写字，可以写数字，写简单的字、词、句、段到短文。左手画画，可从划线开始，逐渐过渡到能画动植物、花草树木和简单的人物画等。

②可以用左手做事：用左手洗脸、刷牙、用筷子、扫地、擦桌子、洗碗、拿东西、提物品、捡东西、剥东西等。

③左手体育活动：可用左手打乒乓球、羽毛球、排球、网球、掷飞碟、投铅球等……

④左腿活动：可用左腿进行踢、跳等运动。如，儿童可用左腿跳绳、跳皮筋、跳房子、踢球等……

除了专门的左侧训练外，还可以进行左右手同时写字的训练。左右手同时练习写字，最后逐步写出长句、段到短文。左右手画出的图形，方向必须对应。这样练习，对注意力集中、分配与控制，效果更好。开始你也许有点不习惯，但写长了就运用自如了。如，开始可以从较容易的写起：数字1、2、3、4、5、6、7……，英文字母A、B、C、D、E、F……Y、Z。逐步过渡到可以写自己和家里人的姓名、单位和家庭住址；可以写一句话，一段短文等；可以左右手画画，画一些简单的，如横线、竖线、斜线、曲线等；逐步过渡到可以画一些动植物和花草树木；还可以画一些简单的人物头像，如儿童、少年、青年、成人、老人（包括男的和女的）；如画得熟练了，还可以画一些不同民族的人物头像，如藏族的、回族的、蒙古族的、维吾尔族的、苗族的等都可以进行练习。

需要澄清的是，虽然对一个惯用右手的人来说，用左手做事、写字、画画，的确是一件相当困难的事，但也十分有趣。当你读书写字累了的时候，不妨将未完成的工作交给左手代劳。只要你坚持下去，一定会收到意想不到的效果。它不仅可以帮助你解除疲劳，更重要的是开发了右脑的潜力。

梳发锻炼

它的作用，可以达到醒目健脑，降压提神，止痒健发，并防止头痛、眩晕、失眠和神经衰弱等病。

因为人的大脑表皮的下面密布着支支叉叉的毛细血管，如果经常给以适当的摩擦刺激，可以清脑提神，促使大脑处于最佳活动状态。很多人都实践过这种方法，经常梳头不仅是个人卫生和美容的一种方法，而且也是健脑的良方，因为梳头时要经过头部的百会、太阳、玉枕、风池等穴位，这些穴位会得到良好的按摩刺激。梳头刺激上述一些穴位时，可以改善人脑的血液循环，刺激脑部神经的功能，起到开窍宁神和增强记忆的作用。

人的大脑是容易疲劳的器官，脑力劳动者的大脑更容易疲劳。如果一个人长时间学习功课、做作业，或伏案写作或精心备课，或设计图纸，很容易头昏脑胀，思维能力下降。这是大脑供血供氧不足的表现。这时，应当稍微休息一会儿，用两手梳梳头或用梳子梳，顿时感觉到头脑清醒、耳聪目明、全身舒服，精力又旺盛了。如果你在日常生活中稍加注意，就会看到有些人在思考问题或发言时，有意识地用手梳梳头，梳头有利于头部血液循环，有利于大脑思考的保证。

梳发锻炼的具体方法是：每日晨起，或临睡前，两手手指分开，成虎爪状，以指代梳，从额前发际（包括两鬓）抓起，经前顶、后顶、至后发由前至后，再从后向前，循环往复，来回梳理，记数120下，这就是"梳发术"。

实践表明，因思考过度而引起神经性头痛或失眠症的人，只要每天用梳子梳头3~5分钟，早晚各一次，最后再用梳子轻轻刮几下头皮，一月以后，头痛、失眠会大大缓解，甚至不治而愈。这是因为梳子经过百会、四神聪上星、太阳、风池等穴位，好似进行了自我按摩。

梳头可以用梳子，也可以用手代梳，这种梳发的方法是，以十指指尖接触头皮，然后从额部到枕部，从颞部到头顶进行梳理，每次做120下，也可适当增多，以头部有发热感为宜。梳发随时随地可做，建议您试试看效果如何。总之，用梳子或手指梳头，对头部及眼、耳都有一定的保健作用。当工作和学习劳累时，顺便用手指代替梳子在头上抓挠几下，立刻使您感到轻松、舒服。

呼吸法训练

呼吸法也是开发右脑的一种重要方法。呼吸法又分两种，一种是为了放松心情的呼吸法，另一种是为了引出图像的呼吸法。但无论哪一种，最重要还是要放松心情，在放松心情的情况下进行图像训练，能比较快看到图像，只是放松心情看似简单，其实不容易。

大家都知道，人靠呼吸存活，呼吸停止人就马上死亡，呼吸重要到几乎等于生命，只有呼吸的人才有生机。然而一般人大都只用浅呼吸生活。因此只使用到三分之一的肺，另外三分之二的肺随时都沉积着旧空气。

如果运用腹部呼吸法进行深呼吸，肺就能够完全被使用。腹部呼吸能够让体内充分取得气的动能，同时也能摄取更足够的氧气量。如此一来，既可精化血液，更能促进细胞活性化。腹部深呼吸可以使脑波维持在十赫以下的波状态，并增进脑内荷尔蒙内啡肽的分泌。所谓腹部呼吸法指的是吐气的时候压缩腹部使之凹入，吸气的时候让腹部凸起的呼吸法。

首先介绍一下放松呼吸法。具体做法是：躺在床上、闭上眼睛、让心情稳定下来。接着双手压在下腹，吐气时让腹部下凹到腹部的皮就要贴到背部的程度，到气全部吐完为止，从一数到八（大约8秒）。这时候要想象体内的旧空气全部排除达到完全放松的图像。然后大力吸气，达到腹部最大上凸的极限（时间也是8秒）。这时候要想象新鲜的动能从头顶进入、细胞获得活性化的图像。

以上述要领一次做3~5分钟，每天多做几次，多花一点时间慢慢做。腹部呼吸法有促进自律神经系统中副交感神经活性化的效果，身心能够获得松弛，并可消除紧张，在此情况下，脑波就容易出现波。

接下来介绍图像呼吸法。图像呼吸法最好使用音乐诱导，一边听音乐一边呼吸的效果较好。一开始想象自己变成一枝"硬棍"的图像。配合录音带的指引，全身注入力气，想象全身变成一根硬棍的图像，让全身僵硬。然后双手紧贴体侧，缩紧脖子，将腰部分三阶段往上提，成弓形，让身体硬直（8秒钟）。接下来依指引在一瞬间把体内的力气松弛，让身体松弛下来（8秒钟）。接着仍依指引再放力一次。第一次放力是要舒缓身体的紧张，第二次以消除心的紧张为重点。

这时候要想象"自己已经完全放松，身体的、心的紧张都已经完全放尽，达到深层的放松状态"的图像。

以上述要领重复做两次，这样就能够放松身心。持续做这种呼吸法，可以有效地促进右脑开发。当然，能够不靠录音带诱导，凭自己积极想象图像最好。

接下来我们要介绍逆向呼吸法。先挺直背骨（感觉到有什么流过的心情），放松臂、手的肌肉，松驰下来。坐立皆可。然后慢慢地从鼻孔吸气，同时让下腹凹下。吸气完毕、短暂停止呼吸，然后再慢慢吐气，同时让下腹凸起。习惯了这种逆向呼吸法之后，在施行之时，意识上要有把自然的"气"灌入丹田（肚脐以下）的打算。

注意吐气的时间和吸气的时间大约是二比一即可。能够达到一分钟呼吸三次的程度就相当不错，练习了自然气就能加长而且能轻松呼吸。记住气要尽量加长。

此外，深呼吸有增强注意力、净化血液、强化肺及内脏机能、充实气等效果。每天早晚各做5分钟，要持之以恒。利用每天上下班搭公共汽车或电车的时候做也可以。

当然，我们也清醒地知道，要让心情放松下来，从心里面做到将是一件非常困难的事情。很多人都有亲身的体验，自己的意识或者是心理状态，很难靠自己的意识去操控。这时候你要告诉自己："心不能靠心来制控制，要靠呼吸来控制。"所以关键是用呼吸来控制分心。

这种控制的方法是首先闭上你的眼睛，让身心松驰下来。初学者最好跟着指导员来做。用心倾听指导员说的话或是听录音带，集中精神。如此一来，你的头脑就会以大脑皮质听觉相关的部分为中心，开始动起来。大脑皮质有一种法则叫作大脑诱导法则，就是当你集中精神在某一事物，大脑皮质会要你停止其他部分的动作。当你集中精神在听指导员的声音或是录音带时，就只有听觉相关的脑波会起作用，最后这种脑波会扩散到整个大脑。当单点的脑波扩散到整个脑之后，人就进入"右脑运动意识"的状态。以专用术语来说，就是"进入图像意识"。此时就已经完成了看图像的准备工作。

如果这样做就能在觉醒状态下轻松引导出波的话，那就太好了，只要再多做冥想，呼吸训练，放松心情就应该不是难事。要看到图像有五项准则：

① 为了要看到图像，先想象自己已经看到图像的情景。

② 借助呼吸和身心的弛缓加深心情放松，就更容易看到图像。

③ 任何人的脑子里都蕴藏着能清晰看到图像的能力，而且这是生理机能。

④ 遵循诱导暗示，训练起来比较轻松愉快。

⑤ 要深信图像一定看得到。认为看不到图像的意识会妨碍看到图像。

普通冥想

冥想是把意识切换到更基本单元的必要程序。运用冥想法提高注意力，可以使人的阅读富有创造性。普通冥想的具体做法如下：

① 以轻松的姿势坐定，不必太拘泥形式。将两手放在膝上，左手叠在右手之上。

② 腹部呼吸七次，接下来可任意呼吸。

③ 吸气之后闭上眼睛，一面吐气，一面想象气静静地往下深到肚脐以下的图像。然后把意识集中在肚脐以下固定下来，做一次约十分钟到十五分钟。

④ 然后想象额头上挂着圆月的图像，以及月光或太阳光从额头的正中流入体内的图像，并且想象心和自然成为一体的图像。

值得指出的是，这几个步骤宜选在同样的时间进行，这样比较容易养成良好的训练习惯。

自我暗示训练

自我暗示训练主要包括自律训练、看见图像训练以及自我催眠训练。下面就分别对这些训练方法予以介绍。

自律训练是指靠着意识，可以影响自己的身体、细胞及肌肉。现在让我们来做一个实验。

先坐在椅子上，闭上眼睛，深呼吸。然后双手放在膝盖上，双掌朝上。右手中指的地方，用胶带贴上敷位温度计的尾端。接着闭着眼睛心中重复默念"右手加温、右手加温"。结果，你会发现温度计的数字显示你的体温确实在上升。

这种自律训练如果经常进行，将会大大增强右脑的功能。具体的操作程序如下：

① 感受到"手腕、脚重起来"。

② 感受到"手腕、脚热起来"。

③ 感受到"心脏安静到听得见脉搏"。

④ 感受到"呼吸顺畅"。

⑤ 感受到"胃部附近热起来"。

⑥ 感受到"前额凉起来"。

依照这六个程序，逐项进行，就能够获得高度集中的注意力，同时也渐渐能够控制意识。

运用自我暗示的这种自律训练法，每天演练，不出一个星期，当你想到腹部会热起来，就马上可以感受到反应。

自律训练的六个程序完成之后，同样再用自我暗示的方法，暗示自己"颜色看得到"，颜色就会自然显现的训练。这时候可以一面听印象派音乐始祖德彪西的曲子"影像"或"幻想曲"，在自我暗示下，各种美丽的色彩会一一出现，自然的景色或是人物也渐渐可以看得到。

能够看得到颜色的人，接下来就可以指定颜色，不妨试着从彩虹七色中的红色开始指定起，指定的颜色就看得到了。能够看到紫色之后，接下来自我暗示"紫色云彩消失"的图像。

图像暗示是看到、听到、感受到、尝到、闻到这五感的暗示——以五官的感受来说明图像暗示也比较容易了解。可以看到艳红的夕阳、可以看到蓝蓝的大海、阳光过强张不开眼睛等等都是视觉暗示。听得到小鸟的"啾啾"叫声、听得到远处水牛"哞"的叫声等都是听觉暗示。

光着脚沙沙的感觉、冷飕飕的感觉等是触觉暗示，舌头尝到甘味、尝到苦味等是味觉暗示。

香烟的味道、海潮的味道则是嗅觉暗示。使用五感的暗示要尽可能用具体图像，效果就会更突出，右脑将会得到全面的锻炼。

最后讲一下自我催眠训练。以催眠暗示引导人进入催眠状态，许多平常状态所做不到的事情都可以在催眠状态实现。譬如说暗示骰子"出"之后，骰子一般甩出去，不可思议地，出现一点和六点的机率特别高，或是瞬间可以记住十项、二十项的物品，瞬间能够解开复杂计算。

其实自古以来，人们就知道运用催眠的方法可以开启右脑神奇的能力。催眠起源甚早，当时并不叫作催眠而是称为咒术。原始的咒术可以治病、可以托梦。施展咒术的人被称为神官或魔术师。历史上最早有关催眠术的记录是由埃及第四王朝、公元前376年马比鲁斯所记载的。

但是，要希望任何人在平常状态就能够做到这些事，不一定需要借助催眠，这也就是右脑智能训练一直提倡的"右脑开启"状态。不过，要学会这种能力，还是要通过催眠。催眠法是开启潜意识大门的方法。潜意识的大门一旦紧闭，再怎么努力，也到达不了潜意识，而只要努力的事情能够到达潜意识，愿望就容易实现。

具体的做法是，想象在自己体内还有另一个人存在。借助自己对自己体内的另一个人讲话，进入自我催眠。当你能够让自己体内的另一个自己听你说话的时候，就能够开启自己潜意识的大门，也就能够和潜意识沟通。

先讲一下具体的做梦控制法。睡眠状态时，心灵感应特别灵敏。人在进入睡眠之后，意识渐渐停止作用，潜意识就浮现出来，这就是梦。许多知名的小说家在梦中梦见一个故事，醒来之后把它写成小说。最有名的例子就是英国推理小说家史蒂文生的名著《化身博士》。日本的小说家吉行淳之介、齐藤荣等人据说都在有意识去做梦，再把梦中故事写成小说。

控制做梦的方法的要领如下：

躺下来闭上眼睛，把意识集中在印堂。让仁丹大小的珠子放光进入百会穴，再以1~2公分间隔慢慢将光珠引到后脑、颈部、背部。然后要去感受从腰部往下腹降下的感觉，此时就进入波的状态，青紫色的云雾会出现在后脑勺。最后云消雾散，展现出彩色的影像（梦）。做梦的时候不能睡沉，要训练用波（半觉醒）的状态去看、去记忆。午睡或晚上就寝前或半夜醒来的时候，都可以做这项训练。

入梦需要技巧，可以这样来做：

① 仰着睡，双手双脚往外伸。放松手脚的肌肉。想象手脚会越来越重。可以用右手→左手→右脚→左脚的顺序。

② 等到手脚变重、感觉到身心舒适慵懒之后，再以头部→颈部→肩膀→胸部→腹部的顺序放松肌肉，让全身放轻松。可以自我暗示让胸部和腹部一直重下去。

③ 充分松弛之后，把意识集中在额头，然后以1~2公分的间隔，从头顶→后脑部→颈部→背部上方，用意识想象有小钢珠大小的球体浮现出来，而且一步一步往下移。

想象球体发光的图像更好。

④ 当意识掉到颈部下方时，几乎就快睡着了。如果还无法成眠，就去感受

从腰部往下腹掉落的感觉。

⑤ 在进入睡眠的前一刻，要去想身体和意识的状态。然后放松全身的肌肉→头变重→恍恍惚惚→意识散发→变得昏暗。

⑥ 这时候已进入波的状态，青紫色的云雾会出现在后脑勺，最后云消雾散，出现彩色的影像（梦）。

长时间持续做这种训练，就能够体验到不可思议的睡眠状态。入眠过程→做梦状态→看不到梦的沉睡状态→醒来的过程，都是可以在觉醒状态时看到的体验。从此可以不必担心失眠症，每天早上醒来的时候，头脑也会非常地清醒，身体感觉清爽，而且充满着能量。

气的训练

控制意识并与自然动能同频，才能随心发挥右脑潜能。要达到这种境界，第一步就是要先感受得到气。接下来要介绍的就是气的感受及提高的方法。

先来感受气：

① 首先，闭上眼睛呼吸十次，让心平静下来。

② 慢慢张开眼睛，左手放在膝盖上，用右手掌由上向下抚摸左手腕。

③ 接着，用左手掌抚摸右手腕。

④ 把意识集中在抚摸的手腕上。

⑤ 把意识集中在被抚摸的手腕上。

你会察觉每一种情形的感觉并不一样，在意识集中的地方会有一股气流流过。以这种方法集中意识，就能感受到自己的身体。

气的各种增强法有：

① 入浴法：躺入浴缸、闭上眼睛，合掌感谢天地的恩惠，想象动能进入身体的图像。

② 手印法：想象大自然进入握紧的手中，大自然与自己的波动调和、增强，并吸收到体内的图像。将手按在下腹并在心中诵读"我与天地成为一体"。

③ 就寝法：晚上上床之后，想象自己的身体充溢着动能的图像，并在心中自我暗示"我从来没有这么健康过，全身充满着光"。

要增强人体的气，必须把自己的波频调整到和自然和谐的频道。愿望集中在某单一项目，每天持之以恒。关键是不管处于多么悲观的情况，都要相信愿望一定能够实现，持续锻炼下去。

记忆游戏训练

记忆游戏可以借用右脑记忆训练卡来做。记忆游戏的基本做法，是把连在一起的两张绘图卡用一段文字衔接起来的记忆方法。譬如要记住一张螃蟹的卡片和一张帽子的卡片，可对小孩子说成"螃蟹戴着帽子出去玩"，翻开卡片再盖起来，然后问他们盖起来的卡片是什么图样。以这种方法能够记住的卡片张数，从两张开始，增加到3张、4张，可以一直增加到100张卡片。这种记忆法称之为联想记忆法。

经过一段时间训练之后，会发现不可思议的事情，就是再也不需要文字衔接，光是翻开卡片看过之后盖起来，即使是100张的卡片，也能够正确说出这一百张卡片是什么样的卡片。换言之，此时已经学会照相记忆的能力，培养这种能力可用瞬间记忆法。瞬间记忆训练就是将50张卡片在瞬间看过之后就记忆下来的训练。能够做得到瞬间记忆，速读就会变得容易许多。

默写训练

在右脑记忆表上，除了图像记忆的训练之外，还需要默写训练。默写训练的方法是：

首先要准备好速读的教材，伊索寓言是不错的教材。读教材的时间是一分钟，连续读几次之后，把教材合起来，开始默写。写完之后要核对是否正确，标点符号、改行都必须完全正确到和教材一模一样。通常一次绝对没有办法完全记忆，要不断地以同样的方式重复练习，直到完全写得正确之后，再进行下一个练习。

这种训练方法称为一分钟默写训练。一开始教材内容不宜太难。每天坚持做这种一分钟默写训练，不仅能增强记忆力，更能训练瞬间读取的能力，自然就能加快读书的速度。

　　然后你会发觉头脑的反应在不知不觉中变得更快，直觉和灵光的闪现也变得更突出了。

第三章　扫读训练

什么是扫读

　　可以这样说，扫读是一种为了发现特定内容的有计划追踪阅读过程。学习扫读技巧是增进你的阅读能力的最好办法之一。当你扫读的时候，你要尽可能少读一些内容。为了找到有关问题的答案，你可以让视线很快地移动，而不是一个词一个词地阅读。你的老师也许会给你一些名人的小传，要你找出有关某人的下列材料：他的出生地、生日和逝世的日期。你准备看看每一位名人的名字去阅读所提供的资料吗？如果这样做，你将会浪费许多宝贵的时间和精力。你应当改用下列有计划的追踪跳读步骤：首先，你要高度注某人的名字，同时，放过别的名人的名字，然后，你认真记住某人的名字去阅读有关内容。

　　你过去可能没有注意到什么是扫读技巧，可是，你在校内外却往往用到了扫读。当你在翻电话簿或看菜单，你的眼光就上上下下地"跑动"着，你就是在"扫读"。适当地运用扫读技巧，就会帮助你在阅读时取得成效。运用扫读技巧，应该遵循下列指示：

　　·仔细阅读需要回答的问题。

　　·记住答题或你需要注意的材料的类型。

　　·事先确定你要追踪的内容可能出现的形式。

　　·在材料上很快移动视线，抓住可以告诉你"这里能找到所需要内容"的线索。

·当你发现所需要寻找的内容的时候，停止扫读。

·认真地注意这些内容。

由上可见，扫读的最重要步骤，就是恰到好处地断定你正要寻找的材料。你要寻找一个日期——秋收起义的日期或者十一届三中全会召开的日期吗？你要寻找名字——诺贝尔获奖者的名字或者城市的名字吗？凡列入你目标的一切，你在开始阅读时就要清清楚楚，这一点是非常重要的。第二步，就是要断定将出现的信息会是什么形式。换句话说，你必须暗暗地问问自己："当我注意到某一点时，它会以什么形式出现？它是以数字的形式还是以名字的形式？或是以价值的形式来表示的呢？"对所需材料可能表现的形式或外部标志做出判断，你可以由此借助一条重要的线索去发现你所要获取的信息。

名字和数字的扫读训练

名字和数字的扫读训练对于提高在大量的信息中找出你所需要的名字和数字信息的速度很有帮助。你常常需要找一个名字或一个数字，这在查电话号码簿或课本索引时是常见的。如果你想用最轻松、最快速度的扫读来确定有助于发现你所需要内容的线索，最好的办法是在家里通过查电话簿来练习这种阅读技巧。你可以这样来做：

1.请你扫读某一天的世界大城市气象预报。

2.阅读气象预报后面所列的练习题。

3.扫读出练习题答案，一次扫一题。

4.记录时间：应该在三分钟或更短时间内扫读并完成练习题。

世界大城市气象预报城市

城　市	最低气温	最高气温	天　气
哥本哈根	10℃	17℃	多云
多伦多	20℃	30℃	多云
曼谷	26℃	34℃	晴
阿姆斯特丹	10℃	17℃	多云

城　　市	最低气温	最高气温	天　气
贝尔格莱德	17℃	30℃	晴
柏林	10℃	18℃	雨
波哥大	6℃	18℃	多云
布鲁塞尔	10℃	19℃	晴
布宜诺斯艾利斯	3℃	15℃	晴
开罗	23℃	34℃	晴
雅典	21℃	34℃	晴
贝鲁特	25℃	31℃	晴
加拉卡斯	19℃	24℃	多云
芝加哥	21℃	36℃	晴
都柏林	10℃	18℃	多云
日内瓦	14℃	27℃	晴
赫尔辛基	12℃	16℃	多云
伊斯兰堡	26℃	40℃	多云
伊斯坦布尔	19℃	29℃	晴
约翰内斯堡	5℃	22℃	晴
吉隆坡	23℃	33℃	晴
伦敦	11℃	20℃	晴
维也纳	16℃	23℃	多云
马德里	22℃	37℃	晴
马尼拉	22℃	34℃	晴
墨西哥城	14℃	25℃	多云
莫斯科	16℃	26℃	多云
纽约	23℃	34℃	多云
奥斯陆	15℃	21℃	多云
巴黎	14℃	22℃	多云
里约热内卢	11℃	24℃	晴
罗马	19℃	32℃	晴

城　市	最低气温	最高气温	天　气
旧金山	12℃	22℃	晴
新加坡	24℃	31℃	晴
悉尼	6℃	17℃	晴
东京	22℃	28℃	多云
温哥华	14℃	23℃	多云
新德里	32℃	39℃	多云

好，现在请做下面几道练习题：

1. 罗马当天的最高气温是多少？

2. 巴黎当天的最低气温是多少？

3. 莫斯科当天是 ＿＿＿＿＿＿ 。

　　a. 晴　　b. 多云　　c. 雨

4. 当天气温最高的大城市是 ＿＿＿＿＿＿ 。

　　a.马德里　　b.新德里　　c.伊斯兰堡

5. 当天温差最大的大城市是 ＿＿＿＿＿＿ 。

　　a.伊斯坦布尔　　b.伊斯兰堡　　c.罗马

6. 当天气温最低的大城市是 ＿＿＿＿＿＿ 。

　　a.约翰内斯堡　　b.布宜诺斯艾利斯　　c.悉尼

文献扫读训练

　　文献扫读训练有利于提高我们在检索文献时的阅读速度。如果你进行某项课题研究，或是希望从浩如烟海的图书堆中迅速找到你所需要的东西，你完全可以通过扫读的方式来获取信息。你可以很方便地从图书馆的检索室来练习这种阅读技巧，最方便的方法就是从你阅读的图书后面的"参考资料"中寻找到你要进一步阅读和查阅的资料线索。具体的要求如下：

　　1.请阅读本书后面的"参考书目"。注意，如果规范的话，"参考文献"是按照一定顺序排列的，通常是按照音序或拼音顺序排列的，如果参考文献涉及多种学科，那么也可能首先根据学科或其他规则进行分类，再按照音序或拼音排列。

2. 阅读参考文献后面所列的练习题。

3. 扫读练习题的答案，一次扫一题。

4. 记录时间，应该在3分钟或更短时间内完成扫读并完成练习题。

现在，请尝试做下面的练习题。

1.《阅读心理学》是哪里出版的？是哪年出版的？

2. 中国城市出版社出版的图书有哪些？

3. 扫读一下，看看其中有几本程汉中所编著的关于"阅读法"的图书。

4. 扫读一下，看看收录在参考书目里面哪家出版社的图书最多？

5.《自学快速阅读法》的作者是谁？

6. 最新出版的关于"记忆"的图书是哪本？

数据扫读训练

数据扫读训练同样很重要。请看下面的阅读材料：

约翰常收集没有使用过的美国邮票，并把它们保存在透明的纸袋中。不过，约翰有时也会忘记把邮票放好。有一天，他母亲需要一张五分的邮票，尽快把一封信寄走。她手头的邮票都已用完，四周一找，惊喜地发现在桌子上就正好有一张还没用过的邮票。她就用这张邮票把信寄走了。

几天后，约翰把他收藏的邮票拿出来给一位朋友看，发现他特地买来的一张五分邮票不见了。后来，他问母亲有没见到过印有华盛顿图案并标有1932年日期的五分邮票。母亲回答说，见过一张五分的邮票，已经用它寄了信，不过记不得邮票上的日期。她还表示，愿意给约翰一个五分镍币作为补偿。

下面提供一份集邮者美国邮票价值表，让阅读者练习扫读。约翰的母亲如果扫读了这份价值表，就不会轻易地用那张五分邮票去寄信了。

请按下面的要求来做：

1. 下面是一张邮票价值表，扫读这份表格，并回答后面的问题；

2. 记录时间：两分钟内扫读下列表格并回答问题。

美国集邮邮票价格表

1927—1929纪念邮票

编　号	票面值	名　称	价　格	价　格
643	2分	佛蒙特	0.25	0.23
644	2分	伯式因	0.58	0.56
645	2分	铁炉谷	0.17	0.13
646	2分	M.皮彻	0.20	0.19
647	2分	夏威夷	0.79	0.74
648	5分	夏威夷	2.35	2.15
649	2分	航空学	0.22	0.18
650	5分	航空学	0.75	0.70
651	2分	克拉克	0.18	0.16
654	2分	爱迪生	0.15	0.15
655	2分	爱迪生	0.15	0.04
657	2分	沙利文	0.12	0.11

1929-1931纪念邮票

编　号	票面值	名　称	价　格	价　格
680	2分	韦恩	0.25	0.24
681	2分	俄亥俄渠	0.15	0.04
682	2分	马萨诸塞湾	0.11	0.09
683	2分	查尔斯顿	0.25	0.24
688	2分	布雷多克	0.20	0.24
689	2分	斯多艾本	0.15	0.12
690	2分	普拉斯基	0.09	0.07
702	2分	红十字	0.07	0.06
703	2分	约克镇	0.10	0.09

1932年华盛顿二百周年纪念邮票

编　号	票面值	名　称	价　格	价　格
704	5分	棕色	0.03	0.03
705	1分	绿色	0.04	0.02
706	1.5	分综色	0.07	0.03
707	2分	深红色	0.04	0.02
708	3分	紫色	0.10	0.02
709	4分	棕色	0.10	0.03
710	5分	蓝	0.32	0.03
722	6分	橙黄色	0.55	0.03
712	7分	黑色	0.15	0.04
713	8分	黄绿色	0.55	0.18
714	9分	红色	0.50	0.05
715	10分	黄色	1.60	0.03

1932-1934纪念邮票

编　号	票面值	名　称	价　格	价　格
716	2分	静湖	0.08	0.06
717	2分	植树	0.07	0.03
718	3分	奥林匹克	0.15	0.03
719	5分	奥林匹克	0.20	0.09
724	3分	佩思	0.10	0.05
725	3分	韦伯斯特	0.13	0.06
726	3分	奥产索普	0.12	0.05
727	3分	纽堡	0.07	0.04
728	1分	芝加哥	0.05	0.03

729	3分	芝加哥	0.06	0.03
730a	1分	芝加哥（盖印）	0.10	0.05
730b	3分	芝加哥（盖印）	0.12	0.07
732	3分	国家经济恢复	0.07	0.02
733	3分	伯德	0.30	0.28
734	5分	科修斯古	0.27	0.08
735a	3分	伯德（无齿孔）	0.55	0.40
736	3分	马里兰	0.10	0.08
737	3分	M.BayRot	0.06	0.03
738	3分	M.DayFlat	0.10	0.09
739	3分	威斯康星	0.09	0.06

1934国家公园纪念邮票

编　号	票面值	名　　称	价　格	价　格
740	1分	绿色	0.03	0.03
741	2分	红色	0.05	0.03
742	3分	紫色	0.08	0.03
743	4分	棕色	0.14	0.12
744	5分	蓝色	0.14	0.12
745	6分	靛青色	0.30	0.20
746	7分	黑色	0.20	0.16
747	8分	绿色	0.50	0.42
748	9分	红色	0.40	0.19
749	10分	灰色	0.70	0.20

现在请根据上面的数据来做下面的题目：

1. 约翰那张1932年票面为五分的华盛顿邮票价值为多少？（记住：约翰收

集的是没用过的邮票）

2. 你是通过什么线索找到这张邮票价格的？ "五分"可否作为一个好的线索？

3. 左栏的数字是目录编号。约翰再订购他丢失的邮票，该用什么编号？

4. 本表中邮票不包括 ＿＿＿＿＿ 。

    a. 1927年纪念邮票

    b. 1932年华盛顿二百周年纪念邮票

    c. 1922年纪念邮票

5. 要是约翰的母亲用了一张编号为744的邮票，约翰再要买一张得花多少钱？

6. 如果要求你找出一张稀有的1912年法国邮票的价格，这张邮票价格表有用吗？

文章扫读训练

现在到了最重要的训练阶段——文章扫读训练。扫读是获取信息的一种有计划的追踪跳读方法。扫读的时候，所读的内容要尽可能少些。为此，你必须根据有关线索帮助自己快速寻找所需要阅读的那部分内容。请想象一下日期是怎样表示的，通常是用文字全部写出还是用数字表示的呢？下面的一篇文章将为你提供生动的军事队形知识，并可帮助你对"日期"和时间扫读练习。

要求如下：

1. 扫读下面的文章，回答后面的问题。

2. 记录阅读时间：应当在一分半钟或更少时间内扫读全文，回答练习题。

壮观的游行

夏天以来，在华盛顿市海上军营值勤的海军，以精彩盖世的两个军事仪式表演，震撼了首都的数万名参观者。这两个甚为壮观的表演，一个是星期五晚上的游行，另一个是星期二晚上海军部队的纪念仪式。早先的星期五晚上军事仪式开始于1934年，那是每逢星期五下午太阳落山时的游行（1957年时间有了改变）。这个大规模的晚间表演，9点钟开始，从5月下旬到9月，每周都举行。表演照例在历史上有名的古老的海军军营四方院进行，它是1801年建立以来一直被使用着的军事据点。杰弗逊总统出于个人的喜爱，选择了这里作为兵营。他曾经和海军陆战队司令一起乘车穿过华盛顿寻找合适的地点。他赞赏这个选定的场所，因为它离开海军大院比较近，离开那时正在建造的美国国会大厦也不过是一箭之遥。壮观的军营游行包括：两支精锐的步兵连的队列行进，世界闻名的海军军乐团、海军军鼓乐队和海军铜管乐队的军乐联合演奏和无声操练排不需口令指挥而进行的变化复杂的军事表演。此外，还有其他许多有声有色的精彩表演——步枪刺刀与佩剑寒光闪烁、阵容威武，部队的蓝白帽服与乐队的红白制服交相辉映；军官们大声命令，士兵们拍击枪带、枪把，这些雄壮的声音交织在一起，和谐齐鸣；精心安排的探照灯光，更增添了游行的戏剧性。星期二的纪念仪式则与星期五的表演有所不同，它是在柔和的余晖夕照中进行的。这个仪式从6月到8月，每周二下午7点半开始，在俯视华盛顿市的阿灵顿国家公墓海军陆战队纪念碑前进行。纪念碑记述了二次世界大战最著名的事件之一——硫磺岛战役期间，苏里巴其山峰升起了美国国旗。这里是一个纪念1775年以来所有为国家牺牲的海军将士们的圣地。参加星期五游行的步兵连队也在星期二的仪式中露面。以无声操练队为主演，披红挂彩的军鼓、铜管乐队为每个仪式都进行军乐伴奏（与副官长、海军军营联系，可以免费为你安排预约座席）。

请做练习题：

1. 周二纪念仪式是在一天的什么时候进行？

2. 海军军营何时建立？

3. 星期五晚间的仪式是在 _____ 年开始的。

  a.1801   b.1920   c.1934

还有补充练习题：

1. 哪一项目有预定座席？

2. 1957年，星期五晚间仪式作了什么改变？

如果以表格、图像提供信息，扫读是非常有用的。在一篇文章中要去找到特定的内容，扫读也是一种很有价值的阅读技巧。当你扫读下面有关计时方法演变的文章的时候，请尽快记住你要回答的内容。具体的练习要求是：

1.仔细阅读每一个练习题，扫读出答案。

2.只阅读为你提供答案的句子，记住需要你眼光逗留的线索。

3.记录阅读时间：应当能在一分半钟内扫读下面的文章，回答后面的练习题。

计时的演变

人类最早用以计时的装置叫日晷，它大约是在公元前700年发明的。早期的日晷是在半个空碗的中心安放一颗珠子。当太阳行经天空的时候，珠子的阴影就会像一条弧线横贯在碗里。这只碗的内面分成12份，每一份定为一小时的标志。当白天变得长一些或短一些的时候，这些作为小时标志的长度随着季节的变化也有点不同：夏天，一小时可能相当于我们现在的一个半小时；冬季一小时则只有我们现在一小时的一半。

一分钟是一小时的六十分之一，一秒钟是一分钟的六十分之一。这两种划分时间的方法都是为了更加方便和实用。古巴比伦人的计时比在他们以后几千年的人更精确。他们的计时工具是滴漏：将水从一个大口瓶的孔（它的大小是精心计算过的）一滴一滴地漏入另一个大口瓶，滴空瓶里贮水所花的时间就是一个昼夜平分点。那时，白天和黑夜是均等计算的，都是12小时。

钟是近代发明中最重要的计时器具。它能把我们既看不见，又抓不着的时间，通过钟面上很容易计量的刻度准确地标志出来。

我们的现代工业要靠钟来计时，生产流水线的运行要有精确的时间表，制造你周围的每件东西都必须要有一个精确计算时间的生产过程。瓷器的烘烤、玻璃的凝却、油漆的电力干燥、罐头食品的加工，都必须要有精确的时间。如果你环顾一下自己的房间，你还可能发现其他一大批东西在制作的时候都需要计时。其中，有的甚至要精确到百分之一秒，像生产无线电真空管零件等，都必须这样精确地计时。

我们的整个世界在按一张时间表驰骋着。火车和飞机、学校和商行、无线电、交通灯等，都需要依赖时钟。

飞行员把天空看做钟，这样，他们就能辨别方向。他们把天空想象为巨大的钟面，他们的飞机就在钟盘的中心。他们头朝向"12点"。要是有人说"'海鸥'在2点位置"，大家都能确切地知道要朝哪儿看去。

现在请做练习题：

1. 早期的计时装置是日晷，大约在公元前700年发明。它的形状像一个 _____
   a.飞碟　　　　b.碗　　　　c.扁圆盘

2. 早期巴比伦人用滴漏精确计时，滴漏中连续不断地漏出 _____ 。
   a.沙　　　b.水　　　c.油

3. 飞行员常常把天空想象成为一个巨大的钟面。这样做可以帮助他们 _____
   a.知道时间　　b.辨别方向　　c.确定大本营的位置

还有几道补充练习题：

4. 要是一个飞行员叫道："敌人在3点位置"，飞行员们就会朝向 _____
   a.右边　　　b.左边　　　c.后面

5. 哪些词语为你提供了练习题的线索？

6. 词语"时间"作为扫读的线索，是否有用？

扫读对你从科技文章获取信息很有帮助。这种信息可能是数字形式，也可能是文字表达形式，或者两种都有。

第四章　手指引导训练

什么是手指引导训练

手指引导阅读的基本方法很简单，那就是用手指指着你要阅读的材料，手指快速地移动，而你强迫自己的视线跟随手指移动。在练习快速阅读过程中，使用手指的引导可以帮助我们改掉一些"坏"习惯，如视线的回扫、读出声等。在手指引导阅读训练中，你的手指具有以下的功能：

增进记忆理解

明心开智

带动眼球移动

牵引视觉，扫视新信息

阻止视角后退，增加速度

手指引导阅读的要诀是：

A. 移动您的手指，横过文章的一行，确定您的眼睛跟着您的手移动，以您能理解的速度，从左至右持续扫描文章的内容。

B. 当您到达一行的末端，便将手指移至下一行的开始，大多数人用左手引导他们的眼睛，右手则用来翻页。若您发现使用左手并不舒服，你可使用右手引导眼睛。

C. 您的眼睛在跟随手部移动时，能舒服地集中在这三个地方：

（1）在手的左边

（2）在手的右边

（3）在手的上面

D. 试验并找出您最舒服的位置。

E. 读到困难的字词或片语时要减慢速度。

F. 不准让您的眼睛重复阅读任何遗漏的字或片语。

正向引导训练

先看一下手指正向引导的阅读示范（如图所示）。

以行为单位正向阅读标志

图4-1

现在请按照上面的示范来训练一下，请看这篇正向引导阅读示范文章。

正向引导阅读示范文章

盛会引发思考

激扬的青春点染着仲夏的北京，年轻的歌喉吟唱出人类的心声。8月，中国北京王府井中学生国际音乐节举行。来自奥地利、加拿大、德国、日本、瑞典、韩国、美国等10个国家的17支中学生音乐团队，共706名师生，与北京166中、171中等9支团队的516名师生同台献艺，举办了管弦乐、合唱、小型乐器、声乐、戏剧专场等10场演出，讴歌"青春、友情、和平、发展"。同时，美国、英国、澳大利亚、日本等国家的青少年艺术教育工作者齐聚北京65中，举办了中学生艺术教育论坛。英国啼芬男校合唱团领队安德鲁·佩里先生、美国马萨诸赛州牛顿公立学校校监杰佛瑞·M·扬博士、北京2中校长钮小桦、65中校长李铬等，登上讲台，就"艺术教育与青少年健康成长"、"学校艺术教育与人的可持续发展"、"开发教育资源，拓展美育天地"等问题进行了探讨。

8月10号晚，世界中学生的这次艺术盛会在青春沸腾的王府井落下了帷幕，但它点燃的激情和由此引发的思考，仍回荡在艺术教育工作者的心中。"艺术是塑造完美人生的基石，没有意思的教育是不完全的教育"。这是参与盛会的中外艺术教育工作者的共识。随着素质教育观念的深入人心，中国许多学校已将美育纳入重要的教学安排，一些学校甚至具备了开展美术、音乐、舞蹈等全方位艺术教育的软硬件环境，这应该是我国艺术教育领域的一大进步。作为此次国际中学生音乐节的主办方之一的北京东城区，可说是这方面的一个典型。因为有着深厚的艺术教育基础，该区成为全国中小学生问题活动工程示范区。代表中国参加此次盛会的学生大多来自这个区。该区教育局的阎申、吕轮超告诉记者，因为亲身参与音乐节各个专场的演出和论坛研讨，获得了观察、对比、思考、判断、借鉴的机会，依托这个多种信息共同作用的、宽松开放的平台，反观我国的艺术教育，引发了该区艺术教育工作者的一些思考。

一门艺术根植于一种文化，只有充分了解了这种文化，才可能深刻地理解这门艺术。因此，进行艺术教育，首先应该着眼于对本国、本民族艺术的理解和学习。在音乐节开幕式上日本歧阜童声合唱团表演了非常民族化的歌曲，英国绿林高中体育学院管乐队演奏了著名的甲壳虫乐队的作品，墨西哥莫雷洛斯合唱团极具墨西哥风情的演唱，而北京27中民乐团演奏了《花木兰》、《春到沂河》等，这充分反映了各国对本国、本民族艺术教育的重视。就在音乐节期间，东城区三十几所中学的几千名学生作为普通观众，观看了管弦乐、铜管乐、民乐、无伴奏合唱乃至"Beijing Opera"。他们中很多人第一次走进音乐厅，走近大剧院，走近高雅艺术。而他们中的一些人很可能就因为这破天荒的第一次，兴趣盎然地开始培养自己"音乐的耳朵"。

"由此，我们想到了校园文化的复兴"。阎申说，校园艺术活动的本质是要营造一种以人为本的育人环境，充分引导和发挥而不是压抑学生们的艺术见解和创造精神，鼓励学生创作自己的校园艺术作品，而不仅仅是去模仿成人的东西。现在，我们的青少年没有合适自己口味的音乐、舞蹈作品，常常只能在他们父辈熟悉并曾经狂热喜爱过的校园歌曲和舞蹈中去寻找一些替代品。它的背后，是创新能力和创造精神的欠缺。当年在校园文化繁盛的时代，从校园诞生了不少艺术名家。如今他们年已垂暮，我们却很难在新的一代人中看到领潮人的身影。我们应创造条件，着力复兴生机勃勃的校园文化，为青少年提供一个尽情施展才华的空间，让他们在创新精神的激励下得到全面的发展。

摘自《人民日报》2004年8月13日

反向引导训练

手指引导并不意味着就是正向引导。其实在很多时候用反向引导阅读法更有效果。反向引导阅读与正向阅读不同的是，正向引导依从人们通常的阅读习惯，从左读到右，然后换行，再次从左读到右。反行接着第一行的末尾从右读到左；第三行再接着第二行的开头从左读到右；以此类推。（如图4-2所示）这样的阅读引导将有助你节约换行浪费的大量时间，极大地提高阅读效率。可能你在阅读时担心从右读到左"很别扭"，这不要紧，你只需按照我们的要求去做，你会发现这样阅读不仅不会影响你的"理解"，而且还能使你集中注意力，加深理解记忆。

以行为单位反向阅读标志

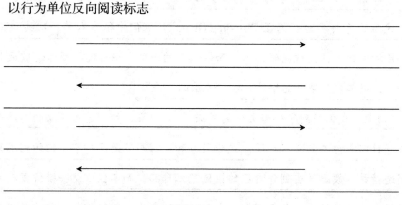

图4-2

请看下面的反向引导阅读示范文章。

我国研制出世界上首台互联网IPV6无线路由器

我国首台拥有自主知识产权、技术性能达到世界先进水平的高性能IPV6无线路由器，于2004年8月8日在京通过了教育部组织的鉴定。

由中国科学院院士陈俊亮、李德毅、沈昌祥等11位专家组成的鉴定委员会认为，BJTU-IPV6无线/移动路由器在无线/移动IP网络技术的核心领域，攻克了关键的新一代网络的路由技术和安全技术，具有自主知识产权，填补了国内在这一领域的空白，达到国际领先水平，具有良好的推广前景。

据介绍，IP地址是用来将互联网上的信息包引入到正确的服务器上。目前我们所使用的互联网协议IPV4采用的是32位地址空间，因此其IP地址资源是相当有限的。随着我国宽带互联网以及移动互联网的迅猛发展，我国互联网用户将继续保持迅猛增长。根据信息产业部的预测，到2007年底，我国互联网用户将达到3亿人。而且，除了互联网用户的迅猛增长将产生对IP地址的大量需求外，随着以新一代网络为基础的信息化进程的全面推进，各种各样联网智能终端乃至移动智能终端，比如信息家电、手机、网络汽车、传感器等，亦将对IP地址资源产生巨大的需求。而新一代互联网协议IPV6则基于128位地址空间，几乎可以提供无穷近的可用IP地址空间。

目前国际上使用的无线路由器大部分只支持IPV4，国内外还没有真正的IPV6无线路由器问世。北京交通大学IP网络实验室张宏科教授和他的科研团队正是基于这样的市场前景考虑，开发了具有自主知识产权的新一代网络节点设备BJTU–IPV6无线/移动路由器。它是在传统路由器技术的基础上，同时支持无线IPV6和IPV4网络，实现了移动IPV6技术、无线接口技术、移动路由协议等，无线接口符合国际通行标准，支持互联网标准协议以及传统的动态路由协议。

专家认为，此次具有自主知识产权的IVP6无线/移动路由器的研制成功，必将促进国内IPV6无线/移动路由器的自主开发及产业化，打破国外厂商在无线移动路由器领域一统天下的局面。同时，它的研制成功将使我国在新一轮的网络设备竞争中占据有利地位，将在技术革新、带动相关学科发展乃至增强我国国际竞争力、促进国家信息安全等方面产生深远的影响。

（摘自千龙网）

第五章　提高记忆力训练

如果你觉得记忆力与快速阅读没有什么关系，那你就大错特错了。其实快速阅读并不是最终目的，阅读是为了获得有效的信息。因此，即使你能很快地阅读完一段材料，但是不久你就把它遗忘了，这实际上没有实现阅读的目的。在某种意义上讲，快速阅读是以良好的记忆效果为前提的。因此了解记忆的原理以及训练自己的记忆力都是非常重要的。此外，有许多人都担心阅读速度的提高是否会降低记忆理解的效率。但实际上只要我们掌握了良好的方法，提高了我们的记忆能力，那么我们在快速阅读时，不仅不会牺牲记忆和理解，反而能大大促进阅读效率。

记忆是人脑对过去经历过的事物的反映，它包括识记、保持、再认和重现这样四个基本过程。也就是说，人们经历过的事物，都可以经过识记，作为经验在头脑中保持下来，在一定的条件下，还可以得到恢复，这就是再认或重现。识记，是识别和记忆事物和知识的过程，可以根据是否有预定的目的和任务分为有意识记和无意识记，也可以根据是否理解识记材料的内容分为机械识记和理解识记。保持，是所获得的经验在人脑中得到保留和巩固的过程。重视和再认是对识记和保持的经验、知识恢复的过程。总之，识记、保持作为记忆的基本过程，是紧密联系在一起的。识记和保持是重现和再认的前提，而重现和再认是识记和保持的结果和表现。

记忆的生理机制，是暂时神经联系的形成、巩固和恢复过程。一定的神经活动，通过一定的通道进入大脑，在大脑有关的神经元之间由于反复作用形成暂时联系，再由于巩固作用，在大脑皮质上留下痕迹，这就是识记和保持的过程。这种痕迹在相应的刺激影响下就会再度活跃起来，这就是重现或再认过程。记忆在人类生活中极为重要。它是人们积累经验、知识，产生高级认识活动和发展个性心理特征的必要条件。没有记忆，人的一切智能活动都是不可设想的。

　　人类对记忆的重要性很早就有了深刻的认识。早在公元前5世纪，被恩格斯誉为"悲剧之父"的古希腊诗人埃斯库罗斯就曾说过"记忆乃智慧之母。"公元前1世纪的古罗马政治家和律师西塞罗说记忆是一切事物之宝，是守护者。英国文艺复兴时期的理想主义政治家和作家锡德尼说："记忆是知识的唯一管库人。"法国哲学家和作家伏尔泰也说："人，如果没有记忆，就无法发明创造和联想。"这样的论断绝不是偶然的、凭空想象而得出的，它是人类文明发展史的总结，也是为大量实践所证实了的至理名言。

　　记忆力是人脑贮存和重现过去经验、知识的能力。一般来说，人们都能记忆一些有关学习和生活的知识经验，但良好的记忆力乃是迅速正确地回忆，尤其是善于把学过的材料与自己的知识财富在需要时，从记忆的仓库里检索出来。科学研究表明，健康人的记忆力的潜力是相当大的。不少人认为，正常人的大脑，其储藏量是目前世界上最大的图书馆——美国国会图书馆藏书量的50倍，这个图书馆在20世纪80年代的藏书量达1000多万册。

　　当然你可能会认为自己记忆力不好，这并不奇怪，因为成千上万人都这么想。可是不管你信不信，只要大脑没有出问题，实际上并不存在这么回事。你可能听说过拿破仑能记住部队里每个军官的名字，马歇尔将军凭着记忆能够复述出第二次世界大战中几乎每个事件。但你却有时连几天前见过的人的名字也想不起来；在会上发言不带手稿就讲不下去，一看完书脑海里就烟消云散；一早上起来就找不到钥匙；忘记了朋友的约会或领导的指示而失去某些对于自己十分重要的东西。这些情况下，你可能会对自己失去信心。然而，记忆对于每一个人来说又是如此的重要。我们所有的知识依赖于记忆，我们要想很好地阅读不得不记忆，所以好的记忆力是十分必要的。

　　但是，必须指出的是，记忆力的强弱并非是天生的，可以借训练而提高。我们前面所说的那些记忆巨人也只是在某一方面表现得突出而已。你认为自己记忆力不好，并不是说自己缺乏记忆这种能力，至多只能算是没有充分运用而已。如果你觉得有提高自己记忆力的必要，那么本章内容会给你帮助。只要阅读完本章，做完书中的练习，然后比较一下读书前后的记忆力，事实会无可辩驳地表明，你的记忆力增强了。

　　如果要进行记忆力训练，首先要查明记忆力现状。不进行这样一次测试，你很难看到自己的进步，也很难看到自己的记忆力经过适当训练之后的提高程度。开始测验前，请先准备好纸、笔和一只秒表。

（测验1）对数字的记忆

对数字的记忆也很重要。请记忆下列二十个数字（连同顺序号），时间规定为5分钟，然后即行默写，对一个一分。

1—43	2—57	3—12	4—33
5—81	6—72	7—15	8—44
9—96	10—79	11—37	12—18
13—86	14—56	15—47	16—6
17—78	18—61	19—83	20—7

记忆效率：得分/20×100=   %

（测验2）对无关逻辑材料的记忆

我们知道，一般而言，对有逻辑关联的材料的记忆比较容易。相反，对无关逻辑材料的记忆就比较难。在日常生活中，我们常常要记住许多无直接逻辑的材料，此题就是检查你对这类信息的记忆能力的，请记忆下列二十个词看过后即行默写。规定记忆时间为5分钟。默写时按顺序正确写出来，才算正确答案，对一个得一分。

蜡烛	经济学	纹身	樱桃	救火车
爱情	动词	社会主义	剪刀	良心
粘土	维吾尔族	字典	粥	油
纸	小蛋糕	逻辑	缺口	逃兵

现在计算你此题的记忆效率：得分/20×100=   %

（测验3）：事实记忆

下面请用用5分钟，记住下列20种商品价格，然后用一张纸把价格盖住，写上你所记得的价格数（一个一分）

电热毯	200元	羊皮外套	640元	空调机	2050元
钻石戒指	3450元	割草机	1210元	旧汽车	8750元
冰箱	2700元	网球鞋	398元	彩电	2100元
冰鞋	230元	电动刀	150元	望远镜	780元

洗衣机	1810 元	化妆盒	236元	计算器	120元
小提琴	4700 元	计算机	8998 元	打字机	1730 元
手机	6300 元	家具	9450 元		

记忆效率：得分/20×100=　　　　%

(测验4) 对逻辑联系的材料的记忆

现在来检查一下你对文章的记忆能力。下列短文有10个要点，并编了序号，看过之后依次默写要点，记忆时间为5分钟，要点只要内容正确即可。

能编制行为规范的自动化装置

所谓能对意识状态作出分析（1）即对其今后长期发展过程作出详细预测，并能制定行为准则（2）即法律和道德上的规范，并对准则遵守情况实行严密监督而使之达到最佳化程度的自动装置，是海市蜃楼（3）即可望而不可及的幻景呢，还是科学的、现实的前景呢？（4）如果是后者，共产主义社会的建设者们就应当努力去实现它，以便充分发挥其社会制度的优越性。行为规范自觉制定论（或称规范逻辑学）问世使我们今天可以来谈谈回答这个问题的可能性了（5）。人们的共同生活以及他们个人利益与社会利益的相互联系，一向都靠一定的规范来调节的（6）假如没有一定的规范，社会生活就不可能存续。（7）在共产主义社会建设的过程中，由于社会关系愈来愈复杂（8）人与人之间的联系不断加深和扩展，科学地制定法律与道德上的规范（9）并创立制定这些规范的合理方法已成为当代的一项急待解决的任务（10）。

记忆效率：默写正确点数/10×100=　　　　%

提高记忆力训练

下面我们进入正式的提高记忆力训练阶段。我们将按照不同的方法提供不同的阅读材料，用以增强你对不同方法的掌握程度。

先介绍一下链锁法。链锁法主要是依靠记忆链进行记忆，主要解决日常生活中对完整事情的记忆，如一篇文章，或是完整的事情经历。记忆链由提示词组成，提示词应遵循以下几条原则：（1）每个提示词都要使人想起它所代表的句子、段落或思想。（2）提示词之间便于连接、形成一串。（3）提示词不一定是单独一个词，它可能是一个很短的句子并且不一定是文中的原句，可以是自己概括总结，它的数量与文章和个体的记忆力有关。

现在开始进行一个练习。我们从短的故事开始介绍链锁法的运用，读下面的故事，用30秒钟，然后把故事内容介绍给你身旁的人，尽可能全面，看看记住多少记忆点，并请他帮着检查。

今天早晨，兔子先生死了（1）。他是我的宠物，也是我最好的朋友。我哭了（2）那么长时间，因为我知道，我再也不会见到他了（3）爸爸（4）告诉我，兔子先生的年龄太大了（5），他犹如秋天里飘落的树叶，任何人，任何事物都一样有自己的季节。他还对我说，我们在一起生活了多久并不重要，重要的是（6）我们相处得如何。兔子生活了很长时间，给我们一家人带来了很大的快乐。（7）我和他在一起玩得很开心（8）。我希望（9）无论兔子先生现在在什么地方，都会过得愉快并且记得我。因为我永远也不会忘记他（10）

回忆率：正确点数/10×100=　　　%

必须指出的是，虽然现在你可能立即回忆出大部分内容，可是一周甚至一个月、几个月之后呢？链锁法不但要求你记住内容，而且要使记忆尽量长久。文中的提示词已经标上标号，下面用这种方法重新记忆：

序号提示词与短文中有关部分的联系与下一个提示词的关系1.兔子死了：兔子先生死了，他是我的宠物，也是我的最好的好朋友我对此感觉如何2.哭了：我哭了那么长时间为什么哭了3.再也不会见到他了：因为我知道，我也再也不会见到他了，家人是什么样的反应4.爸爸：爸爸告诉我什么5.年龄太大了：兔子先生年龄太大了，……任何事物都有自己的季节，还告诉我什么6.重要的是还对我说，不重要的是……主要的是相处如何，兔子与我们相处如何了7.快乐：兔子生活了很长时间，给我们一家带来很大快乐，和我关系如何8.开心：我和他在一起玩得很开心，我现在感觉如何9.希望：我希望兔子先生记得我，为什么10.因为不会忘记：因为我永远也不会忘记他

记下你的正确回忆率，看是不是提高了。这样，你不仅了解了故事要点，说不定还能完整的背诵下来了呢，如果你愿意，两天以后再检查一次。这只是小故事的记忆，而我们最常见到和用到的还是长篇文章或故事的记忆，掌握了提示词方法，你就尽可以应用了，读完一本书，我们都应该建立一个这样的记忆链。你可能会问："如果一本很厚的书，要找出这么多的提示词又如何记忆

呢?"这时你一定要记住,并不是每本书的每一段都恰到好处、非要不可,在日常生活中只要记住书本的内容,对书中提出的观点或讲述的故事有一个清楚的概念就令人满意了。以上书本记忆的原则同样适用于戏剧和电影的记忆。

接下来我们讲一下一字不漏地记忆散文和诗歌的技巧。我们有时必须一字不漏地背诵原文,对演员来说,要一字不漏地背诵台词;对于学生来说,背诵是一项基本功;歌唱家、职员要背诵条例;每个在大庭广众面前进行演说的人,为了证明自己的观点,也有引用他人的话语或文件资料的时候。具体的方法和步骤是:

① 选提示词之前必须通读全文,清楚地了解文章的内容;

② 我们必须判断自己一次能掌握多少,这可以从前面的训练中判断;

③ 逐段的挑选提示词;

④ 把这些提示词按先后顺序连到一起;

⑤ 通读全文注意提示词。

应该提醒你的是,注意不应该漏掉重要的意思,提示词之间要有联系,并且想起它就能想起一段意思。你可能开始时在若干个地方需要查一下原文,对此不要泄气,熟悉后,你会很好地应用这一技巧。下面我们先来做一个记忆诗歌的练习。

雪夜林边暂驻

我认识这片林子的主人,
不过他的房子却在邻村,
他不会想到我在此逗留,
伫望着白雪落满了树林。
我的小马定是觉得离奇,
荒野中没有农舍可休息,
在林子和冰冻的湖之间,
在一年中最黑的夜里。
它把颈上的铃摇了一摇,
想问问是不是出了差错,
回答它的只有低声絮语——
风柔和地吹,雪羽毛般地落。

林子真美，幽深，乌黑，

可许诺的事还是得去做。

还得走好多里才能安睡，

还得走好多里才能安睡。

就这首诗而言，诗中充满了寂静的感觉，这种感觉只用下面一些词：低声
絮语、柔和、羽毛般、幽深、乌黑。开头两行描写远离闹市，随后两行描写孤
独，后面六行描写停留，最后三行又写遥远的感觉并呼唤人们回到现实之中。
一旦了解了诗的意境，我们开始选提示词。选择哪些词作提示词是根据个人的
爱好问题。下面是一个例子：

谁的林子—他的房子—邻村—我逗留—雪落满了林子—我的小马—离奇—
没有农舍可休息—林子和冰冻的湖—最黑的夜—颈上的铃—差错—只有低声絮
语—风柔和地吹—雪羽毛般地落—林子—深—许诺的事还得去做—还得走好多
里安睡，现在要先根据作者的意境把提示词在心目中复习一下。再回到诗文，
准确按作者的语音完成诗句。反复朗读两三次。开始背诵如果你会漏掉一句、
一个词，甚至一个字，那都说明你需要再看原文，记忆诗歌要采取恰如其分的
态度，必须对作者精心描述的细节进行观察以获得诗的内在感情。其次，我们
必须进行想象，想象诗中的画面、意境来帮助记忆。

下面进行记忆散文的训练。请看下面这篇短文：

未来的时代，我们寻求安全，我们期待有一个以四大自由为根本基础的世
界。

第一是言论自由，遍及全世界。

第二是各人以自己的方式信奉上帝的自由，遍及全世界。

第三是免于匮乏的自由，对全世界来说，就是经济互谅，保证各国人民都
过着健康和平的生活，遍及全世界。

第四是免于恐惧的自由，对全世界来说，就是世界性彻底裁军，裁到各国
都无力发动对邻国的侵略，世界各地都一样。

（节选自罗斯福总统1941年国情散文《四大自由》）

这篇文章是一段演说词，层次结构比较清楚，请填上文中的主要内容。

我们需要的四大自由是：

第一：＿＿＿＿＿＿＿＿＿＿＿＿＿＿

第二：＿＿＿＿＿＿＿＿＿＿＿＿＿＿

第三：＿＿＿＿＿＿＿＿＿＿＿＿＿＿

第四：＿＿＿＿＿＿＿＿＿＿＿＿＿＿

注意一下，前两种自由是属于 ＿＿＿＿ 的，第二种自由是属于 ＿＿＿＿ 的（个人，国家）。再看最后一句前二次结尾用了 ＿＿＿＿ 最后变成 ＿＿＿＿ 。

掌握了文章的整个结构，接着我们开始背诵每个部分的内容。

段　落	提示词	与之相联系的内容
第一段	未来，时代，寻求安全	期待有一个以四大自由为根本基础的世界
第二段	言论自由	（对象）全世界
第三段	信奉上帝的自由，遍及	各人以自己的方式，全世界
第四段	免于匮乏的自由，（内容）经济互谅，保证各国健康和平的生活，遍及	（对象）对全世界来说，人民，全世界
第五段	免于恐惧的自由，裁军，各国都无力，侵略	（对象）对全世界来说，（裁军范围）世界性彻底，（什么样的侵略）发动对邻国，（目的）世界各国都一样

把主要的词读几遍，想与之联系的次要词，然后通读两遍，丢开书本，凭记忆复述一下，请人帮着核对。

相信通过上面的练习，你已经大概掌握了这种方法的要领了。那现在请用线索记忆法来记忆下面的散文，用来评估你掌握的效果。

我相信每一个赤诚忠孝的孩子，都曾在心底向父母许下"孝"的宏愿，相信来日方长，相信水到渠成，相信自己必有功成名就、衣锦还乡的那一天，可以从容尽孝。可惜人们忘了，忘了时间的残酷，忘了人生的短暂，忘了世上永远无法报答的恩情，忘了生命本身有不堪一击的脆弱。父母走了，带着对我们深深的挂念。父母走了，遗留给我们永无偿还的心情。你就永远无以言孝。

1. 在文中标出重点词和次要重点词，然后填写下面的空格。

段落	提示词	相联系的内容
第一段		
第一段		
第三段		

2. 朗读提示词

3. 丢开课本开始背诵

4. 检查你的记忆率是：

当然，这里需要指明的是，作为初学者，可能按以上方法反复两次才能做到完全背出，有时你甚至觉得还不如死背。别灰心，因为你还没有熟悉这种方法，多做几次，自然水到渠成。

接下来我们来介绍一下分类法。分类法也是很重要的一种记忆方法。所谓分类法，是指依照事物相似的程度把事物划分为不同的组群，下面的例子将向你展示分类是如何有效地帮助记忆的。看下面15个物体的名字，时间不超过2分钟，然后用一张纸盖上，看看你能记住多少。

杂志	墨水	瓶子	餐叉	铅笔
小刀	玻璃杯	小册子	盘子	橡皮擦
书	水	调羹	易拉罐	报纸

现在请检查一下你的记忆正确率，第一次可能分数很低，但如果你要是把他们分为四组：读、喝、吃、写，你会发现用不了几分钟你就可以把每组物体记住。

写：墨水　钢笔　铅笔　橡皮擦

喝：瓶子　易拉罐　破璃杯　水

吃：餐叉　小刀　调羹　破璃杯

读：书　杂志　报纸　小册子

你会注意到分类过程的本身就可以把它们记住。可分类并不总这么容易，看看下面这几个词：

轮胎　烙饼　铜钱　钻石　纸钞

执照牌　香槟　高级轿车

你可以把它们这样分：铜钱、纸钞、钻石→用来购物，香槟、烙饼→吃，轮胎、执照牌、高级轿车→与车有关

也可以这样：

纸钞，执照牌→长方形

钻石、香槟、高级轿车→奢侈品

铜钱、烙饼、轮胎→圆形

其实你会有自己独特的分法。在这种情况下，你就应该考虑与自己生活最密切的方法，比如你若是有生活情趣的人，可以采用第一种。若你喜欢数学或视觉记忆较好，则第二种比较适合。分类也取决于你的知识组织或结构。

下面请做一下这个练习。当然答案并非唯一的，你需要创造出自己的组群并记忆下来。时间：1分钟

打字机	棒球棒	运动鞋	太阳帽	长袜
足球护膝	足球	面包	榨菜	书本
茶杯	酱油	铅笔	脚踏车	牛仔帽
手推车	拳击手套	摩托车	网球	马

其实分类法的应用范围比较广泛，在实际生活中经常使用。大如国家的行政设置：中央→省（自治区）→地区→县（市镇）→村。小如书店中的分类设置，这些都给人们的生活提供了方便。假如你是一个店主，你不会把饼干和洗发水放到一起去卖；假如你是一个秘书，你不会把老板的月程安排夹杂在众多的材料之中；假如你是个学生，你不会把课外书和课堂书混在一起，这就是分类的具体体现。现在想一想自己经常忘记的、最令你烦恼的小事是不是与分类法有关：如果你经常忘记了把钥匙放在了什么地方，你或许可以设定一个小抽屉做每日必须用品的"据点"。如果你出去旅行，所需物品甚多，（如练习题所示）那么你把它们进行分类记忆，就不会到目的地之后垂头丧气。如果你在厨房里做饭时经常因为记不住东西在哪里而头疼，那么现在就去厨房整理一下，像商店或书店一样来一个分门别类，下次做饭你一定会十分顺利。再想一想，你的书是不是需要整理一下，下次再找书你就不必到处乱找了。

我们接着介绍数序形象谐音法，这种方法是用来进行数字记忆的。这里的谐音是指读音相同、相近、相似的发音，在本章后面将详细介绍利用谐音记忆的方法，此处略论。例：最典型的一个例子是对圆周率的背诵：山巅一寺一壶

酒（3.14159），尔乐苦煞吾（26535），把酒吃，酒杀尔（897932），杀不死，乐尔乐（384626）；再如记汽车牌号40228，可以记为"4个汽车轮子两个两个地爬"。记电话号码890461为"把酒淋在石榴叶上。"

要记住马克思生于1818年，卒于1883年，可以用声音相似的语句来代替，我们就可以用谐音为"一拨一拨，一拨就拨散"或"一爬一爬，一爬就爬上山了"来记住。注意这种谐音是要自己编出来与自己的知识相接近。下面来做一下练习。

请记忆下列几个历史事件：①十一届三中全会召开时间：1978年12月18日至22日。②洛川会议召开时间：1937年8月22日至25日，地点：陕北洛川。③日本投降时间：1945年8月15日；抗战胜利时间：1945年9月3日；日本政府代表在投降书上签字时间：1945年9月2日。④辽沈战役的时间：1948年9月12日至11月2日，历时52天，歼敌人数47万。

下面讲一下数序形象挂钩法。这种方法主要是用来记忆信息量巨大的数字、地名、作品名等要点。找出与数序中数字形状相似的物象，并将物像赋予奇特的形象，使之和数字形状相似，并铭记脑中。下面我们给出1-100的数字联想：

1-笔	2-鸭	3-螃蟹	4-钢锯
5-弹簧秤钩	6-水壶	7-镰刀	8-铁链
9-火钎	10-铁环	11-筷子	12-鸭杆
13-骆驼	14-小（红）旗	15-肉钩	16-拖帕
17-锄头	18-花瓶	19-火炬	20-鸭蛋
21-单车钢丝	22-自行车轮	23-自行车笼头	24-三角架
25-护泥板	26-铃铛	27-拐子	28-链条
29-座包	30-链盘	31-竹笋	32-眼镜蛇
33-老鹰	34-朝天椒	35-香蕉	36-南瓜
37-弯脚树	38-葫芦	39-蒲公英	40-石洞
41-汽车天线	42-汽车灯	43-方向盘	44-车门玻璃
45-车头挂钩	46-驾驶座	47-车门拉手	48-千斤顶
49-汽车喇叭	50-备用轮	51-头发	52-眼睛
53-耳	54-鼻子	55-口	56-大拇指

57-足	58-颈	59-拳	60-三角尺
61-吸尘器	62-烤鸭炉	63-衣帽架	64-窗钩
65-马蹄形磁铁	66-哨笛	67-直角试管	68-吊环
69-放大镜	70-圆规	71-手电筒	72-衣架
73-草帽	74-菜刀	75-水龙头	76-钢卷尺
77-火钩	78-水表	79-苍蝇拍	80-锅圈
81-火箭筒	82-坦克	83-战斗机	84-匕首
85-军车吊钩	86-手榴弹	87-手枪	88-双管炮
89-军旗	90-靶	91-蚕	92-仙鹤
93-蝙蝠	94-袋鼠	95-象鼻	96-团鱼
97-长颈鹿	98-蚂蚁	99-蝌蚪	100-绵羊角

练习：你可能觉得这1~100的联想太多了。那么你就分几部分来练习记忆，并且每天都可以在生活中实际应用一下。例如下面是1~20的记忆练习：

1~20的数序形象	应用举例 （记长江流域10个地名 和中央10名早期领导人）	自我测验
1-笔	1-青海：我用笔搅起一条青色的海带	1-甲子
2-鸭	2-西藏：我骑着鸭子到处寻求 西游记中的唐玄奘	2-乙丑
3-螃蟹	3-四川：螃蟹用两只大夹试穿衣服结果 试穿了两个洞	3—丙寅
4—钢锯	4-云南：我把钢锯抛向天空， 钢锯却把飞云拦了	4-丁卯
5-弹簧秤钩	5-湖北：我用弹簧秤把湖里的白菜钩起来	5-戊辰
6-水壶	6-湖南：我把水壶里的蓝墨水倒进湖里， 湖水全变蓝了	6-己巳
7-镰刀	7-江西：我站在江边用江水冲洗镰刀	7-庚午

1~20的数序形象	应用举例 （记长江流10个地名和中央10名早期领导人）	自我测验
8-铁链	8-安徽：我把铁链扔进柴灰里， 手被灰里的火烫伤了	8-辛未
9-火钎	9-江苏：我用火钎穿上生姜和酥肉	9-壬申
10-铁环	10-上海：巨大的铁环在海上滚不下沉， 而且越滚越快	10-癸酉
11-筷子	11-王稼祥：遵义会议时， 王家卖的筷子是人们抢购的吉祥物	11-甲戌
12-鸭杆	12-毛泽东：我用鸭杆举着毛泽东巨幅画像 参加国庆大会	12-乙亥
13-骆驼	13-刘少奇：骑着骆驼去参加会议	13-丙子
14-小红旗	14-陈云：小红旗从云层里飘下来	14-丁丑
15-肉钩	15-张闻天：每天用肉钩把蚊帐挂起来	15-戊寅
16-拖把	16-秦邦宪：我把琴弦绑在拖把上	16-己卯
17-锄头	17-周恩来：周恩来拿着锄头在会址前植树	17-庚辰
18-花瓶	18朱德：朱德用花瓶给树浇水	18-辛巳
19-火炬	19-何克全：火炬飞到河里，立刻全灭了	19-壬午
20-鸭蛋	20-邓发：鸭蛋伸出两只脚等待着出发	20-癸未

还有一点必须提醒的是，数序形像挂钩法不只是用来记这些简单的孤立的事物，也可以用来记忆有逻辑联系的事件。只要你掌握了这种方法，你就会发现其实生活中各个地方都可以应用。

最后讲一下联想法。所谓联想法，就是为了达到良好的记忆效果而人为地有意制造识记材料间的联想来进行记忆。一般情况下，记忆鲜明生动、新颖独特、违背逻辑的联想容易给人留下深刻的印象。联想法所应用的规律是：相似律，相似的东西连在一起；对照律，相似关系的反面或相反性质的东西；接近律，指时间–地点及其他某种接近关系。

举例练习：

1.利用联想记忆东亚四国：中国、日本、朝鲜、蒙古

你可以把它们联想为：冻鸭终日吵梦（冻鸭子终日吵嚷，吵得人睡觉不能入梦）。

2.记住下列15个词：

飞机	大树	信封	耳环	水桶	唱歌
篮球	腊肠	星星	鼻子	手榴弹	电视机
鸡蛋	汽车	学校			

可以进行如下联想：（下面的形容词自己填）

(1) 天空中飞着一架＿＿＿色的飞机；　(2) 这架飞机突然撞在前面＿＿＿的大树上；　(3) 这棵大树非常奇特，长着＿＿＿状树叶；　(4) 火树叶上结着一个闪闪发光的＿＿＿；　(5) 耳环上吊着一个巨大的＿＿＿色的水桶；　(6) 水桶里有一戴着帽子的魔术师在＿＿＿；　(7) 唱完歌后，他从口里吐出一个＿＿＿色的＿＿＿；　(8) 他把篮球剖开里面装着一节＿＿＿；　(9) 他把腊肠打开，一道门打开，飞出＿＿＿；　(10) 这颗星星正好打在魔术师的＿＿＿；　(11) 他的鼻子里马上落下＿＿＿；　(12) 手榴弹掉下来打坏了＿＿＿；　(13) 电视机里流出＿＿＿样的＿＿＿；　(14) 鸡蛋碎了，壳里开出＿＿＿；　(15) 汽车载着魔术师去＿＿＿表演。

这样一个有联系的联想会很快帮你记忆的。

3.练习举例

(1) 用联想法记忆中共中央驻地驻过的9处地名

①上海　　②广州　　③武汉

④瑞金　　⑤瓦窑堡　⑥保安

⑦延安　　⑧西柏坡　⑨北京

中共中央驻地红军乘坐的轮船从平静的海上走光（1、2），海水里突跳出一个武功很高的汉子（3），他把碎金倒进瓦窑堡中的保安人员口里（4、5、6）然后他沿岸洗被窝（7、8），在被窝抖出一块白金条（9）

速记的诀窍

提高记忆力的几个要诀是：

1. 决心。

想记住才能记住，记忆时最重要的就是抱着能够记忆的自信与决心，若没有这种自信，脑细胞活动将会受到抑制，记忆便会迟钝。因此第1个步骤就是恢复自信，这是首要条件。

2. 兴趣是记忆的先决条件。我们可能走了十几年的楼梯都不知道它有多少层，而对于一首好听的歌可能一次就能记住它的演唱者，这是兴趣。对于一些事物要感兴趣可能不是一件容易的事，那么，你就如第一条所说，尽量去找它的吸引人之处，在此过程中你或许已记住了许多。

3. 仔细观察事物的特征。没有经过仔细观察的记忆，事后只能想出一个大概而已，至于主要内容就想不出来了。我们自己可以做观察练习。

练习1. 选一个目标，像电话、收音机等简单机械，仔细看几分钟。大约一小时后，不看原物画一张图，把你的图与原物进行比较，注意画错了的地方，再画一张，把错的改过来。

练习2. 如果你新认识一个人，他首次打电话给你时，你可能听不出来，那么注意他特有的音调的高低和变化，说话的模式和速度，下次再听到时，设法把它们辨别出来。

4. 集中注意力。

可以做一个这样的练习：躺在床上，尽量放松，选择你熟悉的一个简单物体（钢笔、铅笔、书等）。选定之后，闭上眼睛，尽量想象出这个东西的样子，如果其他形象溜进你脑子里，说明你的注意力没集中，那么重新开始。

5. 想象。练习：读一本你感兴趣的小说，读过若干节之后，把书放下，自己想一下下面的情节或者复述出来，不仅仅是想出结尾，还要尽量想象一些生动的场面，就如你所见的真实场面一样。以上的几点会在你的日常生活中继续下去，要留意去做，你的各个方面会变得更加理想。

善于记忆也必须善于遗忘

接下来我们将从更宏观的视角来介绍一些有关记忆的原理及提高记忆的方法。这里讲的是遗忘与记忆的关系。

一般而言，遗忘是记忆的对立面，要记得牢应该尽量减少遗忘，但任何事物都不是绝对的，遗忘也是如此。人们要增进自己的记忆力，不仅要善于记忆，还要善于遗忘。看起来这似乎是矛盾的，其实不然。对需要的东西要反复记忆，使它在大脑皮层上建立的反射牢固，使记忆得到巩固。但是，对于那些不需要的东西应随时把它摒弃和遗忘掉。确切些说，就是要从"自觉记忆"中把它们清除，把它们储存到潜记忆里去。否则，大脑皮层被大量无用信息杂乱无章地占领着，有用信息就会受到干扰，其位置就突出不出来，记忆也就变得模糊不清，影响备用性。保持与遗忘有着对立统一，相辅相成的关系，有"保持"就有"遗忘"；有"遗忘"也才有"保持"。人们不可能把识记的全部事物、信息都保持下来，也没有这个必要。总之，人的脑子里如果保持了许多毫无用处的事物，又不能很快忘掉，就会造成严重的干扰，影响对重要事物、信息的记忆，而遗忘却能够扬弃那些不必要的事物、信息，保留那些最基本、最有用的事物、信息，使人们的记忆得到最充分、最合理的利用。所以，我们要想善于记忆，还得善于遗忘，善于把那些不必要的信息忘掉，以免记忆负担过重，影响对必要信息的记忆。

事物的性质决定有意识记的效果

在平常的学习中，我们都有这样的体会：识记零散的、彼此没有多大联系的材料，开始的时候不容易出现错误，效果较好，再往下识记时，出现错误的概率会越来越大。但识记整体的、彼此联系紧密的材料却恰恰相反。开始时容易出现错误，记忆效果差，越往下识记出现错误的概率会越来越小。这就要求我们在识记时具体情况具体对待、量体裁衣，根据具体的识记材料决定分散识记还是集中识记，或者是分散识记与集中识记相结合，以取得最优的识记效果。

回忆线索激发记忆搜索

很明显，在搜索时可能由于你对某些问题的肯定回答，就完全有可能导致你走上另外一条思路，脱离原路径。这些能够左右我们思路的问题，以及那些可以引起我们回忆的信息单元，被称为检索信号或回忆线索。你能否成功地回忆完全取决于它们的优劣。线索的好坏决定回忆的成败。试想一下，如果要求你尽可能多地说出你所知道的国名，你或许会先说自已的国家，再去想邻国。而后，对这问题的思考过程就变得比较复杂了。也许最初，你的思维与地理位置有关，绕着地球简单地想一圈，可各个国家并不是整齐地连在一起，所以在某点上，你可能会改变思考的方向。这时，一般人最有可能想到的方法就是用不同的大洲作为回忆线索。你经历的这个过程会筛选出，对你来说哪种回忆线索——即你最熟悉的是哪个大洲。但是有许多国家它们不属于任何一个大洲。这就需要你根据其他的线索去回忆忆它们。比如"太平洋上的岛屿"。另一种情况时，一些国家确实是某个大大洲的一部分，但是它们与那个大洲的联系是非常微弱的。比如说到伊朗，你想到的或许主要是它的宗教领袖，而不是它是一个亚洲国家。如果有人提起"金字塔"，毫无疑问，埃及会立刻浮现在你的大脑中。不过你最好考虑一下你现在搜索的是否是非洲国家。成功搜索的关键在于能否找到正确的路标。

注意用脑卫生

记忆是脑的功能，读书主要靠脑子，脑力劳动者必须学会科学地用脑。合理用脑使大脑皮层的不同部位轮流兴奋和抑制，有助于增强记忆力，使人保持不疲劳的状态。长时间啃一门课不如不同课程交替学习的效果好。内容相似的课程不要挨着复习。学习时用的是右半脑，听音乐、歌曲是用左半脑。左半脑兴奋几分钟，右脑就可休息一下。用音乐来调节，做到合理用脑，在世界各大学里已被广泛重视。一个人如果会用脑，善于用脑，正确分配学习时间，使学习内容多样化，就可以在学习中取得较好的成绩。学习主要依靠脑子的积极活动，但是脑子也不能无休止地长时间地工作，否则脑细胞会产生疲劳。要发挥脑子的积极作用，必须做到有劳有逸、劳逸结合。睡足八小时对学习和工作都有重大影响，睡眠时间充足有助于学习记忆的保持，至少可提供长时记忆的条件。通过睡眠使脑细胞消除疲劳，使脑的功能得到恢复，可以增强学习能力。脑子的机能状态和整个机体的健康息息相关，因此，要提高记忆力还必须注意身体健康，注意经常体育锻炼以及加强营养。胆碱是记忆激素之一，它在鸡、鱼、肉、蛋中含量较多。知识的增长是循序渐进的，由少到多，由浅入深，由简单到复杂。要充分发挥大脑的功能潜力，就要合理安排学习、娱乐、文体活动和休息。有的人在已经十分疲劳的情况下还要开夜车，这样的学习效果只能是事倍功半，还影响了第二天精力的恢复，长期下去，可能使神经功能失调，甚至会引起神经衰弱，经常头痛、头晕，记忆力就会下降。所以读书莫畏难，只要科学地安排时间，合理地用脑，就能掌握更多的科学文化知识。

重要的事应在最初或最后时记忆

演讲时最令人头痛的事，就是该用什么开场白。其实，演讲时最好能把自己最想说的内容放在开头和结尾的时候来说。中间就说些幽默话。通常听众对演讲内容最容易记住的部分，就是开头和结尾的两个部分，因为开头和结尾是演讲中最重要的部分。记忆的情形也跟演讲相似，只有在开头和结尾的两个部分记得最牢，而中间的部分却很容易忘掉。就拿英文的26个字母来说，一般人对开头ABC都记得非常清楚，但是到了中间的MN以后，记忆就开始模糊了，但到了W之后，记忆又再度恢复，到了XYZ的记忆就更清楚了。相信大家在初背英文字母时，都曾有过类似的经验吧。美国心理学家霍布兰德博士，曾做过一个实验，他把12个单词排一行，让别人来记，看哪个单词最容易记错。实验结果显示，没有一个人会记错第一个单词。到第2个以后，错误渐多。到第7、第8个单词的时候，错误率最高。然后，错误的情形又逐渐减少，到第12个单词时，错误的情形就更少了。这种错误起伏的情形，称之为记忆的排列位置效果。为什么会有这种现象发生呢？根据心理学家的解释，这是因为记忆痕迹会互相抑制的缘故。原有的记忆痕迹会抑制后来的记忆，这叫作顺向抑制。如果连续记忆相似的东西时，就会发生后来的记忆抑制原有记忆的现象，这种情形就称为逆向抑制。而顺向逆向交互作用的结果，就会使记忆消除。但是，最先进去的记忆虽然也受了逆向抑制的影响，可是因为在它之前没有更先的记忆，所以它不受顺向抑制的作用。同样的，最后记忆的东西虽然也受顺向抑制的作用，但是因为它是最后一个，所以不受逆向抑制的影响。因此，最初和最后的记忆，才会比中间的记忆更鲜明，更持久。由于记忆有这两种作用，所以才会产生上述的情形。了解记忆的这种作用之后，我们可以依自己的需要，采用从头记忆法、从中记忆法，或从尾记忆法，交互运用。最能减少这种抑制作用的记忆法，就是最有效的方法。

打哈欠、伸懒腰也能帮助记忆

公然在别人面前打呵欠，不但会被认为没有礼貌，有时还会遭到别人的白眼。这是因为打呵欠就是不耐烦听对方谈话的表示。但是我们常可在电视节目中看到在许多会议中，却有人当场连连打呵欠的镜头。也许，这是因为民族文化背景的不同吧！但事实上，打呵欠或伸懒腰确实有使脑筋清醒的功效。脑部的网状体组织，具有负责管理使脑清醒或混沌的控制机能。当打呵欠或伸懒腰时，就会造成筋肉暂时的紧张状态，而这种紧张就能给予网状体适当的刺激，使脑部的活动变得活泼起来。因此，开会时打呵欠非但不是不礼貌，反而是一种为了使脑部清醒而努力的信号。同样地，伸懒腰也是如此。动物睡醒时，总爱打个大呵欠，其道理也就在此。所以当您读书时，若发现记忆迟钝，就赶紧痛痛快快地打个大呵欠，伸个大懒腰吧！在书房里是用不着客气的。

用手书写可以帮助记忆

我们在记忆一件事物时，不光是视觉与听觉，就连触觉、味觉、嗅觉，甚至运动感觉、压迫感觉、痛觉等，也都可以被充分地利用。其中以手最为有用。手的感觉包括了指尖的压迫感觉、运动感觉，以及手指与手指之间的运动感受。当我们读书或工作时，总是借助于手来帮助我们思考与记忆，因此，手在记忆上成为一个重要的感觉装置。有人在记英文单词的时候，往往用笔把原文写在纸上，或是用手指在空中画写数次来帮助记忆。这种以书写帮助记忆的方法，除了可以用来记英文单词外，也可以用来记笔画繁复易误的文字。这种记忆术看起来还挺费一番功夫的，可是为了能记住某些东西，多下点功夫也是值得的。

顺着思路找记忆码

记忆是一些记忆码，当有新信息进去时，当我们的规划和观念改变时，它们会跟着转换或彻底改变。所以说，记忆不像是刻在石头上的东西，而像是画在沙地上的图案能够随时改变。我们可以顺着这些痕迹去寻找我们所需要的。回忆其实就是一个在复杂的记忆网里寻找某个记忆码的过程。为了说明这个过程，我们现在来做一个小实验。例如，想想你在度假时看到的那位维修站职员。如果你一时想不起这张搅得你心神不宁的熟悉的面孔是谁，你会通过向自己提问题的方式来试着查找他：我最近有没有见过这个人？——有。我经常会看到他吗？——是的。与工作有关？——不是。与孩子有关？——不是。住在附近？——不是。服务人员？——是的。图书馆管理员？——不是。在超市收银台？——不是。在维修站？——是的！这就是沿着正确思路进行的一次有效搜索。

利用身体运动的节奏

心理学的一代宗师弗洛伊德，在小的时候，每次为了记忆拉丁语的语尾变化和希腊语的文法时，就在桌子和墙壁间来回踱步，并且不断地敲打有节奏的声音来帮助记忆。有些人在想事情时，常会有意无意地敲打桌面或椅子，还真想出事情来了。类似这种有节奏感的声音，可以帮助我们集中精神。弗洛伊德就是个很好的例子。当今是个视听的时代。由于听觉的不断发展，已经到了和视觉同等重要的地步。视觉与听觉结合的结果，使得节奏感成为感觉的重要部分。在深夜里一边听收音机一边阅读的现象，是视听时代的一大特色。轻快的节奏，使人们沉浸于快感中，因而可以增进记忆力。这种以身体运动的节奏来帮助记忆的方法，也是一种绝佳的记忆术。

念出声音来帮助记忆

我们常说"眼睛比嘴更会说话"，而在记忆术里，则应该说成："嘴比眼睛更会记忆。"当我们记忆事物时，不妨把它念出声来。这样不但增加了舌头与喉咙的感觉，连耳朵也能听到自己念出的声音。声音的高低、大小，已成为使记忆持久的必备条件之一。有一个中学生，每当遇到需要背书的时候，就拿着课本跑到郊区的山上，独自大声地朗读。这时，念书的声音与山里的回音产生共鸣，也因此使他提高了记忆的效率。虽长年生长在都市里的人，要寻找一个能大声朗读的环境很不容易，然而只要自己稍微留意，还是有些地方可以让自己高声朗诵的。考试前不妨试试看这个方法，念出声音确实可以帮助您记忆的。

具备分析文章枝干的能力

很多人一看到文章就想把它逐字背下来。其实在还没有背它之前，最好先思考一下。碰到好的文章固然要逐字背下，可是如果所碰到的是一篇有关历史的文章，逐字背下来头脑必然会吃不消。所以，学历史的时候，可以换一种记忆的方式。首先，把重要的历史事件挑出，跳跃式地记入脑中，使它们成为记忆的主干。然后再在这些主干上，添满枝叶等次要的事件。我们以下面这篇文章为例：

元朝的社会与制度

种族的歧视

元朝把人民分为4等：蒙古人、色目人（主要是西域人）、汉人（包括契丹人、女真人、高丽人和曾受金朝统治的汉人)、南人（曾受南宋统治的汉人和西南各民族人民)。蒙古人地位最高，其次是色目人，汉人和南人都受到歧视。例如在政治上，无论中央或地方政府的首长都由蒙古人担任，汉人和南人只能做到副首长。在刑罚方面，对蒙古人和汉人采用不同的法律，蒙古人因争斗或酒醉杀死汉人，除赔偿埋葬费外，只处罚他出征；但是汉人如果打伤蒙古人，就会被判死刑。元朝为了防止汉人的反抗，对汉人设立了保甲制。例如以20家为一甲，由蒙古人担任甲主，管理这一甲的汉人，并且禁止汉人打猎、学习武艺、持有兵器、集会祈祷等。不过，在元朝的虐政下，这些限制仍旧无法防止汉人的反抗，元朝最后还是被汉人推翻了。

宗教的信仰

大元帝国的疆域广大，境内的种族复杂，各有各的宗教信仰，四大汗国大多信奉伊斯兰教和基督教，元帝国的本部则以喇嘛教为国教。喇嘛教是佛教一个支派，元世祖时由吐蕃传入中国，元朝皇帝都信奉喇嘛教。不过，元朝对宗教采取宽容的态度，给予人民信仰宗教的自由，因此元朝时，道教、基督教、伊斯兰教等宗教，都可以各自发展。

中西的交通

蒙古族建立了地跨亚欧的大帝国，使中国和西方的海陆交通畅行无阻。元世祖时，广州、泉州、杭州、温州、庆元（今宁波）都是著名的商港，其中以泉州最为繁荣，是当时世界上最大的贸易港。当时中国的造船工业极为发达，海上船只多半是中国船，南海和印度洋的海权，完全操在中国人的手里。由于中国和西方交通的畅达，使得中国的文物西传。当时传到欧洲的中国文物，主要为火药、印刷术、罗盘针、纸币、算盘，对欧洲文明的进展有极大的贡献。由于大元帝国的声威远播，很多欧洲人来到中国，其中最著名的便是马可·波罗。马可·波罗是意大利威尼斯人，幼年随他的父亲由陆路到中国来。元世祖很喜欢他，使他有机会游历了中国的南北各地，在中国住了18年，后来由泉州从海路回到了威尼斯。马可·波罗还乡后，因事入狱，在狱中口述在东方的见闻，由别人笔录著成《马可·波罗游记》，书中极力描绘和夸张东方的富庶。这部书不久便轰动欧洲，挑起了欧洲人对东方的美慕，纷纷梦想东来。哥伦布受了这本游记的影响，为寻求去印度的航路，才于公元1492年（明孝宗弘治五年）偶然地发现了新大陆。马可·波罗对中西文化的交流当然有很大的贡献，但是由于他对东方富庶的渲染，也炽热了西方侵略者向东方发展的野心。

官制与驿站制度

元朝中央政府的最高行政机关为中书省，最高军事机关为枢密院，最高监察机关为御史台。地方行政区的最高单位是行中书省，简称行省，我国日后的行省制度即由此。元朝的疆域广阔，为了维持各地之间的交通联系，便不能不建立完整的驿站制度（蒙古语称驿站为站赤）。驿站的功用在迅速传达政令、消息和招待过往官员，每个驿站均有住宿的房屋、餐厅、马匹或其他运输工具，驿站遍设于全国各州县。

这篇文章的名称就好比树木的名称一样。当我们看到树的时候，就应当先知道这是什么树。"种族的歧视"、"宗教的信仰"、"中西的交通"、"官制和驿站制度"就是这棵树的4大主干。然后，我们再分别从主干中找出它的主枝来。例如，"种族的歧视"里的主枝是元朝把人民分为4等：蒙古人、色目人（主要是西域人）、汉人（包括契丹人、女真人、高丽人和曾受金朝统治的汉人）、南人（曾受南宋统治的汉人和西南各民族人民）。至于"宗教的信仰"里的主枝则是喇嘛教是佛教的一个支派，元世祖时由吐蕃传入中国，而"中西的交通"里的主枝则是元世祖时，泉州最为繁荣，是当时世界上最大的贸易港"、"中国的文物西传主要为火药、印刷术、罗盘针、纸币、算盘等"、"元代来中国最著名的欧洲人是马可·波罗"、"哥伦布受《马克·波罗游记》一书的影响，于公元1492年（明孝宗弘治五年）偶然地发现了新大陆"，而"官制与驿站制度"里的主枝是"元朝中央政府的最高行政机关为中书省，最高军事机关为枢密院，最高监察机关则为御史台"、"行中书省简称行省，形成我国日后的行省制度"、"元朝建立了完整的驿站制度"。至于其他的说明文字，则是不太重要的叶子。我们读书时，最重要的就是先要培养这种分析文章枝叶的能力。这种能力不但有助于您的思考，同时文章的枝干也是命题的焦点所在。

作眉批能使记忆更深刻

许多学生在读书的时候，常会在重要的地方画上红线，至于上下空白的地方，往往不作任何其他的记号或文字。其实，如果遇到非常重要而必须记忆的地方时，除了画上红线外，最好能把它的重点写在空白的地方；因为前面也曾提到过：书写可以帮助记忆，在书写的过程中，不但重新又思考一次，而且写出来的重点也能在视觉上引起您的注意。因此，作眉批也不失为良好的记忆术。

利用谐音

　　所谓谐音就是当我们要记忆某段句子或某个字时，设法找出与它发音相同的字，再联想相关的意义来帮助记忆。比如我们看到一个题目："拉丁美洲的国家有：洪都拉斯、巴拿马、哥斯达黎加、尼加拉瓜、萨尔瓦多、危地马拉。"从这个题目中，我们试图找出这些国名的关键字，并用红笔或萤光笔把它圈出，如洪都拉斯的洪、巴拿巴的巴、哥斯达黎加的哥、尼加拉瓜的尼、萨尔瓦多的萨、危地马拉的危，把它们连在一起读，就成了"洪巴哥尼萨危"，如果使用谐音联想法来辅助记忆，便成为"红八哥（鸟名）你傻喂"。可是您必须知道红就是洪都拉斯，八就是巴拿马，哥就是哥斯达黎加，你就是尼加拉瓜，傻就是萨尔瓦多，喂就是危地马拉。如果考试时考的是填充题或回答题，你就必须用笔正确写出它们的名字，如果把洪都拉斯写成红都拉斯的话，就可能会被扣分。如果考的是选择题就没有这个顾虑了。又如记忆"古希腊的3大哲学家——苏格拉底、柏拉图、亚里士多德"时，我们可以想到苏格拉底这位被称为西方的孔子的老伯是喝了毒药而死的，死前像哑巴一样，不再向迫害他的人说些什么。因此，从"苏伯哑"的谐音中，你就该知道苏是指苏格拉底，伯是指柏拉图、哑是指亚里士多德。运用谐音法来帮助我们记忆，除了能在考场上无往不利外，在日常生活中也是最佳的记忆术之一。

善于利用等车坐车的时间

　　每日坐公共汽车的学生和职员们是很辛苦的，他们每天在拥挤的车厢里少则耗费半个小时，多则需要两三个小时。其实这正是增强记忆的最佳时机，也许有人会问："在那么狭窄而且噪杂的环境，怎么能记得住呢？"然而，事实上的确可以记得牢。俗话说动中有静，正是这种情形的最佳写照。当一个人处在许多陌生人中，所感受到的孤寂感比独处时更为强烈。从心理学的观点来说，在一个和自己无关的场所里，周围的喧嚣会形成一种压迫感，导致一个人的注意力倾向于自己的内心。总之，人在等车或坐车时的孤寂感，正是记忆事物的最佳时机。比如记英文单词或历史年代时，特别需要集中注意力。所以凡是不曾被外界打扰而分散注意力的任何场所都可以充分地利用。背书和看小说不同，背书时不需要频繁地翻书。所以在拥挤的车厢中背书是最适合的了。另外如果以各站为阶段，要求自己划分背书范围的话，则效果更佳。这样一来，越近终点站，注意力就越集中。以"还有两站"、"还有一站"这种意识来刺激自己，则记忆的效率会更为提高。

运用图表

在人的各种感觉中，随着年龄的增长，发育最快的就是视觉。这一点，我们在前面已经提到过了。视觉不好的人，很可能是感觉器官发育得不好。通常，将眼睛所获得的情报，加以整理，可以促进理解并增强记忆。所以，如果能够训练自己，整理出一目了然的图表，必定能够强化您的记忆力。例如，我们在记忆一个相关的公式，如：距离=速度×时间、速度=距离÷时间、时间=距离÷速度时，如果能把这些关系整理成如图（5-1）的话，就很容易记了。在图（5-1）里，如果用手指把距离遮住，则速度与时间并在一起，因此可知，距离=速度×时间。如果用手指把速度遮住时，则上面是距离，下面是时间，由此可知速度=距离÷时间。如果用手指把时间遮住时，则上面是距离，下面是速度，由此可知时间=距离÷速度。

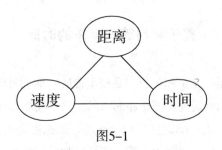

图5-1

找出头脑最清醒的时间

美国有位著名的记忆研究家赫伯特·博兰（Herbert Bolland），在训练他女儿的记忆力时，发现自己女儿头脑最清醒的时间，是每天清晨4点以后的数小时。因此，每天到了那个时候他就唤醒女儿念书。他在介绍这件事情的一篇研究报告里说到："训练记忆的第一件要事，就是决定每天该在什么时间来记忆。"一般人都是白天工作，晚上睡觉。但是每个人的头脑，都有它不同的工作韵律。因此，想要使自己的记忆力发挥更大的功能，则了解头脑的工作韵律是非常重要的。一般人的头脑韵律大致上可以分为两大类型，就是夜晚型和清晨型。如果你是属于夜晚型的人，你就可以利用深夜来记忆，到早晨时再睡觉。反之，如果是属于清晨型的人，晚上就应该提前上床，先获得充分的睡眠，第二天一大早起来就可以集中精神来记忆了。这是一种相当明智的做法。

空腹时或吃饱后的记忆力最迟钝

从心理学的观点来说，吃饱饭之后，胃部的活动旺盛，脑部与全身的活动反而会迟缓，当脑细胞的活动迟缓时，记忆力就会降低。但是等到胃部的活动减缓，血液重新由胃部向脑部回流时，便是记忆的最佳时机了。所以我们在饭后最好能稍微休息一下，如此不但有助于精力的贮存，对增强记忆也大有帮助。空腹时的情形也是一样的。动物在肚子饿的时候，会失去平衡，注意力也会降低。人类也是一样，肚子饿的时候，也是记忆力最糟的时候。有些人认为，为了记忆而特别去填饱肚子，实在太浪费时间了。但是空腹对你的记忆也没有什么好处。总之，不论空腹或满腹，都同样会妨碍记忆的。所以常开夜车的人，如果能拨出一点吃宵夜和休息的时间，其他的时候就集中于书本里，相信必定能提高记忆的效率。

分段记忆效果更佳

不管是中文或英文，凡是阅读太长的文章最好先把它分为数段，然后再分别记忆。因为分段之后，各段的内容比全文的内容更容易把握。把握住各段的主旨之后，全文的主旨就很容易了解了。而且，人的记忆量也很有限，到一定限度之后就很难再记了。如果能分段来记，就不会让头脑的负担过重，要记的东西也能很顺畅地进入脑中，记起来就轻松多了。心理学家米勒曾经根据实验证明：每个人一次的平均记忆量约是7个数字或单词。因此他把这个数字称为"不可思议的数字"。按米勒的说法：在数字上，3、9、2、5、4、3、1等7个一位数，和25、15、11、19、43、25、30等7个二位数，记忆上都是相同的。当然，一位数要比二位数容易记，但是一次的记忆量却都是相同的。听课时如果要做笔记，与其逐字地记录下来，不如分为大纲来记。大纲式的记法不但好记也较容易记忆。美国海军人事管理研究所，就曾对180个学生做过实验，调查学生记笔记的方式和记忆之间的关系。他们先把学生分为3组，每一组都是由录音带中收听同样内容的讲课。并规定，A组的学生必须按照他们所听的逐字记录成笔记；B组的学生则须把内容分为大纲，再依大纲来做笔记；而C组的学生则只准听，不许做笔记。听完之后，再对这3组的学生做讲课内容的记忆测验，结果A组和C组的学生，只记住全部内容的37%，而B组的学生却能记住58%。从上面这个实验中，我们得到一个证明，就是，分段记忆确实要比整体记忆更容易把握整体的内容及结构。

重视效率

我们有时往往不知不觉地陷入情绪低潮的状态，脑子里再也记不了任何事物。遇到这种情形时，应该立刻放下所要记忆的东西，离开书桌。但是，这并不表示放弃记忆，而是暂时改变记忆的环境。你可以到客厅看看电视或是听听音乐,再不然就到庭院走走,或是出去逛逛,等回来以后再重新坐在桌前开始记忆。

由于环境的改变，心里的烦躁已经消除，又可以顺利地进行记忆了。另外还有一种处理的方式，就是在不同的环境里记下不同的东西，遇到考试时，若一时想不起记忆的内容，可以先想想是在什么地方记过的，这样就能凭借这条线索，引导您回忆起正确的内容来。总之，追求最高的效率是记忆术的重点之一。

先从容易的地方开始记

我们中国人在过年的时候，全家人团聚在一起，桌子摆满了大鱼大肉，因为菜太多了，反而觉得胃口不佳。可是我们在吃喜酒的时候，情形又不同了，由于菜是一道一道地端上来的，所以内心里不时地期盼下一道菜的出现，这时我们的胃口奇佳，而且也会觉得菜特别好吃。记忆的情形也是相同的，如果有一大堆资料摆在您的眼前，相信您看了心里就烦，更何况把它记下来呢？记忆某些事物毕竟不同于吃大鱼大肉，尤其遇到考试或交报告等非记忆不可的情况时，一定要设法排除这种厌恶感。遇到上述的情形时，您可以先把资料加以整理，最好先从容易记的部分入手，当您把容易记的资料记完之后，记忆力会逐渐提高，记忆的信心也不断增加，这时对于较难记忆的资料便能得心应手了。无论资料有多少，若能先找出容易记的来记，在不知不觉中，您就已记下很多了，等到自己发现原来已经记了那么多时，心里的负担将会减轻许多，而且也有助于消除因资料太多所产生的厌恶感。同样地，当我们有很多事情必须处理时，可以先从较容易的开始做，或是自己喜欢做的入手，等到工作的情绪进入状态后再做其他的事情。如此一来，就能顺利地把事情处理完毕。总而言之，要消除量或质所带来的厌恶感时，应该设法减少量，或改变质。这点看起来似乎很麻烦，事实上它却是一条捷径。

连续不断的识记活动影响识记效果

我们知道：不停地读书学习，大脑长时间处于紧张状态会感到头昏脑胀，识记效果也不理想。单调的识记材料也会使大脑皮层的神经元处于抑制状态，失去学习兴趣，降低识记效果。这主要是"前摄抑制"或"后摄抑制"的影响。所谓"前摄抑制"是指前面的识记活动对后面的识记活动产生的消极的不利的影响。所谓"后摄抑制"是指后面的识记活动对前面的识记活动产生的消极的不利的影响。心理学研究证明在有意识记活动之前或之后的紧张智力活动都不利于识记。而且识记相同或相似事物也会影响识记的效果。所以我们在进行一段时间有意识记活动后，要休息一会儿，不要"连续作战"更不要"开夜车"。也就是说，在紧张的脑力劳动之后，要做些轻松的体育活动或轻松的体力劳动，休息一下脑子，否则会对前面的识记发生后摄抑制，对以后的识记发生前摄抑制，得不偿失。譬如：背诵一段课文后，到外面呼吸几口新鲜空气，眺望一下远处的美丽景致，顿觉心旷神怡，记忆力也会在无意中加强。即使不休息，变换一下方式，做几道数学或物理习题，大脑也会变得相对轻松。再者，就是不能把相似的东西放在一起识记，这样信息容易混淆纠缠在一起，建立的条件反射不准确而容易发生错误。另外，一些学生认为费工夫背诵下来的东西，一睡觉就会忘记，于是在考试之前加班加点"开夜车"，每天的睡眠时间压缩到最低限度，其目的就是能考出优异的成绩。好像是因为睡眠时人体的各种机能降低，又不能思考，记住的东西也会因睡眠而忘掉，其实并非如此。美国心理学家詹金斯和达巴科曾经做过这方面的实验：让两位受试者各记住十个无意义的音节之后，一个人睡，一个仍然保持醒觉。然后测定他们各自保持记忆的情况。结果发现睡眠的受试者对音节的记忆明显地保持得比不睡眠的好些。也就是说，在睡眠中，记忆很少下降。

利用妨碍记忆的因素

记忆本身并不是一件令人感到快乐的工作。因为记忆会使脑部增加负担。所以每当我们要记忆时，脑中就会浮现出自己更喜欢做的事，而使精神分散，妨碍正常的记忆功能。这时如果再想记忆，妨碍就会更多一层，因此必须先排除杂念，再集中注意力，然后再来记忆。在这种情形下，如果我们能够找出这些足以分散你注意力的杂念，并利用它来当作刺激你记忆的诱饵，那么，你必定更容易突破这种记忆的障碍。举个例子来说，当你需要记忆，而心里却浮现看电视、洗澡、喝咖啡等杂念，你就可以把这些杂念作为达到某一记忆目标后的奖品。当你记到某种程度时，就去享受一下心中所想到的某个杂念。这么一来，原本是记忆的杂念反而成为不记就得不到的奖品，因而成了刺激记忆的最佳诱导剂。如果能把这些杂念区分等级，其刺激记忆的效果就更显著。比如，记了10篇文章，要喝杯热咖啡并休息15分钟；记20篇，可以淋浴、喝清凉饮料，并休息30分钟；要是记了30篇，就可以到外面玩一个钟头等等。像这样，把自己的杂念由小到大，逐次排列，并把最大的杂念摆在最后，作为记忆的终极目标。表面上看来，这好像是一种哄骗小孩的把戏，实际上却有惊人的效果。

小睡片刻比彻夜不眠地用功更保持记忆

有许多学生每逢考试前，由于事前没有充分准备，内心很急躁，又觉得时间宝贵，即使一点点时间都不肯浪费，甚至连觉也不敢睡，整夜面对着书本苦读，熬到天亮，连早饭都没吃，就赶到学校参加考试了。可是，熬夜的结果并不如预期的理想，本以为由于争取了时间，可以记得更多的东西，没想到试卷一发下来，脑中却是一片空白。这就是因为熬夜的结果，使得原来记在脑中的东西逐渐遗忘了。这种现象已在心理学的实验中得到证明。根据美国的心理学家金肯斯与达登堡的实验发现记忆事物后立即睡觉的两个小时内，所记忆的事物会逐渐被遗忘（减少），可是，两个小时之后，便不会再减少。如果记忆事物后一直不睡，则所记忆的事物将会不断遗忘，即使过了8个小时，遗忘的速度仍会继续进行。根据上述的实验结果，我们应该知道：读完书之后，最好什么都不要去想，立刻上床睡觉。在最初的两个小时里所记的东西虽然会逐渐遗忘，可是两个小时之后，由于受到睡眠的保护作用，所记的东西就不会再遗忘，等到第二天早晨醒来，前晚所记过的东西依然很清晰地保存在脑中。相反地，如果熬了一整夜，不但精神不振，而且脑袋空空。即使处于安静的环境里，各方面的干扰也会通过五官传达于大脑。比如一边看书一边听收音机，这种干扰给予大脑的刺激，足以抑制脑中原有的记忆。在心理学上称为抑制作用。如果一味不眠不休地拼命读书，到第二天所得的读书效果，可能跟一点都没读的效果一样。举个例子来说，如果不熬夜记下了5件事情，然后就去睡觉，睡眠中可能忘了一件，可是到第二天早晨却还记得4件。它的效果要比熬了整夜记下10件，但因没有睡觉而忘了8件的情形好得多。考试前的紧张不安是各人都曾有过的经验。如果紧张的情绪足以妨碍睡眠，您就可以对自己说睡眠能帮助记忆，睡一觉后成绩会比别人更好。以类似的话来暗示自己，将会使自己安心入睡。

与现实生活结合

一般来说，与现实生活越接近的事物，越容易记忆。例如，在物理方面，有一个法则是"热能够在真空中传导，而声音则不行"。光是这样记忆的话，就显得太呆板。如果能够把它改成具体一点的叙述，如："真实中接吻，虽然无法听到声音，但是，却可以感受嘴唇磨擦所产生的热。"像这样，一面想象接吻，一面记忆难记的法则，就能够很轻易地将记忆的内容刻于脑海里。尤其是对于物理、化学、数学等抽象度比较高的知识，更能发挥极大的功效。这种方法可以说是情报工学模拟实验的记忆版。在训练太空人时，当然必须教导他们有关宇宙太空的知识。然而，有一点更重要的是，必须制造出和宇宙相同的无重力状态，使太空人接受实际状况的训练。从这个无重力空间之中，太空人可以将原有的知识具体化，而保留在脑海的深处。否则，仅仅用耳朵接收知识，而没有实际应用的机会，在未知的宇宙中需要立刻控制意外情况的时候，就会有措手不及的感觉。所以，依据模拟现实情况的实验所训练出来的知识，可以使记忆立即浮现在脑海里，而且能安心地使用。将全体的形状一起记忆不易记忆，要记忆哥伦布发现新大陆的1492年时，通常都是将这个数字与对于哥伦布和新大陆的印象相联系而记忆的。这种利用该文字所显示的意义和内容与理解的事物相联系的记忆方法，被认为是最有效的。但是，假使一次记很多东西，等到要用的时候，记忆就会模糊不清，这时候最有效的，就是记住人名或年号的形，从形的方法去追忆才是最佳的。例如：我们记忆历史人物的名字，在意识上将这个人名化成一个形，好象呈现在眼睛上似的记下来。虽然，这是下策，但却很有效。数目或文字，在没有意思以前只是一个记号，如同几何图形的符号。我们从幼儿开始对文字有兴趣的情况来看，就可以知道，幼儿是记文字或数目的形状；1岁以后，才开始记三角形或四角形的形状，其次，则是将数字1、2、3看成每一个字形记忆下来，再用指头算1、2、3……对幼儿来说，1、2、3……的意思是很难了解的，他们对123的认识，来自1、2、3的形状。从人的感觉发展过程来看，形状的记忆，属于初期的方法，但却能在头脑深部扎根，很难忘记。此外，我们也可以充分利用手指的形状来帮助我们记忆。比如我们常常提到的1月大、2月小、3月大……我们可以把左手握拳置于眼前，这时拳头上会突出4个小丘，小丘与小丘之间形成峡谷，我们可以从小指头节上的小丘开始算起，大月相当于突起的小丘，小月相当于凹下的峡谷。由此可发现，借助于手指的形状来帮助记忆，确实是一种方便的记忆术。

耗费心血解出的问题较能记牢

有些人对数量方面的问题感到棘手，一碰到难题，就懒得思考，而急于看参考书的解答。看了解法后就说："喔！原来如此，很简单嘛!"这种自以为了解的求学态度，是最危险的。因为轻易获得的知识，很快就会忘得一干二净。相反，在碰到难题时不断地靠自己去思考去摸索，经过多次的错误后，终于辛苦地解开了难题，这种辛苦解出的问题，深深地烙在脑海里，历久不忘。对于这件事，德国有名的心理学家卡斯特，就曾以实验来证明过。卡氏先在黑猩猩的笼子里放进一个箱子，再从笼顶上吊下一根香蕉。黑猩猩只要站在这个箱子上，就可以够到这根香蕉。起初黑猩猩以为这个箱子只是座椅，就坐在箱子上做出各种企图抓取香蕉的动作。经过多次失败以后，黑猩猩突然体会出，箱子就是要用来接近香蕉的工具。于是原来只会在笼子里急得团团转，坐在箱子上着急的猩猩，这时就突然踏上箱顶，伸手取下香蕉来吃了。心理学家把这种变化称为认知构造的突变。读书和黑猩猩的学习，在道理上都是一样的。如果我们能完全凭自己的脑力解决难题，那么，我们就可以从每一次的失败中学得许多窍门。到最后，我们不但理解了这个问题的结构，同时也找到解这个问题的诀窍。我们所得到的，是本质的了解，是抓到问题重点的了解，而不是一时碰巧而解开的意外收获。即使只有一次这种经验，也会在你的脑海里留下深刻的印象。尤其是属于基础的公式，最好不要死记。即使是辛苦一点，也宁可自己去证明去解决，这样记忆才能持久。换句话说，我们不该单纯地拘泥于公式而死记，应该确实掌握整个结构来记忆。

利用好早晨

考试时，常会发生这种事，明明昨天晚上已经充分准备好了，早晨胸有成竹地去考试，万万没想到考卷发下来时，自己却什么也想不起来。关于遗忘率，在19世纪就有一位德国心理学家艾宾赫斯做过这种实验。根据他实验的结果，完全记住的东西在20分钟之后，有42%已经忘掉；1小时之后遗忘率达56%；9小时后则达64%。也就是说，你要是把已记住的抛下不管，不消一晚，只要半个晚上你就会忘得差不多了。艾氏这个实验，是用一些无意义的文字排在一起来记忆的。虽然说，如果用有意义的文字来实验，遗忘率也许会改变，但在基本原则上，人的记忆有遗忘的倾向是绝对不会错的。因此，为了保持记忆，就非得在遗忘率尚未达到很高时再给予新的刺激不可。因此，醒来之后，就必须再复习一下昨夜所记的东西。睡眠中虽然记忆痕迹也会逐渐消失，但是只要你能在第二天考试之前，再稍微复习一下昨夜所读的重点，就能立刻唤醒你昨夜的记忆，使你能从容应付考试。

以阅读的4倍时间来记忆最为有效

记忆的能力随着年龄的不同会有很大的差异，年龄越高的人，记忆的能力就越低，年龄大的人在学习外语时进步迟缓，这就是记忆能力较低的缘故。我们在年轻时候所背过的东西，到了成年之后仍然能应用自如，因此，我们必须趁着年轻的时候，学会记忆最多事物的方法。至于要用什么方法呢？以研究记忆和心理学而著名的杰兹博士曾做过下面的试验：将所有被试验的人分成4组，给每一组9分钟的时间，记忆16个毫无意义的拼字。A组以全部的时间花在阅读上；B组以3/5的时间阅读，2/5的时间记忆；C组以2/5的时间阅读，3/5的时间记忆；D组则以1/5的时间阅读，4/5的时间记忆。然后，再调查看看每一组所能够记忆的程度。一般说来，记忆的时间分配得越长，记忆量就越增加。比如，将全部时间花在阅读上的A组，读完以后，能够记忆35%的内容。而最后4/5时间记忆的D组，能够记忆74%，也就是比第一组多了1倍。不仅如此，在4小时后，再调查的结果显示：以全部时间阅读的A组，能够记忆的只剩15%。而花4/5时间记忆的D组，剩下38%的内容，等于是还有一半保留在记忆里。而且，时间越久，其间的差别也越大。由此可知，在记忆上多用一些时间，不但能够增加记忆量，而且，还可以使记忆保持长久。根据杰兹实验的结果，以1/5的时间阅读，4/5的时间记忆，效果最好。常常有人说记忆中文很简单，可是，要记忆英语就没那么容易了。这是不正确的说法。我们往往会有一种错觉，总以为看起来很难的东西，就一定很难学会。事实上，英语也有一定的条理和法则可寻。所以，只要反复地记忆，必定能够学得很好。

对答错的问题记得最清楚

考完试后不想再看书，是很多学生的通病。但是，考试才是使人记忆正确的最好机会，因为考试所考的都是重要的地方，若是答错，那就是由于理解不够或记忆错误的关系。然而，每个人都会有厌恶或喜爱某些事物的情形。例如，足球迷们当自己喜欢的足球队输了之后，根本就不想看第二天报纸所刊登的消息。相反地，若是赢球时，就会想方设法找报纸来看。中国国家足球队荣获亚运会足球冠军时，第二天报纸的销路特别好，就是这个原因。在美国，也曾经对观赏汽车和音乐广告的观众做过调查。这些人大部分都已经拥有汽车和音响设备了。他们之所以来参观，并不是有购置的打算，而是想确认一下，自己的判断是否正确。也就是说，利用广告，来肯定自己。社会心理学家费斯丁吉称这种现象为调和与不调和的理论。当接触到不愉快的消息时，自然会造成不调和而无法轻易地接受。但是，如果能够超越自我的不调和，而去接受那些令人不愉快的错误，则记忆的痕迹反而会变得鲜明而确定。经过一番努力之后，比较容易记忆，而且，再生的效果也较大。考试以后，若不好好地检查看看，随手就把考得不好的考卷扔到字纸篓去，这样是永远不会有好成绩的。一般人答题时，答错的总是比答对的来得少。答错的部分，经过检查以后，可以感觉到它和其他的部分不同，因而明确地记忆在脑海里。

综合提高篇

在进行了大量的基础性训练后，你应该具备了真正实现快速阅读的基础。在本篇，你将正式进入快速阅读的训练阶段。在介绍了基本的快速阅读的技巧后，本篇将主要阐述线式阅读法、直读法和面式阅读法。最后，我们准备了几篇长短不一的文章用作综合测试。相信在做了训练后，你的阅读速度将会有很大的提高。

第一章　快速阅读的基本技巧

国外有关专家通过对上千人的调查，发现人们长期采用的传统阅读有不少弊病。传统阅读的方法，即读出声音的阅读方法。这种读法不仅速度慢，而且效果差。由于发音而会大大影响阅读速度。传统阅读的视野较小。所谓视野是指看书时目光一次所控制的接收面。眼睛一次看到的只是几个字或三两个词。由于视野狭窄，必然会影响阅读速度。传统阅读会造成重复阅读。有些读者为了加深印象，往往无意识地对文章要阅读两遍，这种重复阅读对阅读效果影响很大。同时，传统阅读思想不容易集中。大量的观察表明，阅读的速度慢，多由读者的思想不集中所致。由于传统阅读既缺乏灵活性，又没有紧迫感。读者拿起书本，心中又想到别的事情。这样，阅读兴趣下降，阅读速度也就慢了。看起来读了好多页，实际上因注意力分散，文章的中心思想并没有抓住。因此我们这里介绍的快速阅读法就是基于对传统阅读中的缺点的克服。

默　读

从声音角度看，快速阅读分为两个阶段。第一阶段是默读，第二阶段是无声阅读。这里先讲默读。默读是一种不出声的阅读方式，是快速阅读的起点。默读程序较传统阅读程序大大简化了。传统阅读：目→脑→口→耳→脑；默读：目→脑。默读不需要逐字逐句地读，可用眼睛扫视，把整句整行的文字符号整体识别。默读与传统阅读比较，速度快、理解深、应用范围广。查阅资料、文件、阅读报章、杂志等，一般采用默读。默读的基本要领主要如下：

1.克服念念有词的口读、指读及回读等毛病。默读时对文字符号的感知是眼脑直映，如果阅读时仍采用传统阅读的方式，则不能做到这点。

2.要培养在默读时注意力高度集中，要能坚持连续20分钟思想不走神。

3.提高默读的进度。速度太慢，容易分散注意力，产生杂念。因此，在默读时要由对文字的感知变为对内容的理解，把逐字逐句读改为逐行逐段读。

4.通过扩大视觉幅度，进行整体辨认，减少眼停和回视次数的训练，提高视觉接收文字符号的速度。

5.要根据情况结合运用多种阅读方法。学会在默读时做不同的记号、划段落、标重点、加批注等。默读完毕，还可采用复述大意，概括中心，解释词语等方式来检验阅读的效果。

6.要提高想象、联想、思维、记忆的速度，从而提高阅读理解率。

当然，默读的速度是相对的，因人、因文、因阅读目的而异，对读物有无兴趣、读物的难易程度、阅读方式是否恰当等，都会影响到阅读速度。初学默读者，要想提高默读的速度，首先应克服急躁的情绪，可采取拟定阅读要求，限时阅读的方式进行训练。

默读训练

这里我们提供一篇文章，请你用默读方法来阅读，相信你的成绩会比用传统阅读的方法要好。

2010年底，中国城市总数为662个。在这些城市中，按城市市辖区总人口分组，人口在400万以上的有8个，200万到400万之间的有17个，100万到200万之间的有141个，50万至100万的有279个，20万到50万之间的有180个，20万以下的有37个。中国的城市，部分为伴随国家重点工程建设而繁荣起来的工业城市，部分为具备良好对外开放条件的港口城市，部分为历史文化名城。

在城市规划中，中国实行"严格控制大城市规模、合理发展中等城市、积极发展小城市"的方针。50万人口以下的中等城市和20万人口以下的小城市，在二十世纪八十年代后高速发展，而100万人口以上的大城市，则在其周围有计划、有重点地发展卫星城镇。

北京市

中央直辖市，中华人民共和国首都，既是全国的政治中心，又是文化、科学、教育中心和交通枢纽。北京坐落在华北平原北部边缘，西、北、东三面环山，东南部为平原。这里属温带大陆性气候，四季分明，春季短促，夏季多雨、空气湿润，冬季漫长寒冷，而秋季是最为宜人的季节。

早在西周时代，这里就已经建立起城市，称"蓟"。战国时代成为燕国的国都。之后的一千多年间，蓟城一直是中国北方的一个军事重镇和贸易中心。到公元十世纪初，成为辽的陪都，称燕京。公元1115年至1911年，由于金、元、明、清几个封建王朝都以北京为国都，中国文化得以在此积淀，留下了许多属于"世界之最"的历史遗产。有作为北京象征、也是中国象征的天安门城楼和世界最大的城市广场天安门广场；有世界最大、最完整的古建筑群故宫（旧称紫禁城）；有被称为世界七大奇迹之一的长城（八达岭部分位于北京）……其中，故宫、长城、周口店北京猿人遗址、颐和园、天坛巳被联合国教科文组织列为世界文化遗产。

1949年北京被定为中华人民共和国首都后，特别是二十世纪八十年代以来，北京城市建设发展速度惊人，面貌日新月异。如今的北京，道路如织，高楼林立，既保留了古都风貌，又显示出现代风采，已成为一座名副其实的国际大都市。

上海市

中央直辖市，为全国最大的城市，位于中国大陆海岸线的中部，长江入海口，地理位置极为优越。作为中国重要的综合性工业基地和海港，上海在全国国民经济中居于举足轻重的地位。主要工业有冶金、机械制造、造船、化工、电子、仪表、轻工、纺织等，商业、金融业、远洋运输业也很发达。现在，与上海老市区一江（黄浦江）之隔的浦东新区正在大力开发建设。浦东新区开发和开放的总目标是：经过几十年的努力，建成具有世界一流水平的外向型、多功能、现代化的新区，为把上海建设成为国际经济、金融、贸易中心和现代化国际城市奠定基础。

天津市

中央直辖市，中国北部的主要工商业城市，距北京约120公里，是中国远洋运输、近海运输和对外贸易的重要港口。天津的传统工业有钢铁、机械制造、化工、电力、纺织、建材、造纸、食品；新兴工业有造船、汽车、石油开采、石油加工、拖拉机、化肥、农药，以及手表、电视机、照相机等。

重庆市

中央直辖市，中国西南地区最大的工商业中心和长江上游水陆交通枢纽。重庆是一座综合性工业城市，钢铁、化学、电力、汽车、机械、造船、建材、纺织、食品、医药等工业十分发达。

（字数1245）

〔测试记录〕

文章字数：	字
阅读用时：	分钟
阅读速度：	字/分钟
理解率：	%
阅读效率：	字/分钟

无声阅读

如果要进一步提高阅读速度，就要超越默读阶段进入无声阅读阶段。

根据心理语言学家的研究成果，阅读主要是通过视觉接受文字符号的意义的过程，有时它能越过语音，直接获得语义。要提高阅读速度，就要消除阅读中语音产生的过程。采用视读，以减少阅读的声音层次。也就是说要把视觉感知文字符号和动觉感知语音符号与意义之间的双重联系变为视觉感知文字符号和意义之间的单重联系。无声阅读法主要是根据这个原理提出来的。无声阅读法是用限制音量来提高阅读速度的，这种方法不仅不会降低读者接受信息的质量，而且可以更好地帮助读者掌握课文的思想内容。所以，快速阅读一般都采用无声阅读法。

无声阅读法是通过内部言语来理解作者的思想。内部言语是一种不出声的言语活动。它能表征文章的一系列关键词和概念，具有隐蔽的特征。它和思维联系在一起。我们在思考问题时，虽然没有发出声音，但在对自己讲话的作用下，一边思维，一边进行内隐的发音反应，言语器官的肌肉组织仍然在活动着。尽管这些言语器官的肌肉组织不发出可以听到的声音，但却向大脑皮层发送动觉刺激。它执行着和出声说话时相同的信号功能，这是人在思考问题时所不可缺少的。内部言语是一种简略性的言语，它不执行交际职能，也不存在别人是否理解的问题。因而它常以简略、概括的形式出现。句子的大量成分常被省略，只保留主语和谓语，它可以用一个词或一个词组来代替一系列完整的陈述。我们知道，根据识别和加工信息的特征，可以把人分成两种类型：视读式和听读式。视读式的人阅读时利用的是直观形象的编码，听读式的人采用的是一种不大有效的语言运动编码。观察表明，阅读速度快的人采用的通常是视读式。只要通过有意识的引导，可以使任何一个健康人在尽量压低阅读声音的前提下采用视觉编码。

使用无声阅读法，通常需要经过两个阶段的训练。第一，压低音量，防止大声阅读。第二，掌握阅读方法，抓住文章的主要脉络。为了克服阅读过程中的带音现象，可以采用一些方法来控制发音：1.机械控制发音法：用舌头抵在唇间或者口含糖块。这种办法只控制了言语运动分析器的外周部分，而没有控制中枢神经。2.节奏敲打法：阅读时读者的手指按着一定的节奏进行敲打。这种连续性节奏声，能够破坏读书时形成的习惯性音调。也就是说既能防止内部发音，又能防止外部发音。这种方法不直接对言语器官（舌、唇、咽、喉）的活动施加任何影响。但当读者用手敲击时，大脑皮层就会出现诱导性抑制区。这种诱导性抑制区会使阅读的发音现象得到制止。

无声阅读训练

美术　美术品　美术史

许万里

美术是什么？美术品是什么？美术史是什么？这一组概念的范畴在今天已大大地扩展、模糊甚至解体了。

首先，说它扩展是因为立足于21世纪，我们生活在一个到处都充满了图像信息的时代。非文本的大众视觉文化，如电视、广告、电影、录像、摄影、商标、交通标志、建筑、环境艺术、卡通形象、动画、漫画、甚至墙上的涂鸦等时时刻刻在影响着我们的思想观念、生存状态与行为方式。相对于传统意义上的经典美术品，这些大众视觉形象可能是低级甚至是恶俗的，但它们以其低质量、低成本、大数量的巨大优势占领了我们的视觉市场，我们在不知不觉中进入一个欣赏、消费、再创造的视觉接受过程。

实际上，在当代社会，从著名博物馆收藏的古代大师们的油画到最新高科技电脑制作的虚拟图像，图像世界正在以惊人的速度不断增加，新鲜活泼的大众视觉图像文化甚至将古典的文本文化挤压到边缘，大有后来居上成为主流文化媒体的趋势。典型者如平面设计（广告、招帖、CI标志等）及时尚类杂志（家居、时装等），相信大多数人大部分时间是被包围在这类图像中而并不是整日呆在美术馆里的。

言及"模糊"，主要是因为今天创造一件美术作品的技术手段已经变得很简易了。如平面设计作品可用PHOTOSHOP等软件实现，且价格很低（多非正版），学习与制作时间也很短；另一个造成模糊的原因是因为原有经典艺术品的审美过程本身在今天早已不纯粹了。在现代高科技的复制、传播手段下，我们对艺术品的欣赏大多是在画册或展览图册上完成的（在这一点上，安迪·沃霍尔关于"梦露"的复制品能给我们许多启示）。即使在美术馆里，我们也很难在这种限定性空间中通过还原其创作过程与时代背景来明晰作品的真义所在，隔开我们与大师作品的不再仅只是那层玻璃。

说到概念的解体，西方近现代美术史几乎就是一部对传统意义上的美术及美术品概念解构的历史。由单纯客观描摹自然到纯主观情感的发泄（美术功能及审美观的转变），由达芬奇、塞尚到凡高、毕加索（美术流派的变化），由肖像画等架上绘画到电脑GG美术再到装置、行为艺术（美术形式的转变），由温克尔曼到帕诺夫斯基再到罗兰·巴特（艺术史观的转变）。这种转变反映了艺术家、艺术史家等对美术的本质及功能等问题的思考与探索，这其中，单一的美术及美术作品的含义不断地在解体与重构中得到丰富与发展。综上所述，处在当今这样一个"读图"的时代，随着美术、美术品概念范畴的扩展、模糊、解体，美术及美术品的生产、传播、展览早已从画室、美术学院、画廊、美术馆、博物馆"禁止参观"、"禁止触摸"、"禁止拍照"的禁令下解放出来；而维纳斯、蒙娜丽沙们权威的唯一性也被打破了，利希滕斯坦们的漫画形象，哈林们的波普艺术甚至杜尚们的小便池也无可辩驳地成为经典作品。美术品的本质遭到了空前的质疑,现在谁都不敢也无法精确地判明何为艺术品,我们所能接触到的只是冰山上浮起的一角而已,其下是风平浪静还是暗波汹涌还远不得而知。

美术史是什么?美术史是怎样写成的?我们需要一部什么样的美术史?由这些存留的视觉碎片能串联成一部完整的视觉发展史吗?我们现在对画作的解读与先前的创作初衷一致吗?每件作品是否并在多大程度上反映了当时的社会历史、政治、经济背景?美术史仅是以美术品为依据研究历史吗?如是这样,美术史家又以何为原则选择哪些美术品来研究?它们的真实性又如何呢?这诸多问题自有美术史家去思考与回答,对于我们,美术史课可能只要知道画作的大体情况并发现自已的兴趣所在便足矣,但是,我更希望从中能学会如何鉴赏美术作品(即品质)并以此提高自己的修养。因为我知道,美术实际上是人类对世界、对自身看法的体现,是看得到的哲学,其中必包含了丰富的思想。所以,我希望一生中能在各种审美体验中实现与历史思考的对话,并得到心灵的净化与升华。

2002年美术史课结束,是为记。

(摘自光明网,字数1546)

[测试记录]

文章字数:	字
阅读用时:	分钟
阅读速度:	字/分钟
理解率:	%
阅读效率:	字/分钟

整体阅读法

整体阅读法是一种目的明确的阅读方法。在这种方法中,对读过的内容进行筛选,把所需要的信息提取出来,并把这种信息和预先拟好的需要达到的各个项目进行对照。这种阅读就像你根据自己的需要，拿着写好的购货单去商店买东西。这样就会很快买到所需要的商品。假如你没有购货单，就只能在看到东西后想起来再买了。这种"购货单"的策略就是指导思维活动的整体阅读法。

掌握整体阅读法具有重要的意义。当代结构语言学表明，科技性材料的"水分"很多，有时达到75%以上，实际上只有25%的材料对某个读者有用。只有采取整体阅读才能帮助读者迅速找到这部分有用的材料，并且集中精力加以吸收。这种方法能够减少处理没有信息价值的材料的时间，更有效地阅读有用的部分。在这里，我们常常会不自由主地采用变速阅读法，"没有用的地方"读的速度较快，内容丰富的有价值的地方读得较慢。此外，整体阅读法有助于克服重复阅读的不良习惯，只读一遍就能达到深入理解和真正掌握所读材料的基本思想。

整体阅读法分固定程序法和变式程序法。我们先介绍固定程序阅读的理论依据。

科学发现，人的大脑有一种特性，它接收信息时具有明显的选择性，在处理信息时能够遵守严格的程序。由此可见，阅读的速度取决于大脑在对得到的信息重新编码时能否采用简便易行的方法。固定程序阅读法正是根据这一特点而提出来的。

"程序"的含意是按一定的顺序、步骤读书，目的性要明确。人往往能够预先确定自己的许多思维活动，包括阅读在内，正如马克思所说，最蹩脚的建筑师从一开始就比最灵巧的蜜蜂高明的地方，是他在用蜂蜡建筑蜂房以前，已经在自己的头脑中把它建成了。有目的有计划地读书，效果必定会好。否则，无目的无计划地读，拿起书忽而翻到前，忽而翻到后，然后又从中间看起，刚读了半小时，又把它丢到一旁，这样读书效果肯定好不了。

固定程序阅读法的理论依据是"定势"理论。或者说，程序阅读法是"定势"理论在阅读中的灵活运用。比如，先让一个人重复感知两个大小不等的球，然后再让他看两个大小相等的球，在这种情况下，他就会认为这两个球仍然大小不一，他所产生的这种错觉现象叫作"定势错觉"，这是因为他"定了型"。定势理论的研究者确信，定势现象在经过多次重复之后，就会使不断变动的状态变成一个固定不变的形象。人所形成的这种习惯性固定概念在以后就可以轻易地、自动地、不假思索地加以利用。根据这一道理，我们把阅读过程固定为7项内容去读，久而久之，这7项内容在脑子里就会形成"定势"。只要看书，就会自然地、习惯性地循着这7项内容去读，从而大大加快阅读速度和阅读效率。

大概而言，固定程序阅读法有以下几个好处：

（1）由于固定阅读法要求运用明确而连贯的思维程序，所以可以由杂乱无章的、毫无条理的过程逐渐成为具有统一程序的过程，按照这种阅读法的各项要求就能知道研究文章的步骤。

（2）固定程序阅读法能够大大提高接受能力。也就是说，大大提高理解文章内容和记忆读过的东西的能力。因为，快读能引导读者积极地向读物的结构与内容进攻，对各种语义群作出比较和评价。

（3）现代一切科技读物和社会政治读物，都有相当多的"水分"，固定程序阅读法按一定的程序，将自己的注视力集中在有用的片断上，从中取得真正有意义的观点和材料。因此可以体现节省脑力的原则，使阅读变成一种不费力的劳动。

就固定程序法而言，整体阅读法的内容包含七个项目：1. 书名：文章的标题或书名是对课文内容的高度概括，是全文信息的压缩形式。2. 作者：了解关于作者的情况有利于对文章的理解和引证。3. 资料及数据（年份）：资料及数据是作者著作所用素材的来源，能为我们定量进行研究和探索提供线索。其中的年份，标志作者依据资料的新颖程度。4. 基本内容及题材：这是文章的主要东西和表现形式。5. 事实：阅读中积累事实，并从意义上加以理解。6. 所读材料的特点、争议和批评意见：在阅读中应对文章的内容持一种分析的态度。同意或否定作者的观点都应在这个项目里记下。7. 所读材料的新思想和在实际中应用的可能性。读完整篇文章之后，想想自己从所读材料中究竟吸收什么新思想，以及在实际中如何应用。这7项内容可简示如下：

（1）题目

（2）作者

（3）出处

（4）基本内容

（5）重要事实

(6) 特点及争议

(7) 新思想及读后启示

那么，我们应该怎样来使用固定阅读法呢？下面就是具体的步骤：

(1) 必须记住各项步骤及要求（开始可以写在纸上，摆在桌面上）。

(2) 对照每一条，把所需要的信息全部接收过来。这如同到百货公司去买商品，有一个购货单和没有这个购货单大不一样。

(3) 有用的东西要慢读，无用的东西要快读，省略过去。即对读过的内容进行筛选，选用和积累七个步骤所要求的材料。

(4) 阅读时对文章内容持一种分析的态度。边读边想：从所读材料中究竟吸收了什么样的新思想，在实际工作中又打算如何应用？

(5) 读完全书之后，要对照固定程序阅读的各个项目，检查一下是否都已达到了要求，这种总结性的分析和综合过程十分有利于记住全书的内容。

(6) 为了养成和巩固固定程序阅读的良好习惯，要有一条基本的阅读原则：不管文章多么难，只能阅读一遍，回头看的现象应当杜绝，如果需要回头看的话，只能在读完全文和产生了读后感之后才能再读第二遍。

这里必须提醒你注意的是，其中最关键的是要利用视觉形象使固定程序形成定势。但是如何形成和确定自己的注视目标呢？第一阶段是明确固定程序阅读法的各个步骤，以及查找的目标。第二阶段是熟练地、无意识地、自动地完成上述行为。实验证明，可以用一种特殊的方法——固定程序阅读的视觉形象来解决这个两位一体的课题。

例如，有人认为程序阅读法的视觉形象是一个正六角形，可以比作一个足球场。一开始按步骤把球踢进了前三个角即标题、作者、出处。然后随着阅读的深入，再把球踢进另外三角。最后一个角就是心得体会，这是射门的中心点。训练一周之后，就会感到自己像踢足球似的，可以毫不费力地完成这些步骤，做到目标明确、心明眼亮、动作灵活。视觉形象还可以表现为多种形态，如金字塔形、楼层形、画片形和七色彩虹形等等。视觉形象作为一种记忆方法，只在最初时能起积极作用，以后就逐渐消失了，模糊了，就养成习惯了。这种习惯能使你把含有信息的部分从读物中区分出来。

这种阅读法形成了新的阅读程序，形成了思维活动过程的序列程序。通过多次练习后，在阅读结束时，需要的数据、事实、姓名就自然浮现在眼前了。

运用固定程序阅读法的成功与否，决定于是否熟练，即是否能形成习惯。因此不要满足于掌握了它的步骤和要领，必须要养成十分熟练的习惯，才能提高阅读速度。如同打算盘一样，关键不在于是否会打"加法"、"减法"、"乘法"、"除法"，而在于是否熟练。熟练了，有时指头就会无意识地打出来。又如背外语单词，若边记边学，有时记不起来，却可能顺手写下来。

接下来讲一下变式程序阅读法。以下是阅读说明文、记叙文、议论文采用的三种变式程序。

一、说明文

1. 文章标题

2. 体裁（根据说明文特点快速阅读）

3. 划分段落与概括段意

划分段落

①按时间顺序划分

②按空间顺序划分

③按事物性质类别划分

④按所讲问题步骤划分

概括段意

①找段落中心句

②用自己的语言概括

4. 文章的主要内容

①综合各段段意

②连接重点词、句

5. 文章的中心思想

①文章的中心句

②归纳文章要点

6. 评价

①知识内容方面

②语言方面

二、记叙文

1. 文章标题

2. 体裁（根据记叙文特点快速阅读）

3. 划分段落与概括段意

划分段落

① 依据时间划分

② 依据事件划分

③ 依据场所划分

④ 依据人物划分

概括段意

① 串连法

② 缩句法

③ 摘句法

④ 取主法

⑤ 连接关键词语法

⑥ 归纳法

4. 文章的主要内容

（1）审题

（2）连接各段段意

（3）分析重点句、段

（4）概括问题

5. 文章的中心思想

（1）找文章中心句

（2）注意议论、抒情部分

（3）分析事件和情节

6. 评价

（1）表达方面

（2）思想内容方面

三、议论文

1. 文章标题

2. 体裁（根据议论文特点快速阅读）

3. 划分段落与概括段意

划分段落：根据序论、本论、结论来划分

概括段意

① 找段的中心句

② 概括内容

③ 综合自然段段意

4. 文章的主要内容

① 审题

② 连接各段段意

③ 连接重点词、句

5. 文章的中心思想（找中心论点）

① 看标题

② 概括段意

③ 论点与论据的关系

④ 分析论证方式、方法

6. 评价

① 语言方面

② 思想内容方面

要掌握整体阅读法，上述的练习程序是十分有效的。这种阅读法的实质，就是只吸收整体阅读法各个项目所需求的信息。通过不断的练习，形成一种定式，然后把这种读法固定下去。

运用整体阅读法还应注意以下几点：

①熟记所用的阅读程序。如果记不清楚，可将它抄在纸上，对照阅读。

②按照编成的序号阅读。完成了前一个项目才能进入后一个项目。阅读时，不能随意改换每一步中的阅读目的。

③每完成一个项目，均要与程序规定的阅读要求进行对照检查。

④整体阅读法是快速阅读的一种重要形式，原则上只读一遍就要逐项完成程序规定的内容，一般不必重复读。

实践证明，在采用整体阅读法时，可以形成一种新的阅读习惯。按照整体阅读法的步骤有目的地进行反复训练，逐步达到只读一遍就能深入理解和真正掌握所读材料的境界。

整体阅读法训练

"中国狼爸"是教子有方还是粗暴？

记者　姜　燕

　　香港商人萧百佑，自称"中国狼爸"，结合国学传统与自身经验，独创一套家教方法，以严格的家规和体罚的高压手段管教孩子，引发各方热议。昨晚，本报记者采访了这位"中国狼爸"。

　　不是简单粗暴或不讲道理的打

　　"很多人把目光聚焦在单纯的'打'上，这是误读。"昨晚，刚接通电话萧百佑便急于向记者澄清，他说："我的家教是一个体系。"这包括家庭的氛围，特别是父母的行为准则和言传身教，在此基础上，便是家长给孩子定下的家规。在孩子清楚家规的情况下，违反了家规就要受罚，前提是要和孩子把道理说透。

　　萧百佑说："打是一个科学的内容，不是简单粗暴或不讲道理的打。"他定下的家规相当苛刻，哪一条孩子做错了，就要惩戒，他所说的惩戒就是打。

　　"打多少下，打哪里，在什么状况下打，都有规定，打也一定是用家法藤条来打。"萧百佑说。

　　萧百佑认为，孩子身上有三个特性：动物性、人性、社会性。在12周岁之前，孩子身上动物性的特征表现得较强烈，必须用"打"才能让孩子懂得是非道理。但孩子到了12岁，为人品行已基本成型，就不会对孩子动手，而是完全依靠说教。

　　自己的成功是因为母亲的暴打

　　萧百佑家教理念的形成，一半来自于传统国学，一半来自于自身所受的家教。他说自己是被没文化的母亲"动辄就打"打大的。他当年参加高考，获得了广东省第8名的成绩，被暨南大学录取。现从事奢侈品和商业地产交易。他认为自己的成功是拜母亲的暴打所赐，所以决定沿用母亲的做法教育孩子。

　　另外，他始终相信，在中国长大和发展的孩子必须用传统的方式教育。他的4个孩子从刚会说话开始，必修课就是《声律启蒙》《三字经》《琵琶行》，如今皆是品学兼优、才艺俱佳，琴棋书画各有所长，而且知书达理、谦和恭让。

萧百佑明确地说，家教最主要的还是父母对孩子的爱和言传身教。在他的事业概念里，99%的含义是教孩子，只有1%是工作，妻子为了孩子，早就当了全职主妇。夫妻俩在孩子面前的形象是文明自觉、恩爱有加、幽默风趣、生活多姿多彩。

"暴政"曾让长子想离家出走

萧百佑的长子萧尧和大女儿萧君在2009年分别被北京大学国际关系学院和法学院录取。今年夏天，次女萧箫紧随其后，成为哥哥姐姐的校友。最小的女儿萧冰目前正读高二，她会弹古筝，目标是同样位于首都的中央音乐学院。

萧尧对父亲这种教育方式的评价则是"不一定非要这样"。

萧尧说，小学时他曾沉迷于植物研究，阳台上摆满他种的花花草草，但只因一次降幅不大的考试成绩，他被父亲勒令将全部植物扔进垃圾桶。后来，萧尧对植物的兴趣就仅限于帮妈妈种些葱姜蒜了。因为父亲的"暴政"，萧尧曾经想过离家出走，但却始终下不了决心。

不过，他说，不记恨爸爸，因为爸爸每次打他之前都会和他讲上一个多小时的道理。爸爸定的一些硬性规定虽然有点不近人情，如不能开空调、不能随便开冰箱门等，但忍忍也就过去了。

说起家庭环境，他说，家里每个人都勤俭节约，家庭环境十分和谐，兄妹之间也非常团结，在学习上互相帮助，互相督促。

回应质疑：没有限制孩子的自由

萧百佑的教育方法虽然得到不少家长的肯定，但也受到不少质疑甚至非议。

萧百佑在电话里一一回应了这些质疑："我没有限制孩子的自由，一个国家都有法律，一个家当然要有家规，有家规就叫没自由了吗？我的孩子们很快乐，课外活动他们有，看烟花、看电影、听音乐、去郊游等，但要有家长陪同。"

4个孩子掌握了丰富的历史地理人文知识，会下围棋、象棋，会溜冰游泳，做家务干净利落，老大萧尧在学校里还是个很好的辩论手。

对3个孩子考上北大，萧百佑的认识是，这是孩子们在学生阶段最大的成就，他当然要大加赞扬。"但考上北大并不代表成功，我从来没有这个概念。"

（摘自《新民晚报》2011年11月16日，字数1446）

〔测试记录〕

文章字数：	字
阅读用时：	分钟
阅读速度：	字/分钟
理解率：	%
阅读效率：	字/分钟

鉴别阅读法

上面我们讲的整体阅读法，有助于提取全书所包含的必要信息。对于每一个具体的句子和段落来说，要采用这种方法是不合适的。但为了加强阅读效果，必须事先知道从文章的每一个概念明确的段落里应当确定下来的是什么。因此，产生了鉴别阅读法。读者通过这种方法可以在每一个自然段里找到他们之间的逻辑联系。先对课文的自然段从语义上加以鉴别，然后把挑出来的词组变成概念的语义群，这样就形成了一个特殊的概念"金字塔"和概念分类系统。这个系统从概念上对文章中每个新的段落进行筛选，然后再把选用的东西放置在已经形成的概念系统的适当位置上。这种便于记忆的概念金字塔的任何一部分都是鉴别阅读法的一个方面，或者说是对每篇文章的基本特征进行具体分析的结构模型的一个部分。不论作者还是读者，对概念金字塔顶部含义的理解都是一样的。如果我们把整体阅读法比作在整个百货商店里选购商品，那么鉴别阅读法就是在百货商店的一个柜台上挑选某个商品。为了要准确迅速地从某类产品中选出所需要的东西，必须预先知道自己需要什么，必须善于对自己准备处理的新货单迅速作出选择。

归纳起来，鉴别阅读法可以分为三个步骤：寻找关键词、确定概念和确定写作意图。读者所要寻找的关键词一般都是实词，它是指某个事物、某个特征、某种状态或某个动作。介词、助词和代词不会成为关键词。

文章通过一些关键词进一步表现出一系列概念。概念是由一系列关键词和有助于简化说明关键词内容的修饰语形成的词组。可见，概念是文章的精华。

概念通常有三种主要形式：三类词概念、谓语概念和事实概念。三类词概念一般由名词、形容词和数词构成，起到名词作用，它给予人和事物一定称呼，如著名画家。谓语概念的含义是干什么事或者处理什么问题，如画家在写生。事实概念是阐明所述对象的确切数量、长度、重量等方面的数据，如画家今年50岁。这样一来，不论什么文章，读者都可以把关键词组合成一种反映作者基本思想的概念。文章和思想经过提炼，获得概念的核心，就是隐藏于大量词汇之中的基本思想。文章经过一番选择和加工，关键词和概念就产生了。理解意图阶段，就是进行重新编码的过程。根据已产生的概念，确定文章内容的中心思想。为了完成这项任务，必须确定和掌握作者在文章里所反映的真正目的。总之，读者通过寻找关键词、分析语义群和确定意图三个阶段，就可以掌握各段的大意，进而形成一套完整的概念。这种鉴别阅读法的优越性在于压缩了文字的数量，提高了理解文章的质量。

鉴别阅读法训练

基因工程敲响生物安全警钟

在世界范围内，生物安全管理都是一个全新的课题。在中国，这个任务显得更加艰巨。尽管"生物安全"已经不再是个生疏的名词，但来自国家生物多样性保护部门的信息称，生物安全管理尚存在许多问题，有待进一步加强，以便更好地预防和控制转基因生物可能产生的不利影响。加强生物安全管理，不是"应该"，而是"必须"。

转基因生物的影响不可小视

自1983年首例转基因植物问世以来，世界上约有120多种转基因作物新品种，进行了中间试验和环境释放，转基因作物的种植面积几年间就增长了几十倍。

与此相伴而来的是，对基因工程潜在风险的广泛争论。转基因生物及其产品，越来越广泛地释放到环境里，渗透到人类生活中。国际社会越来越关注转基因生物及其产品对生物多样性、生态环境和人体健康可能产生的潜在影响。

生物安全管理专家指出，转基因生物对非目标生物影响不容忽视。释放到环境中的抗虫和抗病类转基因植物，除对害虫和病菌致毒外，对环境中的许多有益生物也产生了直接或间接的不利影响，甚至导致一些有益生物的死亡。

专家警告说，如果具有转基因抗性的害虫变成对转基因表达蛋白具有抗性的超级害虫，就需要喷洒更多的农药，将对自然生态环境造成更大的危害。释放到环境中的转基因植物通过传粉进行基因转移，可能将一些抗虫、抗病、抗除草剂或对环境胁迫具有耐性的基因转移给野生亲缘种或杂草。而杂草一旦获得转基因生物的抗逆性状，将会变成超级杂草，从而严重威胁其他作物的正常生长和生存。

专家们还特别关注转基因生物及产品对生物多样性和生态环境的影响。通过人工对动物、植物和微生物甚至人的基因进行相互转移，转基因生物已经突破了传统的界、门的概念，具有普通物种不具备的优势特征，若释放到环境，会改变物种间的竞争关系，破坏原有自然生态平衡，导致物种灭绝和生物多样性的丧失。转基因生物通过基因漂移，会破坏野生近缘种的遗传多样性。

专家关注的还有，转基因活生物体及产品作为食品进入市场，对人体可能产生某些毒理作用和过敏反应。专家指出，转入的生长激素类基因有可能对人体生长发育产生重大影响；转基因生物中使用的抗生素标记基因，如进入人体，可能使其对很多抗生素产生抗性。更为严重的是，由于人体内生物化学变化的复杂性，转基因食品对人体健康的影响在短期内难以监测出来。

生物安全管理方兴未艾

据介绍，为了预防和控制转基因生物可能产生的不利影响，10年前，联合国环境规划署和《生物多样性公约》秘书处就开始组织制定《生物安全议定书》，2000年在《生物多样性公约》缔约方大会特别会议上通过了《卡塔赫纳生物安全议定书》。目前，世界上《生物安全议定书》签署方已达百余个。

近10多年来，我国的现代生物技术发展较快，已有数十种转基因农作物和林木，转基因动物、转基因微生物的研究取得了进展。从而，给生物安全管理带来的课题也越来越多。

生物多样性保护部门称，在生物安全管理的道路上，我国已经做了一些努力。在联合国环境署和全球环境基金的支持和指导下，制订了《中国国家生物安全框架》，提出了我国生物安全的政策体、法规体系和能力建设的国家框架，对我国生物安全国家政策、法律的制订以及加强生物安全能力建设具有重要指导作用。

有关部门和单位开展了生物安全的政策、管理、立法和转基因生物环境释放等问题的调研,拟订了《转基因生物环境释放风险评估和风险管理导则》,建立转基因环境释放实验室,组织开展了有关政策和技术性研究工作。

生物安全管理问题不少

但是,生物安全问题并没有引起全社会应有的重视。一些部门只看到转基因生物可观的经济利益,忽视了转基因生物给生态环境和人体健康带来巨大潜在危害的可能性。

据生物多样性保护部门介绍,我国的生物安全管理立法起步较晚,有关生物安全的立法滞后。缺少针对不同用途转基因生物体全过程管理的综合性生物安全法规,以及有效的统一的管理制度和监督管理机制。立法还有漏洞,立法的层次较低,存在着立法不完善、管理不统一的现象。国外一些公司钻了这个空子。其研究的转基因活生物体及其产品大量涌入我国,把我国作为转基因生物的试验场,影响了我国此类技术的开发应用,对我国生物多样性生态环境和人体健康造成威胁。

转基因生物的环境安全问题技术性很强,风险的出现具有长期的滞后性,必须通过系统的研究,积累充分的数据,才能为转基因生物安全性的正确评价和有效管理提供科学依据。然而,目前我国生物安全研究的经费短缺、许多研究工作难以开展,相关项目研究计划未将生物安全问题列入其中。生物安全基础研究薄弱,不容乐观。对转基因生物环境释放后在环境中的情况,对环境和生物多样性的影响,都未进行跟踪监测,无法系统了解转基因生物环境释放后可能带来的问题。

(字数1908)

〔测试记录〕

文章字数: 字
阅读用时: 分钟
阅读速度: 字/分钟
理解率: %
阅读效率: 字/分钟

浏览法

浏览法可能得不到有些人的重视。因为他们认为浏览是浮光掠影的阅读，并认为"任何值得读的东西就要好好地读。"这些人不了解浏览是为详细阅读作准备，并不是取代详细阅读。例如，通过浏览，读者可以丢开一些书中不要学习的材料。因此浏览法能扩大视野，丰富知识。因为有些文章，不需要深钻细研，有些书只需要知道个大概意思即可；有些书只需从中选择一些有用的资料而已。这时候阅读的主要方式是浏览。浏览也是初读，是精读的准备，以便在通读的基础上选择精读的内容。

下面我们介绍一下浏览法的基本要领，主要包括四个方面。

1.推敲篇名。篇名（包括书名）往往概括了材料的主要内容，或者揭示了文章的基本论点，论述的范围，只要稍加琢磨就可以有初步的了解。

2.浏览序、目录、提要、题解、要点、索引。序（包括跋、后记等）有自序和他序之分。自序偏于说明作者宗旨、撰写经过、编写体例等，还可就书中的重点和难点作简要的叙述。他序常常对作者、作品作介绍和评论，或对书中的观点作引申和发挥。序能帮助读者理解书中的主要内容。

目录，是书的纲要。从目录、章节的大小标题中，读者能了解到全书涉及到哪些主要问题。目录不仅仅是供检查哪章内容在哪页上，它从整体结构上显示内容的总轮廓。浏览目录，而且有助于决定进一步阅读的方式：或全读、或选读、或不读。

提要，即内容提要，又称内容简介。它是关于图书内容及其特点的简明扼要的介绍文字，它能帮助读者概括地了解书的内容和把握书的要点。浏览内容提要后还得看看书的其他部分，才可能获得客观的结论。

题解，多是就文章的题目对内容进行概括的解释，一般是介绍作品的背景、意义、影响、作者的基本情况、作品最初发表的时间和刊物的名称等，有的还对作品作出评价或按读者对象的不同作一些具体的分析。题解一般用在文选等比较严肃庄重的著作中，有的像注一样放在文章后面，有的在题目的同一页正文后面加线条用小号字表明。题解能帮助读者正确理解与把握作品的内容。

要点，有些书写有要点，这是各章节的提要，它概述各个章节的论述要点。看要点，能了解作者在各章节中表述的基本思想。

索引，一般作为附录出现。浏览索引能了解书中接触的人名、地名或问题，能看到作者写这本书的主要材料来源和根据，了解这本书的大概内容。

上述要浏览的几个项目，除目录之外，不一定是每本书都有的，如果有，都应该浏览。通过浏览这些内容，对全书的概貌就有了比较概括的了解。

3. 浏览正文。首先要读开头的一部分。这一部分往往是文章的引论部分。作者在这里提出论题、论点以及研究本课题的意义、目的、或者指出本文的叙述纲要和叙述方法。了解这些可以对后文内容进行判断，对理解全文有重要的作用。其次要读中间部分段落，章节中的主题句。最后，要读结尾部分。结尾部分有时以结束语的形式单独列段。作者在这一部分对全文论述的问题加以简明扼要地归纳、总结，是作者展开论证的结论。读结束语应细心，如果与开头部分加以对照读，印象会更深。

4. 浏览完毕，要合上书回忆所得，形成总的印象。如果发觉其中有值得深究的东西，应及时捕捉，或作卡片记下，或进一步阅读。

心灵体操训练的一名年轻学员，她几乎把浏览发展成为一种完美的技能。她首先花一两分钟试图完全弄明白这章标题的意义。接着，按常规读开头两段。下一步把目光投到标题及副标题上。接下来读标题下面的一两个句子，眼睛迅速掠过其余材料，寻找另外的突出材料。这些突出点可能是用这样一些迹象标示：如用斜体字印刷的词、加线词、或其他字样方面的变化、插图、图表和图解等。她总是仔细阅读最后一段或标有"总结"字样的最后一节。作者正是在这种地方归纳一章的全部主要概念的。看完后，她总要停顿几分钟，把一些记忆的片断和零碎的东西汇集在一起，边回忆，边翻前面，检查一下看过的内容，做好笔记。

可见，浏览是一种很重要的学习方法。在一定时间内要使用许多书，而又不能把它们细读的情况下，可用浏览法；阅读与自己的专业毫无相干的其他书，可用浏览法。浏览可以开阔眼界，增长知识，扩大知识面。要想具有广博的知识必须学会浏览法。

这里必须指出的是，浏览的速度必须适应读者的目的。下列各种类型的浏览，阅读时，每一种都要求不同的速度和中心。

1. 小说：浏览一本小说有种实际之处，尤其当你把阅读小说当成课程，不是作为消遣时更是如此。如果你选定了一本小说，你可以从头到尾浏览一遍，看故事，找情节，找背景，找人物刻画，找结论。你甚至可以从第二遍、第三遍浏览中得到益处。一遍为了进行默想和构思，一遍为了进行评价和批评。

2. 报纸：报纸的新闻编写是为了便于浏览。新闻标题就是结论。第一段就是概要。后续各段的报道内容是按重要性递降的顺序排列的。阅读一张报纸可先读大字标题和每篇文章的第一段，然后浏览其读书学习方法新概念余各段，只要在感兴趣的地方读得较仔细一点。

3. 教科书：在学期正式开始前将教科书总的浏览一下，随后对轮到指定阅读的每章也先浏览一下，为更快的、更仔细的阅读打基础。

在运用浏览法时，还应该注意以下几个问题：

1. 浏览，并不是马马虎虎、随随便便地看看。同样应开动脑筋，边读边想，使记忆积极从事活动。浏览时，涉猎东西多，重复的机会多，许多知识自然而然会变成自己的库存，但仍不要忽略主动地、有意识地留下记忆的痕迹。

2. 浏览时，速度应适中。如果没有一定的速度就不能用较短的时间阅读广泛的内容。但另一方面，如果一味走马观花，追求速度，结果必然会印象模糊。因而，浏览时既不可太慢，也不可过快。

3. 除了勤于动脑以外，浏览时也要勤于动笔，把有用的资料都保存下来，以备不时之需。

4. 根据不同的内容选择不同的读书方式。书籍、文章有重要、次要之分，一般作品可供浏览，只对于其中的精采片断进行精读；重要著作，一般应该精读，但其中部分章节浏览即可。可视不同的内容和需要灵活掌握。

浏览法训练

红十字会：用制度让每笔钱都透明

记者　田雅婷

今年个人捐款少

"资金筹集和管理是红十字会的生命线。"中国红十字会常务副会长赵白鸽表示，今年，着眼能力建设和可持续的筹资机制，加大改革创新力度，取得了较好的成效。

赵白鸽介绍说，2011年，全国各级红十字会共募集款物41.98亿元。其中，总会募集10.49亿元，省级红十字会募集10.28亿元，省级以下红十字会募集21.21亿元。同时，专项基金筹款稳步增长，总会设立的淘宝公益基金等到账款物达到3500余万元。筹款项目"魔豆爱心工程"今年在全国13个省市实施，荣获"中华慈善奖最具影响力公益项目"。

"但不容忽视，这其中的个人捐款很少。"赵白鸽认为，主要原因有两个，一是今年自然灾害的"局部性"，二是6月20日后出现的网络事件造成了不良影响。

应客观看待不足和问题

"郭美美""强制入会"……在过去的一年里，中国红十字会饱受质疑，赵白鸽指出，尽管各方调查和审计的结果都表明，中国红十字会不存在重大违法乱纪行为或重大责任问题，但"网络事件"暴露出了我们在制度设定、科学管理、舆论宣传与应对危机等方面存在的问题。

赵白鸽强调，应该把"网络事件"放在整个中国大的转型背景下来看，这是社会组织和公益组织发育成长过程中的一个代表性案例。一方面，今天的中国站在了一个新的发展起点上，正在经历着深刻的经济社会转型。另一方面，过去的30年里，中国的社会组织得到了长足发展，在较短的时间内走过西方资本主义国家用两三百年走过的历程，这种压缩式的发展进程必然会带来各种问题。因此，也需要客观、辩证、历史地看待这些不足和问题，并用理解、帮助的态度，切实促进社会组织的成长和发育。

将建立更透明的信息披露机制

"'网络事件'反映了群众的需求、期待和更高要求。"赵白鸽提出，今后须及时掌握和回应公众的质疑和批评，特别是站在公众立场上切实保护他们的利益。

"红十字会是一个社会组织和公益组织，我们的资源来自社会，工作的落脚点也在社会，这意味着我们要始终扎根于社会、扎根于群众，要保持向社会的开放，增进与广大群众的密切联系。"赵白鸽说，这种开放和联系如果被阻隔，红十字会的活力、创新力以至生命力就难以为继。

赵白鸽表示，今后中国红十字会将建立新闻发言人制度来接受民众的质疑和批评，并提升项目策划和管理能力，建立更透明、快捷的信息披露机制等。此外，还将应用信息化手段提高资金管理和使用水平，做到资金来源和去路明晰，预算过程科学、执行公正、监督透明。

（《光明日报》2011年12月08日 字数935）

〔测试记录〕

文章字数：	字
阅读用时：	分钟
阅读速度：	字/分钟
理解率：	%
阅读效率：	字/分钟

扫读法

扫读法最显著的特点是眼睛先横后纵快速移动，只扫描最关键的词语。不但不影响人们的理解程度，而且阅读的速度也很快。它的长处：一是，人们一打开书就能发现人名、论点、主要论据等，对内容一目了然；二是，解决了阅读内容多与时间少这一对越来越尖锐的矛盾。在当今知识经济的时代，扫读法在工作和学习中会受到越来越多的人运用。

具体的扫读技巧如下所示：

1. 浏览前言：了解作者的意思、背景及主要观点。

2. 通读目录：了解作者论述哪几方面的问题及内部的各层次。

3. 扫读节的标题：根据节的标题扫描作者的主要观点、论据。

4. 抓住重点：一页中扫描最关键的词语。

5. 看结束语：看一遍结束语，对全书的内容作出自己的判断，提出自己的看法。

注意，不同的读物，应该运用不同的扫读方法：

1. 读教科书、参考书，它的重点并不多，据统计，一页中只有一至五个，要紧紧抓牢，其他辅助性、说明性的内容略读而过。

2.读报纸，首先选择重要报纸，其次读完上面最重要的文章，再次扫读其他报纸、文章，从中撷取所需要的东西。

3.读记叙性文中参照上述过程，只不过要着重抓住主要人物、主要情节，进而掌握主要内容和主题思想。

4.读单篇文章，第三步可改成"记住标题，了解作者，辨清体裁"，其他各条基本相同。

5.读杂志，可以从"通读目录"开始，选择自己需要的文章读，其他的文章作极快的扫描。

可见，扫读法就是一种面式阅读法，它一眼要看几整行文字，抓住所读材料的系统和脉络，寻求所需的内容。它是一种高级的阅读方式。高尔基就是运用了这种纵阅横览的扫读法，每翻一页就像下台阶似的从上到下地垂直看，读完了多得惊人的书籍。我国古人说的"一目十行"，就是指这种阅读法。因此你应该重视这种快速阅读的方法。

扫读法训练

德美科学家借助植物实验获得癌症研究的新进展

德国和美国科学家日前联合进行了一项研究，成功地发现了发育基因"RAD51"在模式植物拟南芥中的特性机理。科学家说，由于该基因与遗传行为及肿瘤形成具有密切关系，因此新成果有望为人类征服癌症带来帮助。

德国马普学会日前发表新闻公报说，此前科学家已经发现，发育基因"RAD51"在动物、植物和真菌的遗传行为中扮演关键角色，对遗传物质的重组和修复非常重要。这一机理如果在人身上受阻，可能导致不孕、流产和先天缺陷。研究人员由此估计，该基因对于精子和卵子细胞的产生起关键作用，并与阻止肿瘤形成有关。

马普学会植物培植研究所的贝恩德·赖斯与美国宾夕法尼亚州立大学的研究人员合作，利用拟南芥对"RAD51"的特性进行了研究。研究中，研究人员首先破坏了该基因，但令人惊讶的是，植物的生命力并没受影响，与正常植物一样长势迅速而有活力。然而赖斯等人同时发现，该基因在拟南芥的生长中并非毫无作用，基因受损的植株失去了繁衍能力，无法产生种子。

生物产生卵细胞或精细胞要经历减数分裂，也就是说，正常细胞中成对的染色体，在精细胞或卵细胞中平均分配后只有单套。而在拟南芥的研究中科学家发现，"RAD51"受损的植株，其染色体在减数分裂过程中失去了相互识别的能力，不能成对组合后平均分配到种子细胞中，因而导致拟南芥失去了繁衍能力。

科学家解释说，上述成果对于人类的癌症研究具有重要意义。这是因为，目前认为基因组的稳定与否是肿瘤产生的可能原因，而基因组的稳定受控于许多机制，其中之一是同源重新结合机制，这一机制使无差错地修复受损的基因组成为可能，而"RAD051"基因在其中发挥核心作用。此外，该基因似乎与动物有机体中控制细胞循环的机制密切相连，因而与肿瘤形成有紧密关联。

科学家说，对拟南芥的上述研究对认识"RAD51"在生长和遗传过程中的作用有重要意义，这将有助于理解复杂的多细胞生物体中肿瘤是如何产生的。

（摘自新华网，字数795）

〔测试记录〕

文章字数：	字
阅读用时：	分钟
阅读速度：	字/分钟
理解率：	%
阅读效率：	字/分钟

跳读法

应该提醒注意的是，跳读不同于扫读。扫读是逐页扫视，而跳读是有舍有取、跳跃前进。也就是略去一些内容，只撷取课文中关键部分阅读方法。跳读不仅是为了提高阅读速度，还可以使读者更深刻地理解内容，提高阅读效率。因为跳读的意义在于对读物作大幅度跳跃，舍去非本质的信息，捕捉本质信息，做新的接通和组合，形成新的思维流程。确切地讲，跳读就是在阅读中，有意识地跳过一些无关紧要的句段或篇章而抓住读物的关键性材料的速读方法。跳读是通过省略次要信息来加快大脑对文字反应的速度，使阅读速度与思维过程同步进行。

例如，读一本新书，只看序言、目录和内容提要，然后跳读有关内容，不必细读全文。阅读章节，也只跳读标题。黑体字、斜体字和重点句，然后前后连贯，抓住全文中心。也可以跳读每段的首尾两句。一般来说，任何读物，特别是学术性著作，每段的开头句很可能是提纲挈领的话，末尾则往往是小结性的语句。还可以跳读关键句。

具体而言，跳读法的方法大体有以下几种：

1.随意跳读法。这种跳读法主要用于查找资料。可根据阅读者的兴趣和思路来找阅读的注意点，这种跳法会比较多地漏掉书中有价值的而读者还未感到兴趣的东西。

2.语法结构跳读法。这种跳读法有两种方式，一种方式是全力贯注句子中的结构词，如连词；段落中的结构语，如"由此可见"等。根据这些词语来探寻有意义的词和句，从而把握全书的文理脉络。另一种方式是集中注意力读句子中各类词组的中心语，要忽略修饰语、补充语等辅助性句子成分。

3.以标题、小标题、黑体字等为主要阅读对象的跳读法。许多书都列有章节标题，有的书还用黑体字突出定义、结论等，有的书在每章前后用方框框出要点……这些都是作者要求读者留心的地方，往往是全书、全章、全节的主题和中心所在。阅读时先用跳读法只读这些部分，然后再决定是否有必要精读这本书或精读其中章节。

4.关键词语跳读法。只读自己所需要的同特定主题有关的词语，而略去其他的段、句和词。关键词跳读法可用于查找文献资料，也可以把精读材料分门别类进行梳理。

5.首尾句读法。首尾句读法又可分为首句读法、尾句读法和首尾名句同时读法，就是只读每个自然段的第一句或最末一句，或是第一句和最末一句。一般说来，以说明为主，以议论为主的科学性著作，每小段的首句往往是提纲挈领的一句话，末句是承上启下的一句话，中间则是推理、补充、例子之类。运用首尾句读法，可以迅速抓住全文的中心。

跳读法训练

科学家揭开母爱之谜——荷尔蒙让母亲变得无畏

据美国广播公司(ABC)报道，世界上最伟大的、最无私的东西就是母爱。当自己的孩子受到威胁时，几乎每一位母亲都可以变成一只猛虎，舍身护子。究竟是什么原因导致母亲作出这样的举动呢？仅仅是因为母亲对孩子的爱吗？

母亲的形象不受影响

母亲宁可自己冒着生命危险也要保护自己孩子的安全。这种勇敢的行为，诚然与母亲对孩子的关爱不无关系，而一些化学和生理因素在其中也起了重要作用，两者同等重要。

美国威斯康星州麦迪逊大学的研究人员发现，母亲保护孩子的行为在某种程度上是缩氨酸这种荷尔蒙激素减少的结果。几乎所有的动物体内都有这种荷尔蒙激素，人和老鼠的体内也有这种激素。

亲皮质素释放因子（CRH）是一种能够影响人的大脑从而控制人的行为的一种缩氨酸。如果给母亲注射了这种激素，那么当她发现一名凶恶男子正在逼近自己的孩子的时候，她就只会蜷缩在角落里。如果没有这种激素，那么母亲就会冲过去，猛踢那个男子。

麦迪逊大学的动物学副教授斯蒂芬·盖米表示，这一研究结果并不会影响母亲的形象。在谈到这种和母亲对孩子的关爱一样浪漫的东西的时候，盖米说："如果我知道了它的工作原理，我不会觉得有什么不同。"

结论是这样得出的

盖米和他的同事把他们的研究成果发表在了最新的行为神经学杂志上。目前他们正在从一个普通的起点出发，研究所谓的"母亲的进攻性"行为的生物学基础。多年来科学家们早就知道，在母亲哺乳或者照顾自己的婴儿期间，体内的恐惧和紧张激素就会减少。

威斯康星的研究小组想知道，是否因为恐惧激素的减少才导致在面对危险时大多数母亲都可以做出勇敢的举动，她们可以攻击一个凶恶的男子主要是因为她们不再怕他。盖米说，他们猜测CRH激素可能是调控母性进攻行为的物质。因为其他研究表明，这种物质"在让人感到恐惧和紧张的过程中，扮演了十分重要的角色，因此他们就收集了六只老鼠进行实验。老鼠出生六天后，他们就给其中一些老鼠注射了一定剂量的缩氨酸，而另外一些老鼠只注射不包含任何缩氨酸的生理盐水。这种注射每天一次，持续几天的时间。注射后几分钟，把这些小老鼠们同它们的母亲分开，然后再用一只雄性的老鼠去威胁它们。这些老鼠们行动上的差别是很明显的。

被注射了"安慰剂"的那只老鼠的行动就和无畏的母性一样，根本不知道害怕。研究人员发现，在短短45秒的时间里，它就对那只雄性老鼠发起了20多次攻击。而老鼠们被注射的CRH激素越多，老鼠的行动就变得越畏缩。

盖米说："注射CRH剂量最大的那只老鼠，完全没有进攻行为。那只雌性老鼠只是蜷缩在角落里。因此这提醒我们，如果我们提高这种物质的含量，就会对自我保护性行为产生特殊的效果。"这一结论清楚地表明，缩氨酸在母性的行为中扮演了一个十分重要的角色，至少对老鼠来讲，是这样的。对人类而言，大概也会如此。因为人们已经不止一次发现，一些天然性激素在动物身上和人身上所产生的效果十分相似。

最好不要招惹新妈妈

一些研究表明，部分男性经常会对另外一些男性发起攻击，是因为他们受到另外一种激素——复合胺的影响。盖米说："复合胺的含量越低，所做出的攻击行为就越强。这一点可以在人身上得到体现，也可以在猴子以及老鼠身上得到体现。"

当然影响动物行为的因素有很多，母亲的天性也会使得她们甘愿冒着自身的危险来保护她们的孩子，因为传递遗传基因的欲望是一种强烈的力量。威斯康星的研究小组所做出的结论还需要其他学者的检验，而且他们的结论也仅仅是揭开了问题的冰山一角而已。盖米说："我们的结论只揭露了问题的一部分，我不觉得我们已经抓住了问题的全部。"

但是有一件事他完全可以肯定。那就是和刚成为母亲的动物呆在一起绝对不是一个好主意，不管对方是什么动物。几年前他还住在西雅图的时候，曾经受到一只乌鸦的攻击。那只乌鸦掠过他的头顶时，发出刺耳的尖叫。很自然，他停了下来，查看原因。当他瞥过自己的脚底的时候，他知道那只乌鸦为什么如此的狠了。因为那只乌鸦新孵出的婴儿就在他的旁边。

"每年都会有一个短暂的时期，在这个时期里这些刚孵化的小鸟呆在地上生活。"盖米觉得这些黑色鸟妈妈们的主意的确不错："它们的行动的确取得了效果，因为它们可以引起你的注意，从而让你避开它们的孩子。顺便一提的是，几周前，我正率着我的牧羊犬散步，突然一只松鸡从灌木丛中窜了出来，吓了我一跳。它狂怒地拍打着翅膀，急促地喘息着，恶狠狠地盯着我的那条狗。几天后，我知道为什么了。因为我再次沿着同一条路散步的时候，我发现那只松鸡后面跟着四只小松鸡。我的牧羊犬没有受伤，但是被一只鸟给打败了，的确有点屈辱。不过至少对方是一只做了母亲的鸟。"

(摘自千龙网，字数1865)

〔测试记录〕

文章字数：	字
阅读用时：	分钟
阅读速度：	字/分钟
理解率：	%
阅读效率：	字/分钟

略读法

现在一年出版的书籍，数量等于过去几年甚至几十年出版的书籍，要想加快阅读的速度，增加阅读的数量、扩大视野、增广见闻、提高阅读效率，就要运用略读法这种阅读方法。略读的作用在于用极短的时间迅速掠过全篇，领略其梗概。略读的要领很简单，只要在书中找寻出"路标"即可。一般教科书或技术性书籍，"路标"由章节大小标题所构成，读者只需要把它们过目一遍，全书的大意就能略知一二了；无标题的书，可读每章中的第一段和每段的第一句；此外，也可一页一页地扫描，注意力集中于重要字眼如斜体字或粗体字等，如此就能很快地看完全篇，获得完整印象。

略读就是以一个人可能达到的最快速度来进行的一种阅读。也是提纲挈领地把握阅读材料的基本内容，主要思想和技法的阅读方式。略读速度应当是最快的阅读速度。但略读不同于普通阅读，普通阅读需要一字不漏地将阅读材料全部看完，而在略读时，可以略去一些材料不读，如果感到自己已经抓住了内容的主要方面，完全可把半个段落或一段的四分之三略去不读。略读范围很广，可用于阅读各学科的教科书、参考书、课外书籍和报刊，同时还是精读课文不可少的一个步骤。

那么，怎样略读一篇文章呢？为了迅速掌握文章的大意和要点，一般来说，阅读时就要粗略一些。具体的略读的程序是：首先以最快的普通速度阅读开头的一、二段，应做到一字不漏。阅读开头几段是为了解一下全文的大意、背景、文体风格、口吻、语气等。在第三和第四段中，便只需要阅读关键句子，当然要紧的是抓住段落大意。如果能做到这一点，有时只需要用眼睛粗略地扫视一下全段，挑出一、二个重要的词、词组就可以了。结尾的几段因为经常含有总结性的内容，恐怕要读得更充分些。略读的重要性在于要以最快的速度获得作者想要表达的主要观念，而不应对故事情节发生兴趣。

略读时应注意的几点：

1. 对不同类型的书，采用不同的阅读方法。如对知识性的书，作重点摘要笔记；对小说，了解主要人物的主要思想；对评论性文章，抓住重要观点和材料。

2. 根据工作和学习的需要查阅有关参考书籍。如各级官员的演讲、科技人员写论文、教师讲课找参考资料、参考书，都可以根据自己的需要进行略读。

3. 养成读书先读序目的习惯，根据各类序文的重要程序和阅读目的，采取不同的态度和方法，并从目录中了解该书的全貌，根据需要挑出一些章节来读。

当然，略读也需要训练。开始略读时，阅读速度往往不比普通阅读速度快多少，必须重复练习，直至达到某种目标。略读有困难的人，可以连续多次略读同样的文章，这种简单的练习非常有效。略读训练的最终目标大约是4倍于最初的速度。略读在查寻资料方面有很好的用途。有时略读只是为了找到针对某个问题的答案，这时，可以在脑子中带着这个问题，通过略读有关材料找出答案。略读并不是在任何时候都可以使用的，也不能完全取代普通阅读和精读，但它是一种能够用于多种场合的阅读技巧。阅读能力只有通过不断训练才能提高。因此要坚持不懈地训练，大量练习，通过训练使您学到更加有效而愉快的阅读技巧。

略读法训练

人品是发展的保障

乔子鲲

人品不好，做人的原则和底线会轻易弃守。那么，再好的制度、技术、措施，都会打折扣，导致问题成堆。

温总理在寄语中国铁路事业时说，安全和质量离不开人，产品如人品，什么样的人品就有什么样的产品，而人品中最关键的是高度负责，精益求精，一丝不苟。一语道破发展的本质。

人是发展的目的，这一点已是社会共识。然而，人更是发展的本质。这就不仅包含了发展"为了谁"，也包含了发展"依靠谁"。具体到各个领域的生产，无论是产品的安全还是质量，无论制度和技术怎么完备和先进，生产者都是第一关。很多时候，恰恰是这一关没有守好，以致出现了这样那样剪不断理还乱的问题。

蒙牛被查出致癌物，这样的错误不可轻恕。至少你把公众的饮食安全在悄然之中置于隐患之上，自己的这一关差点就过了。而此前一些食品安全事件，一个突出的表现则是，生产者明明知道瘦肉精是不能添加的、人吃了会中毒，明明知道地沟油是有毒有害的、人吃了可能患癌的，自己也是绝对不去吃的，但就是在利益的驱动下堂而皇之地干了起来。

人品决定产品，人品的高度决定产品的纯度。如果坚持自己做人的原则和底线，信守自己的人品，要求生产工作中，首先对得起自己，产品首先过自己这一关，那么，很多问题产品根本不可能放出去。相反，自我要求的尺度很低，人品不好，做人的原则和底线会轻易弃守，那么，再好的制度、技术、措施，都会大打折扣，导致问题成堆。

有时候，我们过多地相信了理念、标准、制度、技术等层面的管理，忽略了对人的管理，以致事倍功半而不自知。有时候，常常以为人的管理，要么就是严刑峻法，要么就是物质金钱刺激，搞得成本太高、代价太大还不太见效。

人的管理应是所有管理中最基础的管理，也可能是成本最低的管理。这里的关键就是抓住"人性"这个"牛鼻子"。然而，人性，又是一篇不太容易做的大文章，看似非常简单，但如果不懂，写起来就异常艰难，往往是鼓捣半天还摸不着门道。比如，如何尊重人、关心人、激励人、鼓舞人？如何让每个人都想迸发自己的智慧、施展自己的才华？如何让每个人都有自己的角色归属感、都有职业敬畏感？要真正做到位，未必那么容易。但如果懂得了对他人平等、尊重的真谛，事情未必有那么难。

每个人的人品要靠社会道德伦理价值的涵养。在这样一个深刻变动的时代，什么样的文化能够让人们学会去呵护自己的良心，不因一切外在的因素而改变自己的良知，迫切需要每个人思考。

（2012年01月05日《京华时报》字数977）

〔测试记录〕

文章字数：	字
阅读用时：	分钟
阅读速度：	字/分钟
理解率：	%
阅读效率：	字/分钟

寻读法

在日常的工作、学习、科研和写作中，我们常常需要查考一些人名、地名、典故、数据等有关资料，除了查阅专门工具书以外，还要从大量的书刊中寻找，这就需要寻读。寻读是从某些特定内容的书类中，迅速摄取自己所需要的资料的一种速读方法。读者往往是有目的去阅读，并从阅读材料中吸取自己迫切需要的知识。寻读时，两眼扫过书页，以最快的速度从文章中披沙取金，发现和寻找你期待得到的某些问题的细节，如某个人名、地名、某件事发生的年月，或作者的论点、论据及重要的数据和其他有关的资料。那么怎样运用寻读法呢，下面是具体的要领：

1. 为了寻找常用的资料。如查阅某单位或某朋友的电话号码时，要很快在电话簿中翻到可能查到的地方，这需要寻读。此外，查看火车时刻表，本市一个月内电影院排片的一览表等，都要用到寻读。又如你想买一台洗衣机，一份出售洗衣机的广告上刊有许多产地、型号、功能、价格各不相同的各种洗衣机，假如你要买一台价格合理、功能适用的，那么，你可先从价格上寻读，找出几台你认为价格合适的，然后再从功能上比较，选出最恰当的一种购买。

2. 为了掌握一个章节或一篇文章的观点，还需要了解这一章节或文章出现在哪一类书籍或报刊上，知道所读部分与其他部分的关系。寻找概括介绍文章的段落和句子。

3. 为了掌握一本书的总观点，应该注意书的标题和副标题；作者和出版社及其说明；阅读导言和序言；浏览目录，借阅参考书目，选择一两个包含主要论题的中心章节；阅读它开始的一、两段和结束段。所有这些工作在很快的时间内完成。

4. 为了寻找自己所需要的有关信息等，也要用寻读。在寻读时要把寻找的问题记在心中，尽快转动眼睛扫视阅读材料，并且注意运用标题，不同字体的标示等，以帮助自己搜寻所需的资料。

5. 讲课、讲演、写经验、论文、总结等都需要找些材料参考，这也需要寻读。如讲课、作报告要找些参考资料；科学研究需要大量的资料；写论文需要找论据；写总结需要看基层总结，这些都要用寻读法去找材料。

寻读法训练

青年学子爱上传统文化

记者　陈建强

神采奕奕的美猴王，飘逸脱俗的仙子……在南开大学数字中国画创作研究中心，一套正在创作中的《大闹天宫》数字连环画将国画的笔墨情趣与现代数字技术完美地融合在一起。目前，该研究中心的中国画作品已被国外艺术网站大量转载。

"走在文化传承创新的前列"——这是南开大学给自己设定的使命。从课堂教学到学术研究，从营造校园氛围到推动国际交流，南开大学着力引导青年学生做继承和弘扬民族传统文化的擎旗人。

发挥学科优势　让传统文化历久弥新

"好雨知时节，当春乃发生……"叶嘉莹用一段韵味悠长的吟诵，为南开师生再现了我国古代典籍中所描绘的余音绕梁之美。

这是2011年3月，国家社科基金重大招标项目——"中华吟诵的抢救、整理与研究"开题论证会上的一幕。由87岁的南开大学中华古典文化研究所所长叶嘉莹担纲的这一项目，将吟诵传统作为独特的文学现象进行抢救、整理与研究。在南开，像这样以传统文化为研究对象的课题还有很多……

南开大学在文学、历史、哲学等学科有着显著的比较优势，近年来，该校整合研究资源，承担了许多中国传统文化研究项目，在国家和地方文化创新体系中发挥了积极的作用。

对待传统文化，南开学人并不盲目接受，而是始终保持应有的独立、冷静。历史学院刘泽华教授认为：对待传统文化要在分析、再创造中吸取养分。

创新教育教学　让传统文化后继有人

"现在我对历史有了更加鲜活的认识！"参加了南开大学去年暑假历史学夏令营的高二学生郭菁睿兴致勃勃地说。

听央视"百家讲坛"主讲人孙立群教授讲解"西晋兴亡史"，参观石家大院感受天津民俗文化的脉动……高中生们睁大好奇的眼睛，享受着奇妙的历史文化之旅。

为使研究和传承传统文化具有人才基础，南开大学从2009年开始，陆续开办了哲学、历史夏令营，培养中学生对历史、哲学等人文学科的兴趣，从中选拔对中国传统文化感兴趣、有潜力的学生到南开深造。除了专业课、必修课，南开的学生们还会惊喜地发现，许多中国传统文化课程可供选修："儒学导论"、"国学经典导读"、"中华传统艺术"、"唐诗欣赏"等数十门课程，让他们在中华文化的浩瀚海洋中尽情畅游。

著名京剧演员马少良一段唱念做打，博得了台下阵阵热烈的掌声。这不是在京剧演出舞台上，而是在南开大学"京剧与戏曲文化"课的讲堂上。主讲教师陶慕宁教授说，这门课的期末考试是要同学们去剧院听一出京剧，亲身感受这一国粹艺术的魅力。

营造校园氛围　让传统文化深入人心

在南开大学丰富多彩的校园文化活动中，传统文化同样占据着重要位置。由学生创办的"南开大学国乐相声协会"成立已近10年，每学期都会举办多次相声专场演出。今年，"国乐"创始人之一、周恩来政府管理学院的学生于丹已完成了博士学业。"有人认为，听相声很传统。其实，艺术形式不论新旧，传统文化独有的魅力会让人思想更开放、审美更理性。"于丹对此体会颇深。

诗词、书法、国画、古琴、龙舟……在南开，各种研习传统文化的学生社团不仅将爱好者们聚集在一起，也为大学校园文化增添了一份典雅厚重。

除了学生社团活动，南开大学也在精心打造校园文化品牌，定期举办的《牡丹亭》等传统经典剧目演出和"中华诵"经典诗歌朗诵会，拉近了学生与传统文化的距离。连续多年举办的"南开之光"文学艺术节、历史文化节、哲学文化周等已成为校园文化经典品牌，受到师生的欢迎。

推动国际交流　让传统文化走向世界

日前，由南开大学汉语言文化学院与乌克兰基辅大学华文学院共同创建的"留学生中国文化体验中心"在天津古文化街成立。"我们希望留学生们能在这里画一幅国画、听一曲古琴、唱一出京戏，亲身感受中华之美。"中心主任、汉语言文化学院院长王立新说。

南开大学在对外交流与留学生教育中，格外注重中华传统文化的推广，积极参与"文化走出去"工程。目前该校已承办了美国马里兰大学、葡萄牙米尼奥大学、日本爱知大学、哥伦比亚安第斯大学等7所大学的孔子学院，成为传播中华传统文化的重要力量。

2009年5月，南开大学建立了跨文化交流研究院，为国家汉办举办了17期孔子学院校长、教师、志愿者培训班，受训人数超过2000人。近年来，该校师生先后参加了西班牙汉语年、俄罗斯汉语年、美国马里兰大学孔子学院纪念大会、葡萄牙米尼奥大学首届金秋文化节等重要国际交流活动，以精彩演出向海外展示了中国优秀的传统文化。

南开大学党委书记薛进文说，作为一所拥有深厚文化底蕴的高校，南开大学将以改革攻坚的精神，充分发挥综合性大学在服务文化发展繁荣中的积极作用，积极承担起推动文化传承创新、服务文化改革发展的历史责任。

（2012年01月31日《光明日报》字数1759）

〔测试记录〕

文章字数：	字
阅读用时：	分钟
阅读速度：	字/分钟
理解率：	%
阅读效率：	字/分钟

猜读法

猜读法也是一种很重要的快速阅读法。猜读法，又叫悬测读书法，就是阅读一本书之前，看前文，先作预想猜测，然后将后文的实际内容与猜想的内容作比较的一种阅读方法。运用猜读法阅读，大脑处于积极的思维状态，心理上有急于想了解下文内容是否与猜想的内容一致的意向。因此，大脑对文字语言的选择性理解的效率大大加快，有时只须扫视几个词、几个句子就能从整体上把握住文章的主要内容。悬测阅读法有助于理解，又可以提高阅读的速度。

猜读法，是一种用创造性的目光去研究分析知识的方法。读书猜测、对比、研究、借鉴的目的，归根结蒂是为了提高自己的创新力，创造出东西。

学会猜读是大有益处的。首先可以树立起正确的读书目的，防止走马观花、囫囵吞枣的毛病。可以从书中吸取其精华、抛弃糟粕，进而提高自己的知识水平。其次，可以促使人们边读边思，读思结合，养成读书用脑的习惯。打开书本后的"猜测"是用脑的开始，阅读、释疑、解惑、揭谜，整个都是用脑思索的过程。最后是在对比中取得真知，锻炼了自己的创造力。

当读一篇新闻时，从标题开始便边读边思考，以至读到导语、背景、段落、结尾，都不停地思考：想想作者会怎样写，有哪些长处、不足，我从中得到什么启发。这样经过一番猜测，明显地提高了阅读效率。如读议论文，先研读题目，猜想可能会怎样提出论点，可能会采用什么论据，可能会运用什么论证方法，然后再读下文。读小说，可以推测情节的发展，人物的命运。比如，读章回小说：当两将厮杀将要分胜负之时，或书中的主人公危难临头生命不保时，作者往往在这一节骨眼上卖一个"欲知后事如何，且听下回分解"的关子，忽然停住，给人留下一个悬念。善于读书的人，读到此处便不急于抢读下文，而是掩卷而思：两将究竟谁胜谁负？主人公命运如何？情节将如何发展？假如我写将如何处理？……经过这样一番悬思猜测，不管你所思所测对或不对，然后再展卷续读，都是有好处的。

当然，看电影时也可以用这种方法学习电影创作。美国大导演斯皮尔伯格年轻时在好莱坞初学写导演脚本时，就是用的这种方法。他拜银幕为师，以一份廉价的电影说明书为教材。每看一场电影，先熟悉故事梗概，通过自身经验，丰富其内容，赋于人物性格。他利用别人的功夫，在头脑中放映自己的"影片"。他和银幕上的电影对照、比较找出别人的长处，从中学习电影艺术和语言，掌握蒙太奇结构手法。这种别出心裁的学习方法，与他很快成为好莱坞首屈一指的卖座片导演，是颇有关系的。

运用猜读法阅读的步骤是：

1. 确定猜想的起始点。猜想不是凭空乱想。原文的有关材料是猜想的依据，猜想要以有关的材料出发：或者是文体本身，或者是某个词语，或者是某个段落，或者是某条注释，等等。

2. 对照阅读。即快速阅读后文，找出跟自己猜想的内容有紧密关系的部分，重点阅读。

3. 将原文的内容同猜想的内容作比较。比较的结果，可能一致，可能不一致，可能有些方面一致。如果是一致的，说明阅读者准确地理解了作猜想的那部分在全文的表达作用、结构作用；如果不一致，或者不完全一致，那么就可以深入思考原文在写法上的得失。

猜读法训练

到京外多了到西部多了——首都高校毕业生就业新趋势

王庆环

据统计，在3月份举行的北大、清华等校园大型招聘会上，均有超过一半的雇主单位来自京外，而这些单位也受到高校毕业生的青睐。据了解，到3月底北京大学2012届已签约本科毕业生中约有七成、研究生约有四成选择到京外就业，选择到西部地区就业的人数和比例均高于往年同期；清华大学、人民大学等高校赴京外单位就业的人数也在逐年增加。首都高校毕业生缘何被京外单位吸引？是怎样的因素影响了他们就业的选择？

当理想照进现实

"求学期间，我每年都会在野外进行实地考察两个月以上。在和地方政府接触的过程中，我发现绝大部分县一级国土资源部门没有地质专业的毕业生。在基层、在工作一线缺乏地质人才，不利于资源的综合开发、利用，不利于地质环境的保护。"北京大学地球与空间科学学院地质学系博士生徐钊说，"广西矿产资源丰富，同时地质环境复杂，各种地质灾害严重，我去那儿更有用武之地。"

徐钊来自陕西省凤翔县农村，成绩优异，在国际知名期刊上发表过学术论文，还是院里的研究生会主席。之前已经有著名央企和一些高校、科研单位向他伸出橄榄枝，但他最终还是选择了广西的选调生，并在就业意向表中填下了"服从组织分配"，徐钊希望能去"最需要他的地方"。

记者注意到，徐钊的QQ签名中写着这样一句话："知而不行，犹若未知"。经历过9年的专业学习和多次野外实践，他认识到："基层以生产为主，一线工作者经验丰富，但理论认识可能不够深入。博士去基层有两个好处，其一是促进科研成果和生产经验的结合，其二是对自己全面锻炼。"

中国人民大学公共管理学院硕士生路丽刚去年12月份便签下就业意向，成为吉林省长春市"紧缺专业技术岗位公务员百人引进工程"的一分子。"国家公务员考试现在基本不招收应届生了，我本身想进入政府部门工作，选调生是一个很好的渠道。"他说，"找工作最关键的是知道自己想要什么，才能把握好机会。长春市政府定向选拔比较紧缺的专业人才，可以回去为家乡服务，这是一举两得的事情。"

两利相权取其重

"在北京上了6年学，我从来没有想过离开北京。但真开始找工作时，真面临抉择时，就不得不比较去留的得失"。对外经济贸易大学国际经济贸易学院的陈芸芸说，"跟你条件相似的师兄师姐们在首都已经奋斗了许多年，有些人状态并不尽如人意，你就会开始考虑，你能给下一代提供什么样的条件，你将来该如何赡养父母。"

陈芸芸目前已经签约某银行湖南省分行，具体就职的地区、岗位还未定。据她介绍，她的同学也有很多准备返回家乡，其中不乏能力出色者，甚至放弃了北京某国企的职位。

"方便照顾父母"是促使外地生源毕业生离京的重要因素。北京大学信息科学技术学院博士生张志昆也说，"单从目前的条件看，北京和福建两地的待遇是差不多的，但父母年纪大了，不想再让他们辛苦搬到北京，现在父母在泉州，我在福州，离家近一些。"

"虽然北京的平台看起来更广阔，但个人的发挥空间并没有想象的大。"张志昆经过多方权衡，认为自己的情况更适合在二线城市发展，"家庭如果不是特别富裕，在一线城市买房子都很困难。北京的生活压力还是太大了。"他对这份工作非常满意，"研究院的工作可将我所学的理论知识转化为实际运用，既跟专业相关，又比较容易上手。领导比较认可我的个人素质，在面试中还谈到了今后的发展，我相信工作前景会很好。"

选择中也有无奈、有不舍。北京交通大学经济管理学院研究生小刘去年毕业后也回到了家乡所在的省会城市工作，"当时找工作有些好高骛远，北京的单位我并不满意，一再纠结还是回来了，"小刘说她特别想念北京的朋友，"留在北京需要坚强，离开北京也需要勇气。现在的生活更安逸、更舒适。"

就业观的新转变

北大就业指导中心主任助理吕媛认为，"京外就业的趋势，一方面跟现实因素有关，比如北京户口名额在缩紧，同时外地单位却给出了更优厚的条件；另外，许多学生往基层去，本身希望能学以致用，为社会作贡献。"

根据北京市人力资源和社会保障局的数据统计，2011年北京市引进、接收非北京生源毕业生共9414人，2012年引进非京生源毕业生的留京指标也控制在9000人左右，除基本要求研究生以上学历外，在专业方面也有所倾斜。"户口不但涉及到买房、买车的限制，还有孩子上学的问题，如果不能解决户口，我就去外地了。"北京师范大学文学院将于2013年毕业的硕士生小王这样告诉记者。

而其他省市，尤其是中部、西部地区，正求才若渴，部分针对重点高校的定向招聘"硕士可享受正科级待遇，博士可享受副处级待遇"、"给予安家费、科研经费"，甚至协助"家属落户、配偶就业、孩子入托入学等事宜"，可谓待遇丰厚。从以往的经验看，许多选拔到基层的选调生业绩突出，进步很快。2009年北大毕业生夏海亮，已经从大庆市红岗区杏树岗镇宏伟村党支部副书记成长为大庆市团市委副书记。

结合国家引导和鼓励高校毕业生到基层就业的政策，针对现实情况，高校出台多项促进就业措施。北大就业指导中心主任陈永利介绍说，北大开展了"我回家乡作贡献"、"到祖国最需要的地方去"等主题活动，鼓励毕业生回家乡，到基层、西部及国家重点行业和领域中去，另外，还在拓宽就业市场和渠道，为学生提供培训、实习机会，提高辅导员就业指导水平等方面加强工作力度。"从目前的签约情况看，效果显著。"陈永利说。

北大所提出的职业生涯规划"幸福标准"，希望毕业生的职业选择"更有尊严、更适合自身发展、更有幸福感"，促使学生重新考量自己的就业观、价值观。

(摘自2012年04月13日《光明日报》，字数2076)

〔测试记录〕

文章字数：	字
阅读用时：	分钟
阅读速度：	字/分钟
理解率：	％
阅读效率：	字/分钟

选择式阅读

与鉴别式阅读法类似，选择式阅读就是从文章中迅速找出重要内容来阅读的一种快速阅读方法。具体步骤：首行把全文浏览一遍，了解文章的大意、结构、各部分的要点；然后读第二遍时，再运用选择式阅读，从中找出自己所需要的重要内容。这种阅读，可以用来快速检索阅读篇幅较长的文字材料中的有关内容。运用选择式阅读的技巧如下：

① 在复习功课时，可按复习提纲选择重点、难点等内容来进行复习。

②在复习迎考时，可以根据不同类型的题目，如填空题、选择题、判断题、解释题、简答题、修改题、评价题、综合题等，来选择不同的内容进行复习。

③在地理课本中运用选择式阅读，可以迅速找到重要的地形特征、气候特征、河流水系特征、河流水文特征、农业生产特征、工业的布局、经济特征等内容。

④运用选择式阅读一篇文章可以从中迅速找出中心句、重点词语、重点段落等。

⑤在历史课本中运用选择式阅读，可以迅速找到重要的历史年代、地名、人物、事件（发生的原因、经过、结果）等内容。

选择式阅读法训练

徐州校企联手用好用活人才

记者 李 可 郑晋鸣

"握一手好牌，更要打一手巧牌"——从热衷"招才"到钟情"用才"，从目光集聚"引好才"，到推出新政"用好人"，近年来，江苏省徐州市在大力推进人才强校、人才强企过程中，不断解放思想，创新用人机制，探索出一条盘活人才资源、服务地方发展用好用活人才之路，科学人才观已在古城徐州开花结果。

解放思想，人才新政搅活一池春水

2012年新年伊始，一项关乎全市几千家企业和300多家科研院所的新政策《关于实施校企合作共赢计划的意见》出炉，徐州校企合作迈出新步伐，人才新政赢得一片叫好声。

在徐州，有两张金字招牌一直引人注目：一是誉满全国的"工程机械之都"，徐州市规模以上工业企业超过3500家；二是江苏省人才高地，12所高等院校、31所独立科研院所、335家各类科研开发机构，集中了1.8万名中高级人才和近15万名在校大学生。

如何最大限度地"揽得好人才，留得住人才，用得好人才"成为徐州市委书记曹新平经常思索的问题。他认为，无论是政策留人，还是机制用人，都比不上"市场"的力量。为人才这一特殊的稀缺资源提供广阔的发展平台，营造良好的发展环境，才是科学持续的用人之路。

　　近年来，徐州在科学的市场化用人之路上做足了文章，好政策频频出台。不仅有雷打不动的"刚性政策"——"333工程"、"双百工程"、"515高层次创新创业人才工程"等一系列工程计划，来提升人才的创业创新能力；还有"柔性"的"科技镇长团"、"产业教授"、"教授博士柔性进企业"等活动，鼓励和引导更多优秀人才向创新创业一线集聚。

　　在日前召开的全市校企合作共赢推进大会上，徐州市委常委、组织部部长戚锡生说："实施校企合作，核心在于最大限度地解放和用好人才，目的在于推进高校和企业间资源共享、互惠共赢，促进经济社会发展。"

　　据介绍，首次在徐州自主创业、拥有自主知识产权的高校高层次人才，可获得20万元的启动资金奖励；如果是符合市"双创计划"资助条件的高层次人才，还可以享受"三个一百"优惠政策（即100万元资助资金、100平方米创业场所、100平方米公寓住房）。3年内徐州规模以上工业企业将全部建立市级以上研发机构，5年内将打造一批江苏省一流、国内领先的大学科技园和企业研发机构。

　　各显其能，汇智聚力高校企业巧联手

　　2月13日，在徐工集团的一间办公室里，摆满了徐工集团与徐州四所高校联合培养人才的计划书、课程设置表，这是徐工集团人力资源部去年开始新增加的一项工作。

　　2011年，徐工集团首次与徐州四所高校组建"徐工班"，联合培养人才，1071名机电、数控、焊接等专业的优秀学生自愿加入"徐工班"，提前融入企业。徐工集团董事长王民说："校企合作联合培养，缩短了高校与企业的距离，企业用人更具针对性，更安心、放心。"

　　中国矿业大学高校董事会成员单位包括徐工集团、神华集团、中煤能源等在内的120多家著名企业。2010年，学校就与董事单位企业签订科技合作项目1000多项，合同金额超过6亿元，其中100多项合同在100万元以上。据了解，在徐州市经济开发区、徐州高新经济技术产业开发区、矿大科技园等高新产业集聚的区域，中国矿业大学师生自主创办的企业有200多家。这些散布在徐州市的企业，凭借着先进的煤矿设备、技术等，为全国2900多个煤矿提供了服务。

　　"校企合作是智力和资金的双向流动，企业出资、高校出智，通过项目的合作和信息的合作，共担风险，促成创新，共谋发展。"中国矿业大学校长葛世荣说。

在徐州，高校与企业都尝到了诸多甜头，校企合作已成为一种风气。最新统计数据显示，去年徐州市高新技术产业、新兴产业产值分别达到2000亿元和1855亿元，增幅居江苏省第一。而这与本地校企研发机构的快速增长密不可分——徐州本土大中型企业和47%的规模以上工业企业，都建立了市级以上企业研发机构，全社会科技研发投入达53亿元。目前定位为文化创意产业园的徐州师范大学科技园入园在孵企业已达50家，在孵企业与徐州师范大学有关联的占60%，正吸引着全市文化创意产业聚集。

(摘自2012年03月30日《光明日报》，字数1465)

〔测试记录〕

文章字数：	字
阅读用时：	分钟
阅读速度：	字/分钟
理解率：	%
阅读效率：	字/分钟

变速阅读

对于任何一篇文章都有有用信息和无用信息之别，都有主要部分和大量次要部分之分。因此，就必须以不同速度阅读不同的部分，这种方法就是变速阅读。简单来说，读书时以不同的速度阅读一篇文章的不同部分的方法，就叫变速阅读法。变速阅读法分为快速、中速、慢速三种变速方法。即对主要部分、重点部分、难点部分和精彩部分，可用慢速度精读；对一般部分，可用中速度阅读；对非主要部分，可以快速地一扫而过，有的甚至可以省略不读。

值得注意的是，快速、中速、慢速这三种变速阅读方式，有时可以单独运用，有时可交叉运用，有时可综合运用，这要根据自己的具体情况来选择不同的阅读方法。变速阅读一篇文章时可采用以下步骤。

① 了解一篇文章概况（快速）。用速读法了解文章的题目、作者、体裁、写作时间、文章的大意等。

② 对于未学过的新词、语句、难理解或不容易理解的词句，可用慢速；对学过的词句或容易理解的词句，可用中速。

③ 阅读文章的段落，分段并概括各段大意。（快速、中速）

④ 阅读一篇文章，需要概括主要内容和中心思想。（慢速）

⑤ 阅读文章时，遇到的疑难问题、重点和难点。（慢速）

⑥ 消化内容。对文章的内容进行理解、评价等。（慢速、中速）

⑦ 阅读文章后，联系实际，对自己有什么启发。（慢速、中速）

变速阅读法训练

新媒体给纪录片带来了什么？

记者 韩业庭

近年来，一方面《故宫》、《大国崛起》、《红跑道》等经典纪录片不断涌现；另一方面，纪录片收视率却持续走低，经常被娱乐节目逼退到"孤寂"的凌晨时段。

电视时代，纪录片经常陷入曲高和寡的尴尬境地。不过，随着新媒体时代的到来，纪录片似乎要迎来自己的春天。日前发布的《2011年中国纪录片发展研究报告》显示，新媒体不仅为纪录片市场带来活力，也深刻影响着纪录片的内容和制作。

新媒体为纪录片市场注入活力

《报告》显示，2011年纪录片视频网站不断增多，从较早成立纪录片频道的爱奇艺、搜狐纪录片频道到2011年迅猛发展的腾讯等视频网站，多家视频网站争相购买纪录片版权。与制作公司签约购买纪录片具有连锁效应，一家网站购进，其他网站就会以更高价格购进。与传统媒体相比，新媒体对纪录片的时间、种类等都没有限制，海量需求扩大了纪录片的传播空间。而正版纪录片成为新媒体扩展平台的新渠道。

面对有限的片源，网络新媒体对于优质纪录片的争夺在所难免，版权争夺拉动纪录片价格上涨。《报告》数据显示，从2011年开始，网络收购纪录片的价格从原来的一分钟30元迅速提升到100元，个别作品甚至高达1000元，超过电视台的购片价格。

"这对于扭转纪录片价格与价值严重失衡的市场起到了良性作用，为纪录片行业开辟了一个新的市场平台。"中国传媒大学教授胡智锋认为，新媒体和纪录片的结合对于不温不火的纪录片市场意义重大。

新媒体下纪录片频道更加注重用户体验

新媒体并不仅仅满足于作为一个平台，更开始渗透到纪录片制作中。2011年搜狐开播自制纪录片栏目《搜狐大视野》，标志着这一进程的开始。

"其实，这也源于新媒体自身竞争的需要。"北京师范大学教授张同道指出，在资讯内容日益同质化的当下，以各门户网站为代表的新媒体都渴望有特色的内容来增强自身的影响力。相比单一的正版购买模式，新媒体探索自制纪录片模式，不仅可以省成本，更容易做出自己的特色，形成独特的竞争力。目前，纪录片制作团队为视频网站进行纪录片制作已显露头角，不少影视制作公司已开始为门户网站制作纪录片，各卫视频道也跃跃欲试，希望2012年进行与新媒体的纪录片制作方面的合作。

相比于传统媒体乐于使用"受众"一词，互联网时代更青睐"用户"这一概念。"用户体验"(User Experience，简称UE)，这种在用户使用产品过程中建立起来的纯主观的感受日益受到重视，并成为大多数互联网公司的"创新刀锋"。

对于传统媒体而言，只要有优质的纪录片，受众便会锁定频道。新媒体则与传统媒体不同，除优质片源的保证外，新媒体需要在用户体验上抓住用户，单一元素很难促成一个平台的成功。与"受众"的概念相比，"用户"具有个人性、自主性、互动性、参与创造性等鲜明特征。在新媒体环境中，要在内容同质化、多选择环境中抓住用户，就要在用户体验上进行创新，使用户参与到产品生产过程中来。

"因此，各纪录片频道除了购买大量优质片源外，还需要在用户体验上也做得非常好。只有频道的版面清新简洁，符合纪录片用户的喜好气质，在播放页面的细节做到精致优雅，才能在长久时间内抓住用户。"张同道说。

新媒体带来营销及内容制作的新尝试

2011年，网络新媒体不仅成为纪录片作品的重要传播渠道和宣传推广手段，并且与制作机构合作，催生了具有轰动效应的网络事件。

2011年，纪录片《我的抗战1》网络首播成功之后，《我的抗战2》继续走网络传播之路，在创意方面更加大胆。该片总策划人崔永元表示，虽然目前纪录片在营销上仍处于被动状态，但是网络平台的出现让制作团队敢于把纪录片产品做得更加好看丰富。

纪录电影《语路》也因网络而生。2011年11月，由某著名国际品牌发起的"语路计划"，旨在通过展示在不同人生角色中完成志向的代表人物的话语，鼓励一代人点亮其奋斗之路。导演贾樟柯为此选择了中国当代12名具有代表性的人物，拍摄了12部纪录短片。本来是一个普通的纪录片计划，可随着"语路计划"官方博客的开通而迅速爆红于网络。网友们在网上发表各自的个性观点，分享自己的故事和话语，与著名博客名人、网络红人互动。很多名人包括洪晃、沈宏非和闾丘露薇等都以积极的姿态站到前排参与到"语路计划"中来，发表了各自独特的见解，这些文章往往发布一天就得到几十万的浏览量和上千的网友回复。正是由于《语路》网络版的巨大反响，贾樟柯继续进行了《语路》电影版的制作，目前该片已经获得多个国际电影节的邀请。从网络新媒体到影院大银幕，从中国文化热点到国际电影话题，《语路》成为新媒体纪录电影的典范。

"新媒体与纪录片制作、传播机构的合作才刚刚开始，未来的空间还很广阔，从纪录片制作、传播到可能发生的媒介行动，并且这种合作可能催生新的媒介形态。"北京大学教授陆地说。

新媒体纪录片盈利模式尚需探索

网站间竞争激烈使纪录片的购买价格得到一定提升，高于电视媒体，但新媒体纪录片的盈利模式依然模糊，成为困扰新媒体纪录片发展的难题。

目前，广告依然是新媒体最主要的收入来源，但广告效益不敌电视。2011年搜狐、爱奇艺等网站相继推出电影电视剧的付费收看及会员模式，尝试付费模式的可能性。虽然正版视频目前已在权威视频网站得到拥护和认可，但是盗版视频仍然占有市场，版权保护仍然举步维艰，目前正版视频以在5元/集的价格在影视剧中试行付费，也仅是艰难试水的一小步，并且由于版权成本的节节攀升，使得整个互联网视频行业至今仍然处于亏损状态，运营压力巨大。

"如何创造共赢的营销模式是新媒体与纪录片业界面临的共同问题。"陆地说。

（摘自2012年05月02日《光明日报》，字数2088）

〔测试记录〕

文章字数：	字
阅读用时：	分钟
阅读速度：	字/分钟
理解率：	%
阅读效率：	字/分钟

退缩阅读法

接下来我们要为你介绍退缩阅读法。这种方法其实就是连续多次阅读同一遍文章，而阅读时间逐次减少的一种速读方法。训练时，对每一篇阅读材料进行连续6遍的阅读，每一遍的阅读，提出的要求都不相同，阅读的时间逐渐减少。具体步骤如下：

第一遍：了解文章的题目、体裁和内容大意。这一遍阅读，只是对文章有个整体的印象，不要求掌握细节，以免影响速度。

第二遍：速度较上遍快些，但不可太快。这一遍重点掌握段落，首先分段（意义段），然后概括出每段段意。

第三遍：速度稍加快，重点了解文章的主要内容，读完后立即回忆。

第四遍：速度再加快一点，重点了解文章的中心思想。

第五遍：速度再快一些，读完立即回忆。

第六遍：速度尽量快，经过前几遍的阅读，对材料内容已经有了相当的理解，最后一遍阅读后立即回忆，复习以上内容，凭借速度的冲击，加快"眼脑直映"，使阅读者对文章有个完整的理解。

进行退缩阅读练习，每一遍都要记下阅读时间。如果一篇文章是600字，第一遍用30秒读完，即每分钟阅读1200字；最后一遍用10秒读完，即每分钟阅读3600字。这种限时计秒递减式的阅读法，其主要目的是利用读者已熟悉的材料和速度的冲刺，强化大脑加速反应和巩固记忆。

退缩阅读法训练

演艺界应当劲吹自律风

追逐名利导致演艺界丑陋现象迭出

记者：近年来我国文艺界繁荣发展，功不可没，但有的领域如演艺界的负面新闻也不少，如：艺校招生存在一些黑幕；有的导演索贿、受贿；有的演员漫天要价，耍大牌；索要高额出场费还假唱；傍大款制作MTV，并买断电视台黄金时段来出名；闹绯闻，恶意炒作；吸毒，逃税……造成了恶劣的社会影响。作为演艺界人士，你们怎样看待这些现象？为什么会出现这些现象？

孙毓敏：我认为这与部分文艺从业人员政治文化素质下降有关。我国传统的戏班都讲究"认认真真演戏，清清白白做人"，而今一些年轻艺人是非观和价值观都发生了扭曲，为了追逐名利，什么事都干得出来，根本不在乎是否符合道德，为达目的不择手段，不顾廉耻。对此，我感到痛心。三年困难时期，邻居一位老人见我缺乏营养，好心地请我到饭馆吃饭，但他说话时称我们是"戏子"，我很不高兴，宁可不吃他的饭，也不接受这一称呼。人要自爱、自尊，才能受人尊重，才能有所作为，不然，即使红极一时，也会被社会抛弃。

孙毅：文艺界的这些丑陋现象，虽然与时下不规范的文化市场、浮躁的社会氛围有关，但也与一些文艺院团管理松懈及文艺管理体制不健全有关。时下一些年轻人崇尚个性、自由，一些剧院团领导也是睁一只眼闭一只眼，没有严格管理，更谈不上做政治思想工作。而且随着文化市场的开放，很多演员成为个体户，没有团队的约束，很容易放松对自己的要求。于是不少年轻艺人在商品经济大潮的冲击中，是非观念不清，政治目标不明，无法自律。他们没有摆正自己的位置，没有意识到自己肩负的责任和义务，私欲膨胀、利令智昏。作为一个文艺工作者，我为他们感到脸红。

王祖皆：文艺工作者要为人民提供健康的精神食粮，这是起码的职业道德。但由于管理机制的不健全，一些从业人员为利益所驱动，把晚会和大奖赛当成了滋生腐败的温床，这样就极易把优秀作品拒之门外，让平庸作品充斥其中。这种不公正还会使人不把精力放在创作上，而是放在拉关系上。这样就会导致节目质量下降，进而影响社会的审美水平，不利于提高全民族的文化素质。而且现在许多地方"搞节"、"造节"，当地领导公款追星，造成歌星漫天要价的怪现象，影响了文艺圈内的风气。这一问题经披露后，如今已得到了控制，我希望这一问题能得到根本的治理。

艺人应加强自律，以德养艺

记者："德艺双馨"提出好多年了，并成为文艺工作者的奋斗目标，但怎样才能真正做到"德艺双馨"？

孙毅：古人云："德，艺之率也；艺，德之花也"，即为艺先为人，为人德为先。我们所从事的是精神文明建设的窗口行业，作为一个公众人物，一举一动不仅代表自己，还代表着文艺界，并经常成为人们模仿、追求的时尚，所以更应该体现出良好的品行风貌和艺德，这是对自己也是对社会负责。打铁还得自身硬，我认为艺人一定要自律，要洁身自好，要时常想想"三个相一致"，即"党和国家给予你的荣誉与你的艺术成就是否一致，你的社会地位与公众形象是否相一致，人们对你的厚爱与你的回报是否相一致"，时刻提醒自己。我曾经获得过全国14个部委评选的全国"三下乡"先进个人，并是去年全国青年志愿者行动十周年评出的29名特别贡献奖中唯一的文艺界人士。我曾参加过多次公益演出和下乡演出，到过许多老少边穷地区，最高在西藏那曲演出过，最低在山东一煤矿井下一千多米处演唱过。那次在井下，只有二十几个煤矿工人，但当他们把头上的矿灯为我齐打开时，我感动得不能自己。这个特殊的舞台让我终生难忘，也让我体味到为人民演出的快乐和幸福。相声大师侯宝林曾说过，观众是演员的衣食父母，我认为下乡演出可以陶冶情操，净化心灵，因而建议演员多到人民中间去吸取营养。

王祖皆：演艺人员要认认真真学习，通过学习来找准自己的人生定位，通过学习来增强作品的时代感。艺术家不是自封的，而是执著追求和踏实努力得来的，作为以自己的作品塑造大众灵魂的文艺工作者，首先要塑造好自己的灵魂，因为文艺作品是文艺家思想的外化、灵魂的展示、情感的外露。利欲熏心必然导致目光短浅，必然会影响作品的深度，仅凭个人才华或迎合时尚的包装、炒作，可能会给从艺者带来短时期的轰动效应，但恒久隽永的艺术只能建立在对时代和生活的深刻把握以及艺术家修养、良好的品行上，否则其艺术生命必然会缩短乃至夭折。一个艺人要加强自我修养，要以德养艺、以艺修德，艺德并茂、德艺双馨。在目前情况下，应克服浮躁情绪，时常沉浸在劳动、审美、憧憬和创造四个世界里，"心无半点尘，笔有千钧力"，要经得住市场经济的考验，抵制极端个人主义和拜金主义的诱惑。

孙毓敏：一个演员，不能只讲索取，而不讲奉献。就拿京剧来说吧，旧时很多艺人没地位，解放后成为人民艺术家，地位、待遇提高了，许多人因而创出了自己的流派或形成了自己的风格，如中国京剧院的李（少春）、袁（世海）、叶（盛兰）、杜（近芳）和北京京剧院的马（连良）、谭（富英）、张（君秋）、裘（盛戎）等。现在京剧演员的成长也离不开老一辈艺人的培养，离不开社会各界的关爱。饮水思源，年轻人一是要尊师重教，一是要回报社会。中国京剧院的于魁智就做得很好，业务能力强，还积极参加各种公益活动，曾获得第12届全国十佳青年称号，他真正做到了德艺双馨。我希望年轻演员都要以他为榜样，努力、自律、敬业、奉献，成为人民艺术家，而不是在人们心目中口碑、形象都不佳的"戏子"。

文化市场需综合治理

记者：针对文艺界的丑陋现象，我们一直在强调艺人自律，但这毕竟不具有震慑力，如何才能治理乃至杜绝这些丑陋现象呢？

孙毓敏：我认为应加强政治思想教育，这在有些人看来是过时了，但我认为很有必要，尤其是在学校里。我们北京戏校就聘请了一位派出所所长任法制副校长，对学生正面教育，严格管理。我们还定期组织学生参观少管所，以现实生活中的例子为学生现身说法，增强他们的法制观念。同时进行传统美德教育，增强他们的社会责任感，分清是非善恶。当然，我们戏校学生都是些孩子，需要加强教育，但我认为戏剧院团也应加强管理，不能放任自流。我还觉得如今缺少批评和自我批评，政治标准降低，大家都是一团和气，这不利于个人进步和事业发展。当然我也认为要加强管理，尤其是某些导演，任意妄为，好像没人管得了他们。

孙毅：整治文化演出市场光靠院团和文化主管部门不行，还要联合教育、工商、公安等相关部门来综合治理，这需要一个相互协调的过程，但我认为媒体的作用十分重要。其实现在很多弊端都是由于个别媒体不正当宣传造成的，如炒作劣质作品和艺人，只讲娱乐不讲文化，报道名人的各种无聊琐事，热衷于艺术之外的生活和绯闻，甚至为制造卖点不惜无中生有，传播假新闻等等，不光给青少年造成了很坏的影响，还成为不好的舆论导向，尤其是某些电视媒体和小报，为了收视率和发行量，节目媚俗，品位低下，恶意炒作，造成十分恶劣的社会影响。

王祖皆：媒体的正确引导的确很重要，但媒体更应发挥监督作用，如前一段时间媒体曝光"公款追星，群众埋单"的问题就很及时和必要，并有效地遏制了这种现象的蔓延和增长，对于制止演员要高价也起到了一定的作用。在剧院团加强管理、艺人自律的同时，文化市场的规范和治理也应重视，应加强管理和调控，如市场运作中的经济杠杆的制定，以及演出中的最高限价等。此外，一些大型晚会的管理也要加强，运作要规范、透明，这样可以杜绝文化腐败，还社会一个明净的艺术空间。

（摘自光明网，字数2961）

〔测试记录〕	
文章字数：	字
阅读用时：	分钟
阅读速度：	字/分钟
理解率：	%
阅读效率：	字/分钟

以上是几种常见的快速阅读的基本技巧，除此之外，还有以下几种值得推荐的快速阅读方法，针对这些方法展开相应的训练同样有助于提高阅读的速读。

计时快读法

计时快读要求在规定的时间内读完指定的阅读材料。通常有三种情况：一是由自己限定时间；二是由他人规定和指定时间；三是在课堂教学中老师确定时间。下面着重介绍第三种情况的具体做法：

①训练前，教师按照学生程度选好测试的文章，并根据文章内容设好测试

题目（最好是10个）。发下测试文章后，不准先看。当老师发出信号后，开始阅读。同时，老师要在黑板上记录阅读开始的时间。以10秒为单位，依次记录，如1分10秒，1分20秒……，当某一同学阅读完时，马上举手示意，并从黑板上的记录得知自己读这篇文章所用的时间，把它记下来，然后，合上原文凭记忆回答测试题目。

②当全班都做完题目之后，老师公布标准答案，同学互相阅卷、判分。由于满分为100分，所以每人所得分数也就是对文章的正确理解率，用"%"表示。

③每人根据这篇文章的字数和所用时间，再算出自己的阅读速度，即每分钟所读的字数，并根据阅读速度和理解率算出自己的阅读效率，即每分钟读懂的字数。其计算公式分别是：阅读速度=文章字数÷阅读所用时间，阅读效率=阅读速度×理解率。

④最后，每人把每次测试的数据（阅读理解、理解率、阅读效率）记在本子上，供以后分析总结之用。登记表格如下：

序次	文章题目	字数	所用时间	阅读速度	理解率	阅读效率
1						
2						
3						
4						

注意，计时快读训练追求的不是单纯的理解率高、速度快，而是较高的阅读效率。因此在训练中要保持阅读和理解率的适当比例。下面是用来衡量自己阅读效率的参考标准：

①保持70%左右的理解率比较恰当；

②如果你的理解率保持在90%~100%，说明你可能太过于注重理解，而忽视了速度。

③如果你的理解率保持在90%以上，而阅读速度也不比别人慢，说明你还有潜力提高阅读速度。

需要性阅读

需要性阅读，是指根据不同的阅读需要来决定阅读的方式。据专家研究，人们的学习目的不同，读物的性质也就不同，因此阅读的方法也就不同。根据人们工作、学习和日常生活中的需要，一般有以下几种阅读。

①评价性阅读——慢速、中速

可用于阅读有关书籍、评价内容的正误、表现形式的优劣等。

②消遣性阅读——快速

为了涉猎知识和趣事，了解动态和新闻、浏览散文、小说、故事、剧本、杂志等，可用这种阅读。

③搜寻性阅读——中速、快速

为了搜寻某种资料，所采用的一种阅读。如，掌握一本书、一个章节或一篇文章总的观点；有时为了搜寻人名、地名、事件、典故、数据、电话号码等。

④学习性阅读——慢速

这种阅读，用于学习文化知识、参加考试、知识竞赛等学习。因为要认真学习文章中的字、词、句、段、篇，还要了解文章的作者、体裁、结构和写作特点等，所以要用慢速阅读。

⑤涉猎性阅读——快速

课外活动时，游览书籍报刊，以求扩大知识面，获得有关信息。

闪示阅读法

这种训练方法比较独特。它是快速阅读常采用的一种训练方法，把若干词语、语句或语段写在卡片（或幻灯片）上，将文字在学生面前迅速闪示而过，让学生立即记下所视的内容。训练时，词语的字数逐渐递增，闪示的速度也逐渐增快。运用闪示阅读法不但可以引起兴趣，集中注意力，而且还能达到眼脑直映，革除默念。闪示阅读法要求在一瞥之间尽量看清卡片（或卡片遮盖下）写着的内容。训练初期，通常只能看到两三个文字，以后慢慢增多，直到看清较短的段落。这项训练的要旨：一开始要努力留神全局，然后着眼于提高整体的精度。因此，应由浅入深，从只有两三个文字开始，自信心增强，逐渐向信息量多的句、段练习。根据学习的实际情况，可用以下两种方式来进行闪示阅读训练：

①卡片闪示。这是我们着重要介绍的方法。可采用以下几种方法进行训练：

将词语、短句写在卡片上，迅速扫视；

用卡片（或直尺）遮盖在词语、短句上，迅速将卡片（或直尺）往下抽动再复原。开始练习可闪示一行，以后可逐渐增多。

在卡片上挖一个长方形的孔（大小同所要阅读的词语，短句），每次闪示一次，速度逐渐加快。

②幻灯机闪示。这类主法多用在教师教学上，利用幻灯机闪示幻灯片的刹那，迅速闪现词语、短句等，这是教师辅导学生进行速读训练常采用的方法，它不但可以扩大学生的视野，而且还能增快大脑反映，增强记忆。

五步速读法技巧

这种阅读方法的具体步骤包括五步。第一步：浏览或调查这一步运用了快速扫描法。浏览的内容有：序言、目录与索引、内容、提要（包括全书的和各章节的）、后记等。通过这些，弄清书的中心内容，主题思想，然后作出选择，作出切实可行的学习计划。第二步：提问。即对作者提出的观点，您要问一个"为什么"，"他为什么这样认为"，"他的根据是什么？""他的根据是否站得住脚？"等，就这些问题，进行针对性的学习，如加强理解与记忆，激发学习热情，同时，有助于培养独立思考能力和创造能力。第三步：阅读。这一步运用一般阅读即慢读和精读。通过这一步把各节、各章以及全书或全篇文章的优点、中心内容弄懂，这一过程是加深理解的过程，在这一过程中，存在反复阅读，以便把一些观点或内容联系起来进行思考，在这一过程中，对第二步提出的各种问题也需进行很好的解答，并且把这些已经弄懂的问题记录下来，书中有用的图表及其说明也要作笔记。第四步：复述与记述。强调用自己的语言把获得的知识再讲出来，避免死记硬背。可先追忆出一个框架，然后再往里装东西，如果有的内容实在想不出，可以去看书。第五步：阅读结束后，要及早复习，以巩固所吸收信息。

推断速读技巧

推断阅读法的理论依据是由于大脑具有选择和压缩信息的功能，因而阅读时在必要的条件下不需要通读全文，只需要通过找重点、作判断的办法，就能达到去粗取精，广泛获得知识的目的。具体而言，所谓推断阅读，指的是在阅读过程中，通过寻找关键词、分析语义群和确定意图这三个步骤而达到掌握各段大意、文章的中心思想，进而形成一套要领的阅读方法。推断阅读法的好处是，压缩了文字数量，提高了理解文章的质量。推断阅读的实验依据是一般理解文章的两种方法。一般理解文章的两种方法是：

1. 判断法（或预测法，猜测法）

内行的读者只要看一眼几个句子，就能猜出整段或整页的意思。思维之所以有效，是因为采取了有效的方式。在这种情况下，读者把精力主要放在了把握全文的意思上，而不是个别词的意思上。读者所考虑的主要是文章的思想内容，所探讨的是作者的基本思路。

2. 寻找重点内容法

这种方法是在阅读时，把文章分成几部分，再把每部分按照内容分成几个方面，这样就会形成有利于理解和进一步背诵的重点。所谓重点内容是指某个点而言，这个点的文字虽然十分简短，但是却具有某种更为广泛的内容。理解的目的是为了抓住全文的基本思想、关键用词和某些具有承上启下作用的句子；理解的实质，是把全文的内容归结成为简短的逻辑性强的几条提纲，从每一条提纲里找出一个中心内容，然后再把这些内容联系起来，形成一个统一的、有一定逻辑联系的思想。划分重点内容，也就是在文章不丢重点内容的前提下，进行加工和提炼的过程。推断阅读法就是通过这种办法制定出来的。

如果对这两种方法加以综合运用，就能大大提高理解各类文章的效果。在快速阅读的情况下，理解具有迅速性、紧迫性的特点。因此，利用上述方法进行思考无疑是有益的理解，是人的头脑通过利用现有的知识，在事物与事物之间建立起一种逻辑联系。在阅读比较容易的文章里，理解仅仅表现为感知，也就是一下子能够想到从前所掌握的知识、或者马上能够从现有的知识里抓住所需的新东西，并把它同要理解的印象结合在一起。但是在阅读不熟悉和不容易理解的文章时，对所读内容要下一番功夫，就要利用旧知识和新知识建立起的逻辑联系。

因此，理解不是一字不漏地诵读，而要掌握全文精神；并不一定要通读全文，读其中一部分就行了。这一部分是指文章内容的"精华"。何谓"精华"？精华就是文章的基本思想内容。当代语言学证明，文章都有一个逻辑中心，文章都是按照统一的逻辑顺序发展的。除此之外，文章的水分有时竟达到很高的程度。

而我们便可以把阅读时间有目的地提炼文章内容的过程视为寻求"精华"和形成"精华"的过程。这个过程可以用图1–1的示意来表示：

文章里都包含着一定的信息。这种信息只要读一遍文章便可得知。所以，读书的第一步就是处理信息。信息就是文章向读者提供的东西。当然，如果读者在开始时还不理解某篇文章的价值，那么它就不会给他带来任何信息，事后过了很长时间，这位读者得到了新的知识，这时他如果读这篇文章的话，才能从中得到到必要的信息，读者对文章进行研究的结果便产生了一种概念，在这种概念的基础上，又了解了一种意图，即文章的中心思想。

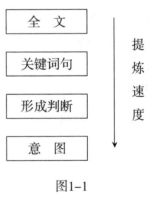

图1–1

接下来介绍推断阅读的步骤。

1. 找出关键词。即读第一遍时把关键词找出来。刚开始训练时可以用笔把关键词划出来。

2. 确定判断。即把划出的关键词，在头脑里重新编码，形成自己的判断。

3.理解意图，即通过回忆，根据自己形成的判断，确定所读文章意图，也就是中心思想。对理解阅读法尚不熟练的时候，可按上述三个步骤分步训练。待到一定熟练程度后，再将三步变为一步，即在阅读时，同时进行找关键词、确定判断、确定意图的工作。也就是既要善于抓关键词，进行快速阅读，又要同时进行思索，以达到理解文章主旨的目的。例如，下面是一篇文章的三个片断：

人们没有理由不把我们这个时代叫作统计时代。"统计学"这个词的含义深远。统计学是一种搜寻数字的方法，通过它可以把采用一定方式所得到的数字和能够说明某种现象的数字集中起来；它又是一种专门的社会经济科学；它还是在社会科学界和自然科学界广泛应用的一种科学方法。

新闻记者如果离开了统计学，对许多问题就无法报道。例如，有关人口问题的所有文章无一不是依靠统计学的。报道人口问题的文章之所以相当少，是说明许多新闻记者缺乏统计知识，不懂得对这个问题应当从何处下手。

读者们常常对数字概念不甚了解。有个例子充分说明了问题。谁没有听到和亲自用过"平均寿命"这个词？大多数读者认为，这个词的意思是指一个时期的死亡平均年龄。但是，这个词的真正概念却应当是：某一年所生的人的平均寿命。根据这种情况，这一代人的死亡率，也就是这一年出生的人的死亡率。这样说来，这个数字是确切的，又是假定的。

现将这三段文章的处理次序，按照推断阅读的要求用表格加以说明。

段落	关键词	判断	意图（中心）
一	统计学，搜寻数字的方法，科学方法。	统计学是搜寻数字的方法。统计学是用科学方法。	统计学是一种科学和方法。
二	新闻记者，报道人口总是缺乏统计知识。	许多新闻记者不大会搞统计。	新闻记者如果离开统计学对许多事情就无法报道。
三	平均寿命，平均死亡年龄、死亡率、确切的、假定的，	平均寿命是同一年出生的人的平均寿命，死亡率是指这一年出后的人的死亡率。	"平均寿命"是个平均数字也是个假定数字。

此外，如果你先要训练推断阅读能力，还可以按步骤地进行如下练习：

1. 把每行后三字盖住（按每行25字左右的统计）猜读，理出每段段意，以及全文文意，按"固定程序阅读法"的七项内容写出笔记。

2. 把每行的前三字、后三字盖住，猜读，理出每段段意以及全文文意；按"固定程序阅读法"的七项内容写出笔记。

3. 根据自己的能力，再增加盖住的字数，猜读，理出每段段意，以及全篇文章；按"固定程序阅读法"的七项内容写出笔记。

快速理解速读技巧

理解对于快速阅读很重要。我们所说的快速阅读，就是在理解基础上阅读。如果抛开了对所读材料的理解，而单纯追求速度，那这个速度即使再快也是没有意义的。因此我们在进行快速阅读训练时，一定要处理好阅读速度与理解率的关系。

快速阅读训练中的理解率应当达到一个什么样的水平呢？一般来说，正常的理解率大约是70%。这就是说，通过阅读测试，全班学生平均理解率可望达到70%。换句话说，一个中等水平的学生，其阅读理解率应在70%上下。如果你的理解率一直保持在90%到100%，这也不太正常，这说明你可能过于注重理解，而不太注意速度了。如果你的理解率保持在90%到100%，而你的阅读速度比其他同学也不慢的话，这说明你还有潜力来提高阅读速度。我们速读训练，应当是辩证地对待和理解的关系，使之达到一个理想效果。譬如，每分钟阅读400字，理解率为70%，常常要比每分钟阅读200字，理解率为90%更有成效（对需要100%理解所读材料内容的，另当别论）。就一般情况来看，在速读训练中，没有必要去追求100%的理解。要求自己100%地理解报纸报道和期刊文章是没有必要的，因为一般文章通常都有一些多余的水分，也就是说，由于作者认为读者不能百分百地理解文章的内容，往往就通过变换手法来不止一次地重复一件事。所以在训练中，要保持阅读速度和理解率的适当比例比较合适。即我们要追求的不是单纯的理解率高，也不是单纯的速度快，而是较高的阅读效率。

第二章　线式阅读法

线式阅读的基本技巧

线式阅读法阅读广度较大、速度较快、数量较多。要提高阅读能力，就要学会由逐字逐词读，改为逐句逐行地读，即采用线式阅读法。具体而言，在阅读时，以词组或句子为注视单位，一眼扫过去，可以捕捉到一个词组、一句或一行，这叫线式阅读法。

在进行线式阅读训练时，要注意以下几点要领：

1. 努力增大所领悟的"完形"。我们的阅读过程，并非简单的眼睛运动，而是一个"阅读领悟过程"。这种"阅读领悟过程"是一种思考式心理现象。所以能否阅读得快，一眼看了三五个词固然是重要的，但更重要的还是阅读的思维过程，因为思维过程是将这些词作为一个有意义的整体来领悟的。

有的心理学家把这样完整的意义单位称为"定形"中"格式塔"。完形心理学家认为，人的头脑是按照意义单位而进行思维的。因此，如果我们要从口头语言或文字材料中去寻找作者告诉我们的意义，就不应从单个的词中去寻找，而应在词组、句子和段落这些单位中，在词与词之间的相互关系中去寻找。

我们要想提高阅读能力，关键在于要能驾驭更大的定形。

2. 可以在视角上下功夫。视野单位的大小与阅读视角是有密切联系的。我们阅读文章时，在视区内的文字只能认清主视区的文字，次视区的文字则处于模糊状态。主视区的视、记、理解是三位一体的。次视区的文字在眼睛完成眼停，开始眼动时才有机会来扫描。待完成上一次眼动，开始下一次眼动时，原视区的视、记、理解大致完成了。在新的视区里，又重复上个视区的一系列动作，如此周而复始地进行阅读。因此，视角越大，视区就越大，视野单位就可能越大，识记的范围就会不断增加，这样，就为一目十行打下了基础。

阅读时，还应注意主视区应放在阅读材料中信息量大的部分。据分析有的阅读材料信息量大的在前部，有的在中部，有的在尾部。统计证明：在一个阅读材料中，信息量在首、中、尾三个部分的分布趋势是趋于平衡的。所以，不论主视区放在哪里都可以，放在首部更利于阅读。

3. 要加快阅读视线的移动。进行线式阅读时，人的眼睛处于两种状态的转换，即"眼停"状态和"眼动"状态的转换。由于"眼停"时所抓住的文字材料的多少，就是视野单位的大小，所以在一定时间内，视线移动得越快，阅读的字数就越多。

加快视线移动的方法，主要是增加眼的活动能力，增加眼睛的抓字能力。这样可以大大增强大脑皮层视觉神经的兴奋，还可以抑制潜在的语音活动，使下意识的语音活动逐渐被排除。逐步做到在阅读的时候，不需要经过视神经把全面文字信息转换为有声语言的信息，然后再把语言信息通过听神经传给大脑的复杂过程，而是由视神经直接把文字信息传达给大脑，直接对信息进行理解。

具体的训练可以有下面三种方式：

1. 运用计时阅读法进行练习。每次练习都记下所读的字数和花费的时间，计算阅读速度，检查阅读效率。

2. 一运用退缩阅读法进行练习。每篇文章读6遍，逐渐减少阅读时间，训练"眼脑直映"。

3. 利用闪示法进行练习。从词、词组开始，依次类推，11个字、12个字……直到24个字。当视区扩大到24个字，基本上可以一目看一行文字了。

下面我们就进入正式的线式阅读的训练。

词语练习

词语练习是线式阅读的第一阶段。这种练习就是要求以词语为单位进行阅读，而不是一个字一个字地读，即是以词或几个词进行。先从看2个字的词开始，然后3个字，4个字一直到9个字的词语的阅读。这样阅读有利于理解词语的意义，而且通过训练可以减少眼停的次数，使你逐渐增加眼睛视读的字数，这样就可以加快阅读的速度。这一阶段的练习是快速阅读的开始，要反复练习才能收到效果。

2个字的训练

沙哑	迷恋	飞溅	轻盈	萦绕	光明	抑扬	申诉
遗憾	惋惜	关怀	激动	皎洁	冷酷	羞涩	打探
抬爱	努力	懊恼	可怜	把握	高大	和谐	饥渴
热心	惊叹	痛快	开心	顽皮	腼腆	笑纳	悲伤
崇拜	叹服	交换	搜集	抽泣	困难	黯然	苦笑
失望	惊恐	喷怒	怨恨	激怒	服从	热情	快捷
学习	憧憬	难免	寻思	猜度	行为	盘算	幻想
慈祥	期待	司法	沟通	共同	肯定	捉摸	吩咐
忠诚	呢喃	娇气	锐利	洪钟	铿锵	嘶哑	洪亮
激昂	框架	明亮	伶倒	风趣	幽默	诙谐	叮嘱
议论	争议	解决	面孔	评论	讲解	说明	争吵
宣扬	混和	商量	请求	劝告	询问	呵斥	恐慌
谴责	咒骂	梦话	誓言	粗鲁	漫步	挪动	蹒跚
严肃	思维	轻蔑	开导	矛盾	喜悦	辛酸	隐痛
苦闷	哀愁	羞愧	内疚	怀念	呆滞	顾虑	浮想
清脆	坚定	教导	告诫	恶毒	诡辩	质问	声讨
踉跄	矫健	浏览	开发	计划	天真	拘束	尴尬
深邃	体贴	殉职	类似	深沉	华灯	焦急	妩媚
迟钝	帆影	典雅	灵魂	兴致	和悦	娴熟	袅娜

3个字的训练

新中国	青少年	新道德	记心间	树新风	人称赞
做新人	接好班	敬父母	理当然	帮父母	家务担
父母老	子瞻养	虐父母	遭人谴	兄弟妹	手足般
互尊敬	合家欢	客人来	莫怠慢	有迎送	问寒暖
见师长	尊称唤	师之海	铭心间	邻里间	勿争端
亲有过	不偏袒	入人室	叩门唤	家无人	头莫探
赴人约	莫去晚	求人事	莫强勉	用人物	要保管

丢或损	要偿还	讲礼貌	成习惯	你请谢	早晚安
告别时	说再见	做错事	要道歉	刻薄话	伤情感
污秽语	嘴不沾	上街去	举止端	守秩序	不要蛮
娱乐场	不哗喧	讲卫生	不吐谈	对妇女	要尊重
遇外宾	不围观	上下车	不抢先	扶老幼	让病残
公园里	勿折攀	拾人物	不昧瞒	遇邪恶	挺身管
救人危	助人难	公共物	集体产	保护好	勤修缮
不损公	不私占	见人拿	要阻拦	同志间	要让谦
讲友爱	与人善	学人长	补己短	律已严	待人宽
我有错	虚心改	人有错	我帮助	有纠纷	莫红脸
有隔阂	当面谈	人责直	见肝胆	讲诚实	真理捍
上不欺	下不瞒	不吹拍	不诬陷	凡出言	信当先
讲真话	行兑现	小道语	勿轻传	诈与妄	切勿染
走后门	行不端	身廉洁	要检点	各行业	无贵贱
爱本职	不思迁	能吃苦	肯钻研	业务精	出状元
穿与戴	讲朴素	美与丑	要分辨	要勤劳	注节俭
勿奢侈	勿懒散	不酗酒	不吸烟	俭朴风	代代传

4个字的训练

生吞活剥	刻苦钻研	苦思冥想	细心揣摩	浅尝辄止
精雕细刻	如饥似渴	专心一意	心无二用	虚心好学
全神贯注	望文生义	一清二楚	手不释卷	笨鸟先飞
不耻下问	茅塞顿开	十全十美	一丝不苟	精益求精
生搬硬套	废寝忘食	朝秦暮楚	互相切磋	力透纸背
日积月累	循序渐进	力挽狂澜	融会贯通	触类旁通
举一反三	质疑问难	马革裹尸	滚瓜烂熟	叹为观止
学以致用	一心一意	三教九流	深思熟虑	发奋攻关
有始有终	孜孜不倦	人寿年丰	入木三分	专心致志
积少成多	一目十行	有条不紊	津津有味	亡羊补牢
心不在焉	水滴石穿	滔滔不绝	字斟句酌	社会主义

风餐露宿	囫囵吞枣	叫苦不迭	勤奋学习	寻根问底
生搬硬套	持之以恒	死记硬背	史无前例	不得要领
不求甚解	博览群书	一知半解	一曝十寒	不知所以
聚精会神	浮光掠影	七上八下	刁钻古怪	力不从心
人心向背	人云亦云	温故知新	了如指掌	小巧玲珑
断章取义	九死一生	井井有条	门户之见	人尽其才
九霄云外	义正辞严	三心二意	十字街头	无可奈何
仔细琢磨	才疏志大	万马齐喑	与众不同	大书特书
闭目塞听	豁然开朗	山水相连	小题大作	千辛万苦
斗志昂扬	心宽体胖	认城作父	丰功伟绩	乞告哀怜
专心致志	开宗明义	天经地义	不三不四	仁至义尽
只言片语	取长补短	今非昔比	号寒啼饥	春风化雨
四分五裂	川流不息	叱咤风云	千真万确	运用自如

5个字训练

小小诸葛亮	两人对面看	三角四楞长	兄弟共五个
独坐中军帐	相貌都一般	珍珠里面藏	各走各的门
摆起八卦阵	一个会说话	要吃珍珠肉	谁要走错门
专捉飞天将	一个不发言	解带扒衣裳	真是笑死人
我不嫌你老	两只小口袋	有风身不动	打开似弦月
你不嫌我小	天天随身带	一动就生风	收拢兜里装
剪刀来做煤	要是少一个	只怕秋风起	来时荷花开
一世同到老	就把人笑坏	凄凉入冷宫	去时菊花放
一个矮胖子	房上一棵蒿	晕菜加素菜	一对黑母鸡
天天换鞭子	长得尖尖高	双手端上来	吃泥不吃米
鞭子抽一遍	牛拽不倒当	中有火山落	落雨吃得饱
胖子转圈圈	一风看到腰	四周都是海	晴天饿肚皮
近看光滑头	有膀又无头	来回在水中	房屋对面开
口里吞谷子	夜晚它睡觉	晴天人不坐	一辆车经过
屁股屙糖头	白天伴人走	雨天客不空	门都关起来

一个小罐罐	中间太阳红	木是豆中生	两井一样深
装满糯米饭	旁边刮大风	又在水里长	模样很对称
不吃糯米饭	高山岭背上	面积簸箕大	伸腿探下去
专吃小罐罐	黑熊斗红熊	分量没四两	正好齐腰深
有个小东西	虎口粗个眼	本来一大片	头上亮光光
成天笑嘻嘻	尺把长根线	变千条线	出来凑成双
晚上不睡觉	轰隆一声响	是线不做衣	背上缚绳子
推倒又站起	掀翻一大片	只在锅里见	驮人走四方
一位小姑娘	楼台接楼台	一个螺丝壳	会走不用腿
身穿花衣裳	层层撂起来	桌上来回梭	过河没得水
百花见亲友	上面白雾起	杨起木巴扇	战事分高低
春天探亲忙	下面红花开	打得不落脚	胜败在人为

6个字训练

容纳万水千山	又黑又圆又亮	吃进麦穗一堆
胸怀五湖四海	没有嘴巴会唱	洒下金雨一片
藏下中外名城	风刚唱完一曲	粮食囤满如山
浑身绚丽色彩	扭过头来又唱	它却不知疲倦
手抱住你的颈	生在深山幽谷	上面无底无坑
脚搂住你的腰	与松与梅好友	下有三口分清
雷公轰轰一响	劈成千条万缕	内有东风破阵
吓得它直流汗	夏季挂在门口	外有五指摇铃
出门脸上画花	其实却很积极	身在水底泥中
走遍千山万水	成天忙着劳动	有丝不能织绸
找到亲人说话	千活特卖力气	有洞不生蛀虫
心中甜蜜芳香	远看青龙利爪	细竹编成极薄
身上洁白如玉	近看黑虎尖牙	肚里文章十足
白沙滩口打滚	月明抛将出去	若有人来会我
清水池中淋浴	不用再往回拉	丁家山上耽搁
一张大嘴紧密	木匠挖我心肺	远看青山渺渺

两只耳朵竖直　　人们打我头皮　　近看湖水飘飘
碰见什么都吃　　只因戏团演戏　　黄绸带子捆腰
在家清清白白　　别看名字消极　　头戴大圆凉帽
一匹七彩绸缎　　一个小小工匠　　一年四季两用
弯弯高挂天边　　不用砖泥造房　　夏天给人生风
雨前雨后出现　　房子不留门窗　　冬季给人生火
稍过片刻不见　　房料可作衣裳　　春秋两季少用
我自一身清白　　一个黑脸包公　　四角方方一块
遇见对头黑脸　　办案刚直方正　　画上乌乌一片
聪明才智费尽　　开堂铁面无情　　白龙弯弯一走
落个粉身碎骨　　断案黑白分明　　脚印人人看见

7个字训练

从小立下保国志　　骗了别人是一次　　批评规劝好同志
时刻准备打豺狼　　害了自己是终生　　逢迎方媚坏作风
人民是面是非镜　　宁肯冲锋一步死　　知识好比长青树
照照便知是什么　　决不后退半步生　　辛勤浇灌果才甜
钱遮眼睛会发昏　　为人正直为国忠　　花儿初放在春天
官迷心窍能作恶　　为国为民献青春　　人的风华在少年
宁作笔直折断剑　　一寸光阴一寸金　　忠于诺言是好人
不作弯腰屈存钩　　寸金难买寸光阴　　不讲信用是坏人
投一石激千层浪　　要求自己要严格　　鱼儿活着要靠水
牵一发而动全身　　莫嫌父母教训多　　瓜儿生长要靠秧
长江后浪推前浪　　少年学习记得深　　刀儿不磨要生锈
世上后人超前人　　好比石上刻道印　　人儿不学要落后
为国献身最光荣　　你和时间开玩笑　　好人不说骗人话
名垂青史照九州　　它却对你很认真　　明人不做暗事情
春耕不好误一年　　袒护缺点害自己　　中国人民得解放
儿时不教误一生　　小错不改铸大错　　全靠中国共产党
风平浪静不丢桨　　谎言不论多好听　　酒肉之交非朋友

形势大好不丢枪　　事实面前现原形　　互相帮助见真情
继承先辈好传统　　平日下得苦功夫　　学得本领莫骄傲
草望甘露树望春　　书读百遍不嫌多　　肯问人者才聪明
早望太阳夜望灯　　遍遍都有新收获　　不懂装懂最愚蠢
母望儿郎有大志　　知识越积越精深　　打破沙锅问到底
民望祖国快强盛　　脑子越用越灵活　　当求真时必求真

句子速读

经过第一阶段词语的练习，你已经有了速读的初步基础，即可进入下一步的训练。第二阶段是句子连读。句子连读就是一眼能看一个句子，了解这句的意思。句子速读可以从简单句子开始，再到比较长的单句或复句进行练习。这一阶段是快速阅读的基础，要经常进行练习，才能收到效果。

8个字训练

骄傲多半基于无知　　知识犹如人体血液
学之乃知不问不识　　兼容并蓄融会贯通
持之以恒刻苦钻研　　善于识别真假友谊
想创造须学会理论　　具体情况具体分析
无调查就无发言权　　良药苦口而利于病
睡前洗脚胜服补药　　酒多伤身气大伤人
千补万补不如食补　　健康乃是事业之母
不要醉心放任自由　　保持诚实人的立场
嫉妒是心灵的肿瘤　　不让虚伪掩盖美德
书读千遍其义自见　　注意力是智慧门户
一着不慎全盘皆输　　多鸣之猫捕鼠必少
路在人走事在人为　　笑口常开幸福永在
患难于人即是学问　　逢山开路遇水架桥
绳锯木断水滴石穿　　未尝艰苦不知甘甜
好学不倦必成天才　　挚友好比异体同心

坚强的人才会谦虚　　　　　以俭立名以侈自败
做人生之路开拓者　　　　　悲观是人生的劲敌

9个字训练：

爱俭朴限制了占有欲　　　　书籍是当代真正大学
太阳底下藏不住秘密　　　　君子耻其言而过其行
意大利足球甲级联赛　　　　滴水穿石非一日之功
怠惰是贫穷的制造厂　　　　书是人类进步的阶梯
急性子吃不得热豆腐　　　　一万年太久只争朝夕
不要去掉自己的胆魄　　　　学习时习之不亦说乎
学问者老年之粮食也　　　　朴素是美的必要条件
过度的饮食有伤胃口　　　　酒精使肝脏痛苦流涕
心常用则活不用则窒　　　　机会是注意力的产物
为中华之崛起而读书　　　　心灵能将一切都放大
贪欲是一切罪恶之源　　　　真人面前说不得假话
诗贵有含蓄不尽之意　　　　人人为公则天下太平
美是自然的一种作品　　　　人所具有的我都具有
麦当劳餐厅节日酬宾　　　　老百姓爱看焦点访谈
书籍是一种巨大力量　　　　实践是检验真理标准

10个字训练：

海内存知己天涯若比邻　　　　腹中天地阔笔下滚巨澜
用我家笔墨写我家山水　　　　衣着往往可以表现人格
必须占领知识这座堡垒　　　　节省时间等于延长生命
错误常常是正确的先导　　　　饭后百步走活到九十九
锻炼不刻苦纸上画老虎　　　　读书不知意等于啃书皮
恒心是达到目的的捷径　　　　廉洁是不可缺少的品德
经一番挫折长一番见识　　　　没有共产党没有新中国
人老心未老人穷志不穷　　　　应当不顾一切勇往直前
阿谀奉承是卑鄙的行径　　　　好的书籍是贵重的珍宝

少壮不努力老大徒伤悲
没有调查就没有发言权
读书不知要领劳而无功
音乐是世界的共同语言
我们的力量在于说真话
路不行不到事不为不成
宝刀藏鞘里日久也生锈
高傲自大是失败的流沙
没有思想等于没有灵魂
真正的天才总是谦虚的
人之为学不日进则日退
谁自重谁就会得到尊重
温室的花草经不起风霜
不吃苦中苦不知甜中甜
补漏趁天晴读书趁年轻

畏惧错误就是毁灭进步
饮食贵有节锻炼贵有恒
生当作人杰死亦为鬼雄
运动是一切生命的源泉
天下未有不劳而成者也
应知学问难在乎点滴勤
时间是衡量事业的标准
读书破万卷下笔如有神
我们的力量在于说真话
学问贵细密自修贵勇猛
我心如秤不能为人所动
当省不省必致当用不用
世上无难事只要肯登攀
劳动是一切知识的源泉
东南亚金融危机冲击波

11个字训练

最大的过失便是不知所措
千里马常有而伯乐不常有
发展和巩固无产阶级道德
学会从美的事物中找到美
不要在群众面前给人劝告
拚着一切代价奔你的前程
公正谅解诚恳是交友之道
诚实是智慧之书的第一章
灵感是从来不拜访懒汉的
如果是玫瑰花它总会开花
改革开放是弥补过去错误
时间掩盖一切也显现一切
科学的基础是健康的身体

聪明人是最好的百科全书
要获得幸福必须付出代价
无论什么时候都不该骄傲
走自己的路让人家去说吧
愿相会于中华腾飞世界时
理论脱离实践是最大不幸
比较是医治受骗的好法子
相信自己一定会攻无不克
谨慎比大胆要有力量得多
真善美是十分相近的品质
做事拖泥带水是时间被偷
知识愈多愈觉学问的不足
沉默是对愤怒最好的回答

奇迹多是在厄运中出现的
句句著实不脱空才是读书
好奇心造就科学家和诗人
诗是用文字创造的韵律美
逆境会唤起你坚定的意志
　热爱祖国是理所当然的事
过分夸奖会变成阿谀奉承
真理常常藏在事物的深底

先自治而后治人之谓大器
做学问应该常多问为什么
研究人比研究书更为必要
社会就是书事实就是教材
工作是世界上最大的快乐
幸福就在于创造新的生活
坦白是诚实与勇敢的产物
人的天职在勇于探索真理

12个字训练

君子赠人以言朋友赠人以财
愚者积累财富智者积累知识
聪明在于勤奋天才在于积累
凡读书须识货才不错用工夫
一切事情的开头总是困难的
金钱和享受的贪求不是幸福
见多识广的人多半是廉虚的
促使天赋燃烧起来的是劳动
成功的奥秘在于目标的坚定
聪明在于学习天才在于积累
自学不怕起点低就怕不到底
我相信我没偷过半小时的嫩
　品质高尚的人永远年轻美丽
汗水的丰收是最忠实的伙伴
辛勤的蜜蜂永没有时间悲哀

有志向的人事业终究能成功
人类最可宝贵的财富是希望
劳动是唯一导向知识的道路
学问是苦根上长出来的甜果
人活着总得有个坚定的信仰
成功使人们的道德变得高尚
自尊而不轻人自信而不自满
强健的体魄是工作的承载体
不要在已成的事业上逗留着
道德之中最大的秘密就是爱
耐心是一切聪明才智的基础
犹豫不决是以无知为基础的
逆境是达到真理的一条通路
贪吃的鸟没肉好吹的人无知
谦虚可以使一个天才更美丽

13个字训练

要真正学到一点东西就要虚心
不畏劳苦才能到达科学的顶点
万事开头难每门科学都是如此

有所作为是生活中的最高境界
通往荣誉的路上并不铺满鲜花
谁怕用功夫谁就无法找到真理
真理的标准只能是社会的实践
一个人的价值不在于他的外表
生气是拿别人的错误惩罚自己
真正的友谊不是挂在口头上的
一日练一日功十日不练十日空
缺乏自信心是失败的最大原因
有德必有勇正直的人决不胆怯
合理安排时间就等于节约时间
最严重的浪费就是时间的浪费
多读有如多食不消化则无全益
中国的克隆研究取得巨大成就
奋斗者的路往往是曲折坎坷的
耐心和恒心总是会得到报酬的
永远站在第一线战士的行列里

14个字训练：
无志之人常立志有志之人立常志
书是舵帮你绕过生活暗礁和险滩
礼貌经常可以替代最高贵的感情
不要用物质替自己筑起一个樊笼
不知道自己的无知是双倍的无知
在不利和艰难的遭遇里百折不挠
路是从有荆棘的地才开辟出来的
科学没有国界而科学家却有祖国
劳动是财富之父土地是财富之母
善于欣赏美会使人变得高尚优美
人生自古谁无死留取丹心照汗青

一滴水放进大海才永远不会干涸

15个字训练：

真实与朴实是天才最宝贵的品质。

青春一去不复返事业一纵永无成。

只有人类的幸福才能是你的幸福。

立志工作成功是人类活动的要素。

合理安排时间，就等于节约时间。

心灵美就是精神的美与道德的美。

宽容精神是一切事物中最伟大的。

读书而不思考，等于吃饭不消化。

读过一本好书，像交了一个益友。

一切发展中的事物都是不完善的。

在平坦的土地上土堆看着像高山。

谁怕用真功夫谁就无法找到真理。

读书以过目成诵为能，最是不济

一步实际行动比一打纲领更重要。

偏见便是盗贼，恶习便是杀人犯。

政府机构改革必将影响青年择业。

没有一种不幸可与失掉时间相比。

人生最高之理想，在于求达真理。

利用时间是一个极其高级的规律。

行的阅读

接下来我们要进行的是行的阅读训练。具体做法就是练习一眼能看一二句，或一眼看一行的文字，还要了解里面的意思。如果一行里只有一句，就看一句；一行有二句，就看二句。在一行里一眼看一句或二句还有剩余的文字，就要转向下一行连成句子阅读。这种阅读是阅读多行文字的开始，只有打好了这个基础，才能进行一目多行，一目十行的阅读。

16个字训练：

如烟往事俱忘却，心底无私天地宽。

问渠哪得清如许，为有源头活水来。

业精于勤荒于嬉，行成于思毁于随。

愿车马衣裘与朋友共，敝之而无憾。

落红不是无情物，化作春泥更护花。

万绿丛中一点红，动人春色不须多。

无欲自然心似水，有营何止事如毛。

我们需要文化，就像需要空气一样。

一个人知道得越多，他就越有力量。

不会做小事的人，也做不出大事来。

活着就要学习，学习不是为了活着。

永远不要夸耀无知，无知就是无力。

弟子不必不如师，师不必贤于弟子。

知之为知之，不知为不知，是知也。

17个字训练：

知识是一种快乐而好奇是知识的萌芽。

机遇只垂青那些懂得怎样追求它的人。

宁愿听痛苦的实话，不听甜蜜的谎言。

在生活中，要向水平最高的同志看齐。

人生，成功不是目的，幸福才是准绳。

改革理论的胜利依靠良好的实际工作。

第一个教大学的人必定从未上过大学。

没有大量的猜测就作不出伟大的发现。

最可怕的敌人，就是没有坚强的信念。

人的知识愈广，人的本身也愈臻完美。

知识是人们在任何一条道路上的旅伴。

如果道德败坏了，趣味也必然会堕落。

诚实和勤勉，应该成为你永久的伴侣。

目前，尚无人以模仿而变成伟大的人。

我们必须两只眼睛都睁开，面对真实。

18个字训练：

读书之法，在循序而渐进，熟读而精思。

一时的失误不会毁掉一个性格坚强的人。

一个人最伤心的事件无过于养不活老婆。

宿命论是那些缺乏意志力的弱者的借口。

伟人所做的事情，并非一切都是伟大的。

读书对于智慧，也像体操对于身体一样。

贻误时机或张惶失措，就等于丧失一切。

我只惋惜一件事：日子太短，过得太快。

对于不知足的人，没一把椅子是舒服的。

必须和实际社会接触所使读的书活起来。

谁不属于自己的祖国，他就不属于人类。

人生得一知己足矣，斯者当以同怀视之。

节约每个铜板，为的是投资去购买股票。

所有坚韧不拔的努力迟早会取得报酬的。

我扑在钱上，就像饥饿的人扑在面包上。

读一本好书，就像和许多高尚的人谈话。

19个字训练：

生活是最好的教师，它会指明谁是正确的。

唯有情商，可以开成功之门，收成功之果。

一切真正的伟大的东西都是民主而宽容的。

人生天地之间，若白驹之过隙，忽然而已。

彬彬有礼的风度，主要是长期教育的表现。

顽强的毅力可以征服世界上任何一座高峰。

天才免不了有障碍，因为障碍会创造天才。
一切节省，归根到底都归结为时间的节省。
人民不仅有权利爱国，而且爱国是个义务。
人生太短促，要干的太多，我要争分夺秒。
很好地利用时间，就能使时间变得更宝贵。

20个字训练：

才能就象肌肉一样，是通过锻炼成长起来的。
没有方法能使时钟为我敲响已经过去的钟点。
只有正视自己的无知，才能扩大自己的知识。
真正的朋友应该说真话，不管那话多么尖锐。
我们应当说真话，因为这是我们的力量所在。
少说空话，多做工作，扎扎实实，组织工会。
如果我们被打败了，我们就只有再从头干起。
忧患可以兴国，逸豫可以亡身，自然之理也。
做有意义的好事，其本身就是对生活的享受。
外貌美只能取悦一时，内心美才能经久不衰。
倾囊求知，无人能夺；投资知识，得益最多。
赠人以言，重于珠玉；伤人以言，重于剑戟。
我们爱我们的民族，这是我们自信心的源泉。

21字训练

真正的友谊好比健康，失去时才知道它的可贵。
天空的蓝色绝不会因为盲人看不见而稍有减色。
人的一切都应该是美好的：心灵，面貌，衣裳。
树林里没有不弯的树，世界上没有没缺点的人。
当你的希望一个个落实，你也要坚定，要沉着。
环境艰难越能出聪明人，因为他需要改变环境。
没有加倍的勤奋，就既没有力能，也没有天才。
谁若想在困厄时得到援助就应在平日待人以宽。

确信自己的道路正确，就要勇往直前决不回头。

生活是欺骗不了的，一个人要生活得光明磊落。

生命短促，只有美德能将它留传到遥远的后世。

水草肥美的地方鸟儿多，心地正直的人朋友多。

22个字训练：

任何一种容器都装得满，唯有知识的容器大无边。

人永远是要学习的，死的时候，才是毕业的时候。

人应尊敬他自己，应自视能配得上最高尚的东西。

一个人愈知道时间的价值，愈感觉失去的痛苦呀！

如果不想在世界上虚度一生，那就要学习一辈子。

一个人的帽子的价值，并不等于他的头脑的价值。

我比别人知道得多的，不过是我知道自己的无知。

不积跬步，无以至千里；不积细流，无以成江海。

为了在生活中努力发挥自己的作用，热爱人生吧。

人不能像走兽那样地活着，应该追求知识和美德。

你若要喜爱你自己的价值，就得给世界创造价值。

23个字训练：

学到很多东西的诀窍，就是一下子不要学很多东西。

人的理性粉碎了迷信，而人的感情将摧毁利己主义。

科学尊重事实，不能胡乱编造理由来附会一个学说。

成绩是我的、自己的，但还要准备小本子记下差距。

一个人年轻的时候不学会思索，他必定将一无所获。

我是拙笨的学艺者，没有充分的天才，完全凭苦学。

要理智地、自觉地、有效地投身市场，就必须学习。

应当让别人的生活因为有了你的生存而更加的美好。

每滴露水在太阳的照耀下都闪耀着无穷无尽的色彩。

在知识山峰上登得越高，眼前展现的景色就越壮阔。

鹰有时比鸡飞得低，但鸡永远不能飞得像鹰那么高。

外部的清洁与优美，应当是有良好生活习惯的表现。

人生是短促的，只有成功能将它留传到遥远的后世。

24个字训练：

阿谀并不能赢得友谊，只有真理和忠诚才能巩固友谊。

友谊的基础在于两个人的心肠和灵魂有着最大的相似。

劳动者渴求知识，因为知识是他们获得胜利所必须的。

无知者是不自由的，因为他面对的是一个陌生的世界。

人以为我最聪明，但我自己知道我是什么都不知道的。

从俭入奢易，从奢入俭难，勤俭加勤奋，永久是真言。

任何一种对时间的点滴浪费，都无异于一种慢性自杀。

我们应该力求把我们所有的时间用去做有把握的事情。

明日复明日，明日何其多？我生待明日，万事成蹉跎。

盛年不重来，一日难再晨；及时当勉励，岁月不待人。

那些没受过未知物折磨的人不知道什么是发现的快乐。

一粥一饭，当思来之不易；半丝半缕，恒念物力维艰。

不应该追求一切种类的快乐，而应该追求心灵的快乐。

生命不可能有两次，但是许多人连一次也不善于度过。

错误最多的人，是那些犯了错误而不肯承认错误的人。

篇章的练习

现在开始正式的文章训练阶段。请你用线式阅读的方法来阅读下面的文章，读完文章后做好记录，然后根据理解程度给自己评定一个百分比，折算出自己的阅读效率。

如何应对数字化时代

张玉玲

买个盒带、买张CD听歌，曾是时髦的生活和娱乐方式，也曾伴随一代人享受音乐的魅力，拥有快乐而温馨的记忆。然而，随着数字音乐的兴起，互联网和移动互联网上储存量更大、获取更方便、价格也更便宜的视听欣赏方式，深刻地改变了原有的音乐生态。传统唱片制造业日渐萎缩，前途堪忧。怎样面向数字化生存？这是中国音乐产业面临的挑战。

无力回天的旧模式

经历过音像业的"黄金时代"，也曾饱尝产业衰败的阴暗低迷，从事音像业近20多年的广州飞晟公司副总经理邓志君，谈起音像业的大起大落感慨万千：上世纪九十年代，一盒费翔的盒带能发行几百万盒；1996年到2002年间，光靠任贤齐10张专辑，一个音像出版社的利润就高达千万元；那时一个音像公司的5条光盘生产线，满负荷运转，每月压制400万张光盘，还供不应求……

然而随着技术的进步，危机悄然降临，随着以网络音乐、手机下载为代表的数字音乐的崛起，音乐产业原有的"生产—消费"的旧模式被颠覆。人们开始在网络上寻找并下载免费音乐，音乐光盘的销量更是一落千丈，传统唱片业全线萎缩，过去动辄几万甚至几十万张唱片的销售数字已锐减至不足千张。时至今日，盒带光盘几乎要退出舞台，曾遍布各中心城市大街小巷的音像店也已近绝迹……

颓势还在蔓延，噩梦仍未结束：成立仅6年的广东音像协会因难以为继而注销了；近日，著名音乐公司太合麦田的CEO宋柯宣布引退而转卖起了烤鸭，并抛出"音乐已死、唱片已死"的悲叹。音乐产业怎样面对数字化的挑战重振雄风？

价值发现的新视野

"我仍看好音乐产业，作为最早挂牌的国家音乐产业基地，我们在深圳大梅沙音乐产业基地的基础上，将要复制福建泉州音乐产业基地、常州音乐基地、北京天桥音乐产业基地。"有20多年"乐龄"的音乐人徐晓峰显得十分乐观，他指着自己名片上的新头衔说，"我是北大青鸟音乐集团的总裁了，北大青鸟已投资我们公司，正在包装孵化，预计三年后上市。"

徐晓峰的信心和底气来自于这些年他对音乐产业的全新价值发现：打开视野和思路，就不再为唱片制造业的萎缩悲伤了，一首歌的价值不能只表现在唱片制作上，而应有"组合拳"，是个长长的产业链——除了唱片，还有互联网和手机上的数字音乐，有歌手去表演的表演权，广告授权、卡拉OK收费、商场等公共场所的播放收费、影视剧中片头片尾曲收费……

"传统唱片业只是音乐产业的一环，其实整个产业链上的价值都有待发掘。"徐晓峰道出了他做大音乐产业的"诀窍"：一首《飞得更高》，成为全国十几个广告的主题歌，自然也获得了不菲的收益；一首歌的周边效益还包括能带红明星，引出明星代言、演唱会等多种赢利方式，比如歌手汪峰2000年时制作一首歌只收费2000元，可到去年制作《怒放的生命》演唱会时，身价已是一年2000万元……

"虽然唱片业萎缩，但从大的产业来看，人们获得音乐的渠道正在变得更加丰富，音乐产业的整体价值也在不断攀升。"A8音乐集团总裁刘晓松如是说，传统唱片的业绩下滑不是中国独有的，是世界范围内的普遍现象。据国际唱片业协会统计，2004年至2009年，全球音乐唱片的销售下降了30%，同期数字音乐的销售却上升了940%。在传统音像制品受挫之后，一个"旧世界"被打破，人们寄希望于数字发行，各国都在寻找适合于数字时代的音乐产业发展新模式。在欧美，苹果iPod和iTunes捆绑销售的"99美分"数字音乐商店大获成功，2010年2月，iTunes已点击下载100亿次，占到美国音乐销售额的1/4，成为美国最大的音乐零售商。

中国的数字音乐尽管还没找到成熟、普遍适用的商业模式，但也已小试牛刀，获得了年销售300亿元的业绩。一首王麟演唱的《伤不起》，就卖出1200万元的彩铃，刘晓松说，A8全年的彩铃收益达到7亿元，公司已在香港上市……

提升服务的新突破

"要应对数字化的洪流，最直接的突破是另觅生存通道，回复音乐最本源的现场演奏。"中国音像协会常务副会长王炬说，现场感受的审美体验，不仅仅来自音乐，也来自对现场音乐家们的尊敬与心灵的共振效应，这种审美体验，绝对不是对着机器所能替代和体验到的！

徐晓峰也深有同感，他们现在做得最多的是现场音乐，通过音乐节、音乐会去推销原创作品，去发现歌星。作为流行音乐的"推手"，他们已签下70多个乐队和歌手，同时签约全国500多个大型酒吧，配送音乐和歌手的现场演奏。当记者问"签约的歌手会不会在成名后另觅高枝或另立门户"时，徐晓峰回复一句简单而深刻的话"他自由，我自信"，这是一种对自己专业服务的自信——"我们是音乐产业的专业化、规模化生产，能降低成本，增加收入。同样一场音乐会的灯光音响，别人要花费50万元，而我们只需40万元；同样一个著名歌星，别人一场给他30万元的出场费，而我们只付20万元，可我们一年能让他演20场，这样歌星就主动与我们合作了……"

"承办现场演唱会或者音乐会，绝对是门专业学科，也是全新的专业服务。"上海新汇文化娱乐集团副总裁臧彦彬说，这是一个系统的文化工程，有复杂的市场分析、成本核算、项目宣传的媒体投放、项目举办的时间地点，甚至天气情况、项目举办时的文化部门批准手续，公安、消防、交通、场馆协调、音乐团队的沟通等等非常繁杂的商业运作方式……

即使是数字音乐，也不能做盲目跟风和低水平重复的同质竞争，而要提供新的服务才能让消费者欣然购买。"在浩如烟海的音乐世界中，每一个人要想找到适合自己的，或者在当时当地适合自己心情的作品其实是很难的。因此，音乐服务的空间巨大。"刘晓松很看重为消费者量身定制的服务，他说他们公司的标识是八个琴键，多的那个键就代表着"服务"。

加强原创的新动力

音乐产业的业内人士也在反思：这些年有哪些好歌在传唱？有哪些音乐人出来了？小约翰·施特劳斯的《蓝色多瑙河》是对大自然美丽的赞颂，是为1867年在巴黎举行的第一届世博会而作的主题音乐，至今已演奏和欣赏100多年了。可我们百年难遇的北京奥运会和上海世博会，却没能留下一支风靡世界的主题曲，这是音乐人的遗憾，也是一个时代的遗憾……

"在数字音乐的300亿元收入中，音乐提供者的收益不足其中的5%。"王炬指出，"渠道为王"的现实，严重打击了内容提供者的积极性，再加上下游终端的萎缩给上游的原创音乐造成很大影响，没有公司愿冒风险花大钱培养新人和出新专辑，直接恶果就是好歌新歌越来越少。如果说流行音乐尚能从市场上获得认可，而创作出真正代表国家民族音乐素质和水准的音乐，就还需要国家的大力扶持。

"国家音乐产业基地将承担起这种使命，要抓好音乐的原创，抓好精品生产。只有出产品、出人才、出效益，基地才能引领中国音乐产业发展。"新闻出版总署出版管理司朱启会副司长说，有关部门将设立国家音乐产业发展基金，主要用于：推动音乐企业转型，优化产业结构，提升产业素质；鼓励原创音乐开发，多出优秀音乐作品，打造优秀音乐品牌，培养优秀音乐人才；推动我国音乐产品和服务"走出去"，加强音乐文化的国际交流与合作，扩大中华音乐文化的国际影响……

国家音乐产业基地北京巨海传媒总经理张旭东说，他们专门拿出1919小剧场为著名音乐人三宝的音乐剧当作排练基地，就是希望为音乐家创造一个良好的工作和创作氛围，让音乐基地孵化出代表中国特色和时代水准的音乐精品。

迎接版权经济的新环境

不管是服务上的新突破，还是原创中的新动力，中国音乐产业要实现良性发展，始终绕不过一个最核心的环境问题就是版权保护。王炬副会长认为，"现在由于有盗版，整个音乐产业链上暂不能保证有足够的进账，相信随着版权环境的改善，音乐产业还能迎来一个明媚的春天。"

朱启会常提到这样一个案例：2007年美国有一位女士不经意将她喜欢的一些歌曲传给她的亲朋好友共享，结果被法院判罚22万美元，加上诉讼费等相关费用约70万美元，听到判决后这位女士当庭昏了过去。这在中国是不可思议的，因为我们大多数人的习惯是，把免费获取音乐当作像呼吸空气一样自然——这就是我们音乐的生态环境。

"我们不可能坐等版权环境变好了，才去发展音乐产业，我们现在就要主动去做事，积极应对才是上策。"朱启会说，一方面国家要推动相关立法工作，加强音乐版权的保护。行业要积极参与修订新《著作权法》，认真落实《广播电台电视使用录音作品付酬管理办法》，让知识产权获得应有的价值和尊重。另一方面，行业必须转型升级，特别是通过国家音乐产业基地这个新型平台的运作，彻底打通音乐产业各相关环节，融入金融服务和产权交易等新的手段，形成横向拓展、纵向延伸的音乐文化大产业链。

音乐产业的新天地

据悉，国家对音乐产业发展将加大政策扶持力度：音乐产业发展纳入国家文化产业发展规划，制定并落实扶持音乐产业加快发展的政策措施；北京、上海、广东联手建立的国家音乐产业基地，着力推动音乐产业发展，承担起创作音乐、创新平台、创造价值、创立地位、创就辉煌的使命；对于各地设立的音乐产业园区，将施行和科技产业园相同的优惠政策，搭建文化创意产业的大平台，支持音乐和相关文化创意产业的聚集、融合、协调发展……

"更重要的是，要利用产业平台集聚更多的社会资源发展音乐产业。"徐晓峰说，今年他们将在全国举办30多个音乐节，集中用音乐节的概念做成全国性的媒体平台，吸引更多商家、企业参与进来一起联动。这样，既做活了音乐产业，也极大地丰富了群众的文化生活。

（摘自《光明日报》 2012年03月29日，字数3672）

〔测试记录〕

文章字数：	字
阅读用时：	分钟
阅读速度：	字/分钟
理解率：	%
阅读效率：	字/分钟

第三章　直读法

什么是直读法

直读法也是很好的快速阅读方法。美国中学教员爱维琳·伍德，经过12年研究，创造了徒手直视速读法，宣称采用直读法，可望将阅读提高到每分钟3000个字左右。她要求学生以手作为进度尺，引导眼睛去吸收全段文章的涵义。她的学生康普还出了专著，介绍这种直读技巧。

值得指出的是，直读法同样适合于汉语阅读。阅读时，眼睛处理信息的速度依赖于它每次停顿时所获得的信息量，这一问题是提高阅读速度的关键。善于快速阅读的人，往往具有相当宽的余光区。他们的眼在看书时沿着书面的中心线上下垂直跳动，能够从文章里迅速找到关键词，抓住主要内容。他们所采用的方法就是直读法。直读法从根本上破除了横行阅读的习惯，这样的读速是很快的。

直读法的训练技巧

　　直读法扩大了视野。由于视线集中到每页的中心，就能看清一页的全貌。但有些经验表明，要学会眼睛垂直运动也很难。因此，要做专门的训练。直读法的阅读是对横行读书方法的很大改进，是对旧的读书方法的冲击。训练初期，目光随着书页中心运动。训练熟练以后，眼睛并不都是上下移动的，而是忽而移向左，忽而移向右。在直读快速阅读的初期，视线沿着书页的中心上下移动练习。一定的时间后，目光有时会偶然离开垂直方向，而沿着某一行移动，以便从中吸取某种新的信息。眼睛之所以突然改弦更张，是因为大脑的仓

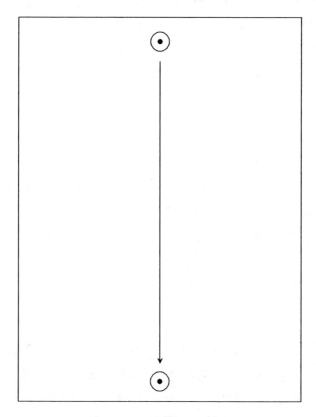

图3-1 直读法视线扫描法

库里还没有这种信息，因而需要予以精读。最后，眼睛的固定点和视线基本上集中在关键词或者与关键词有关的概念区（即概念群）里。

曾经有一位被实验者（女）阅读《人民日报》上的一篇简讯，她在这次实验之前学习了3个月的快速阅读法。她读的这篇通讯共有5段，共用了20秒钟。从目光经过的线路看，这位被实验者眼睛的固定点和视线基本上集中在关键词上，或者与关键词有关的概念区（即概念群）里。

在阅读最后一段时，有个明显的特点：在前一部分里，目光是顺着文章的中心移动的。但是，关键词恰恰不在文章的中间，而是在这一页的左右两边。目光移到了这一段的最后三分之一的地方发生了变化，变成了从左向右运动。可是，有时目光又回到中间，因为一些主要概念却在这一页的中间。这位被实验者所采用的就是垂直阅读法。

以上事实说明，目光总是集中在关键词和基本概念上，要达到这种目的，就得学习直读法。而直读法的阅读技巧可以按以下方式来训练。

1. 每天用"垂直阅读法"读完当天报纸上的各栏文章。

2. 遮盖练习。这项练习分为两个步骤：

一是，采用眼睛垂直运动的方法读报时，先把每一行开始和结尾的各两个字盖起来。在这种情况下，要求回答文中的每个问题，阅读时可以不去理会文中被遮住的那一部分文章。

二是，将文章中每一行的首尾各盖去3个字。在每一行里只剩下19个字（即每行的25个字减去盖上的6个字）。刚开始训练时，可能移动视线的速度只是停留在刚懂的程度。但是，如果把垂直移动的速度放慢三分之二或者五分之四，那么就会完全理解内容了。经过这些练习，在垂直读书的情况下，可以理解整篇文章，还有一些部分通过预测就可以解决。

3. 注意事项。练习时，应注意以下几点：

（1）必须准备好10至12本通俗的读物，每1本为50至100页。最初的2至3本练习册可用普通铅笔在每页书的中央从上到下浅浅地画一条线。

（2）每天阅读一本篇幅为50至100页的书。每页的阅读时间为15秒。

（3）再用六七天时间动用眼睛垂直运动的方法，每天阅读一两本篇幅为100至150页的书籍，每页用15秒钟。要尽量掌握读过书的主要内容。

（4）阅读每一本书，都必须不间断从头读到尾。只要知道书的总页数，就不难算出阅读这本书所需要的时间（以每页书15秒计算）。读完后，应对下列问题写出书面答案：书名、出版单位、页数、章节标题、主要内容和最深刻最有趣的事件。

文章直读训练

这里我们为你准备了一篇文章，请你用直读法来进行阅读。注意，这篇文章应该按照我们建议的不同节奏来阅读。在阅读过程中，你的眼睛应该随着书页的中心线由上而下地垂直运动，而不是像大多数人习惯的那样横行阅读，这样，从根本上破除了横行阅读的习惯，阅读速度能够提高很多。

我的"徽学"情结

鲍义来

近些年来，领导和同事为鼓励我治学，称我为"徽学专家"。能被人发现自己的"亮点"，心里总是高兴的。但人要有自知之明，要真正成为被学术界认可的专家是很不容易的；我只是对徽学有着浓厚的兴趣，下了一些功夫，写了一些文章，产生了一定的影响，和真正的"徽学专家"相比，还有很大差距。

也许有同志会问：你作为一个省报的编辑，怎么会和徽学结缘？一个"徽学专家"对办报有些什么好处？你又是怎样向"学者化"努力的呢？

初识徽文化

我的家乡安徽某县，地处皖南，黄山脚下，是古徽州府的首县和州府长期所在地，也是后来国务院首批公布的历史文化名城。我的徽学情结与许多外地专家不一样，他们多半是先接触了徽州的大量文献，引起了对徽学的研究兴趣后，才来徽州考察和认识徽州的，是先理性而后感性；我的情况则相反，是先由感性而后进入理性的，只能算是一个"土专家"。

1972年，我就读于安徽师范大学历史系，教世界史的徐正老师是我的同乡，他常和我谈起古徽州的辉煌，也是他第一次告诉我：马克思《资本论》中提到的唯一中国人王茂荫是某县人。徐老师希望我毕业后回到县里，将家乡的一些古建筑拍成照片，给徽州留下一部古建筑的图片文献。

徐老师还和我谈了徽商、徽州教育、新安医学等等。他常以自豪的神情说，在徽州随便看到的一块碑，都有几百年的历史。

大学毕业后，我被分配到某县县委宣传部，任通讯干事。我住的地方在县委大院内，从机关大门数起，要经过18道门和许多庭院、厅堂，才能到我的住地，真正是"庭院深深深几许"了。某县旧志有载，明代文坛"后七子"领袖王世贞晚年曾率三吴两浙各界名流上百人来游黄山，作为他的同榜、曾任过兵部侍郎的徽州人汪道昆便以黄山主人自居，出面招待。相陪的人均能各擅其长，以书家陪书家，以画家陪画家，以至琴、棋、诗词、篆刻等，无一不备，结果王世贞大为称赏而去。

由此我常恍惚：我所住的这幢县委大院，当年是否就为王世贞率团居住过？

那时有各种中心工作，我因年轻，无家室之累，是常被抽调做中心工作的对象，这也很好，可以更多地看到许多徽州古建筑，如古祠堂、古桥、古塔等。因为保管不力，这些历史印

记的丢失是非常严重的。新安医学中享有盛名的郑村西、南园喉科，都是经营几百年的万金之宅，但从70年代后期起，就陆续被新安江库区的移民拆旧建新，致使原来的古建筑荡然无存。

西溪南有一座全部都是楠木盖成的吴氏祠堂，又名楠木厅，从明代以来几百年，一夜之间竟为一场大火烧毁，等我闻讯骑了几个小时自行车赶到时，面对的是一片瓦砾和缕缕残烟，我伫立良久，欲哭无泪。

70年代中后期，中山大学叶显恩来某县考察徽州的农村社会，安徽师范大学张海鹏来某县考察徽商。尽管那时我还不能从宏观上把握徽州文化，也远谈不上作深入的研究，但那时我已深切地感觉到，古徽州历史既然能引起外地专家那样浓厚的研究兴趣，我作为徽州本土的文化人，更有责任对徽州文化给予热切的关注。为此在那些年，我曾跑了许多古村落，走访了许多老人，搜集了大量文献。特别是就王茂荫、黄宾虹、汪采白、陶行知、胡适等名人与故里情况作了调查。

也正因为如此，那些年我采写的《陶行知故乡行》和反映黄宾虹故居得到保护的《虹庐门前春又来》等，不仅上了当时省报，还为外电、外报采用。我还参与了《新安揽胜》等书的

编辑和写作，其中由我撰写的《棠樾牌坊群》，第一次将当地人称为"棠樾牌坊"者改称"牌坊群"，20多年来约定而俗成。

大做徽文章

1981年，我调入安徽日报社，这为我宣传徽州文化提供了极大方便。是年为陶行知先生诞辰90周年，我曾撰写了好几篇文章在省内外报刊发表，其中安徽日报所发表的《陶行知与周恩来》一文，后来还被收进《相遇贵相知——中央领导与党外人士交往》一书。我在安徽日报上还发表了《徽州与徽州学》、《新安诗人许承尧》、《黄宾虹的爱国情操》等有关徽州人文的文章。可以这样说，徽州文化借助安徽日报比以往有了更多通俗的宣传。

80年代迎来了徽学的春天。在原安徽省社科院院长欧远方的关心下，成立了安徽省徽州学研究会，我参加了该会并被推选为研究会秘书长。与此同时，我还参加了相继成立的黄宾虹研究会、陶行知研究会。

在经过了必要的理论和资料准备后，我撰写了一些有一定难度的文章，主要有选入《中国当代社会科学家传略》的《以群传略》；发表在《人物》杂志上的《马克思提到过的王茂荫》；选入在《安徽著名历史人物丛书》的《新安派著名画家汪采白传略》等。与此同时，我还担任了《墨海烟云》《汪采白画集》和《汪采白诗画录》等书的责任编辑。就这样进入了徽学圈。

向"学者化"努力，使我为安徽日报所撰写的徽州人文乃至我省文化方面的报道，和以前相比显得更丰富、更立体、更能提出问题、更具思辨意味。比如某县的西干山历史上就是一个风景胜地，这里安葬有相隔300年的新安画派两位画家渐江和汪采白的墓，但70年代在这里建了树脂厂，其水污染了新安江，工业废气腐蚀了景区的宋代古塔，厂区围墙隔绝了人们的登山凭吊。当年陶行知曾说过，世界上只有一个地方可和徽州相比，这就是瑞士，他曾非常动情地寄希望徽州人莫辜负新安大好山水。于是我便以此为题，夹叙夹议，将徽州的历史人文与现实的环境污染相对比，使文章富有历史感、知识性和文化品位。我还就历史文化名城某县的保护问题，如地面遗存急剧减少、文物外流、旧城风貌遭破坏等，撰写了《历史名城的忧虑》。还就和义堂等古建筑的保护开发利用、新区建设如何和徽州原有的建筑风貌协调写过文章，都因有一定的思想深度而受到广大读者的好评。

当然，我作为安徽日报的一位从业人员，并不是专写徽州和徽文化的，其他方面的报道我都写过。徽学只不过在我的报道中比较具有特色，是我着意努力的一个方面。

进入徽学圈

进入90年代，我调入安徽日报副刊部，比较专门地从事文化方面的宣传报道。副刊在编辑部内是一个相对清贫的部门，然唯如此，倒是可静下心来多读些书，进而向"专家"的目标靠近。

习惯认为，编辑记者是"杂家"，然而如果只是以"杂"为满足，不能从"专"上下功夫，不能在某些问题、某些领域里逐渐成为"专家"的话，那采写的稿件就很难避免一般化。事实上，就有许多"杂家"经过努力而逐渐成了某些方面的"专家"，这使我非常敬羡。

编文化副刊，向"专家"目标靠近，使我更加感到历史上安徽的文化并不落后，它有被称为与敦煌文化、藏文化两大地域文化齐名的徽州文化，有影响深远的桐城派和淮北的老庄及建安文化，有唱响海内外的黄梅戏和徽剧等等，这一方热土曾诞生了诸如有新文化运动旗手之称的陈独秀、胡适等众多著名人物。所以安徽省政府明确提出"唱响黄梅戏，做好徽文章，建设安徽文化大省"；又提出"打好黄山牌，做好徽文章"。总之，无论是发展文化事业、加强精神文明建设，还是展现富有特色的徽州人文、促进安徽的旅游经济发展，"徽文章"都是值得着力一做的。

由于着意对文化尤其是徽州文化的研究，这为我组稿提供了极大的帮助。比如我曾组织原省社科院长欧远方写了《皖文化大有可为》，该文对继承、发扬安徽的传统文化以及与今天安徽经济发展的关系作了精辟论述，1998年被评为安徽日报好新闻一等奖。另外在去年申报西递、宏村这两处皖南古村落为世界自然文化遗产时，我组织编发了《走出徽州走向世界——西递、宏村申报世界文化遗产纪实》一文，该文在舆论导向乃至促进读者形成共识等方面都起了较好的作用，在省内外都有反响。这些都使我认识到，一个编辑要有好的眼力才能组织到好稿，而眼力是与他的学识分不开的。

为了展现徽州文化的博大精深和五彩缤纷，我在这些年就这一区域文化撰写了大量文章，如在安徽日报发表的《徽学研究任重道远》，向读者介绍了徽学的产生、内容以及目前研究的现状；《毛泽东与徽州文化》在安徽日报发表后，还被新华社《瞭望》杂志转载。正因为安徽日报在发掘地方文化方面形成了一定的特色，为此受到了读者的欢迎，也接到了一些表扬信，著名词人宋亦英曾有词赠："雄踞东南，誉夸邹鲁，山川间气才人数。各凭健笔领风骚，腾蛟起凤光千古。世早推新，文宜踵武。'皖风'（安徽日报文艺副刊）应运开新圃。千秋事业赖弘扬，春风吹绿江南树。"在服务好本报的前提下，这些年我还向省内外众多媒体发了许多"徽味"文章，诸如《京华寻迹黄宾虹》《徽州文书》《陶行知的黄山诗》等等，

以期让世人更多地了解徽州文化。去年以来，新安晚报还为我开辟了一个《讲述老徽州的故事》专栏，至今已发表了几十篇好几万字，颇得读者好评。

与此同时，我在"学者化"方面也取得了一些成绩。参加了《徽商研究》一书的写作，该书获安徽省第四届社会科学优秀成果一等奖，并荣获国家社会科学基金项目优秀成果三等奖，这是安徽省社科领域目前获得最高级别的奖项。安徽大学徽学研究中心聘我为兼职研究员。

为使自己尽量"学者化"，四处淘书买书便成了我生活的一个重要组成部分，许多外地朋友为我邮购了一些"徽味"书籍。目前，我的住家到处是书，成了真正的"徽味馆"。

（摘自《新闻战线》2000年第十期，字数3613）

〔测试记录〕

文章字数：	字
阅读用时：	分钟
阅读速度：	字/分钟
理解率：	％
阅读效率：	字/分钟

第四章 面式阅读法

什么是面式阅读法

面式阅读指的是在快速阅读训练有一定成效的基础上进行的一种更高级的训练。采用此法阅读，每次眼停感知的字量多，一眼就能看清一句、数句、一段、数段，甚至整页。因为视野较宽，眼停次数减少，所以阅读速度很快。阅读时，把一层文字、一段文字、或者整页的文字作为每次眼停的注视单位，这种阅读方法叫面式阅读法。

运用面式阅读法，要注意目光运动的路线。以页为单位进行阅读时，眼球应注视书页的中心，余光要遍及整页的文字；以段为单位阅读时，目光应沿着书页的中心线由上往下垂直移动。这样，可以把书页中心两侧的文字置于整个视力范围之内，提高视线广度的有效范围，还可以避免目光的左右往返扫视，缩短目光运动的路线，从而保证快速阅读。

运用面式阅读法，每次眼停接收的文字信息多，但不应不加选择地兼收并蓄。面式阅读法同其他快速阅读一样都以获取有用的信息，理解的重点应该是文章的精华部分。因此，面式阅读法应与其他快速阅读法结合运用，在阅读时积极思维，利用有关的句群知识、段落知识、文体知识以及关键词语为线索，进行联想、猜读，敏捷地作出判断，才能很快地掌握文章的主要内容，取得理想的阅读效果。

下面介绍一目十行阅读法和一目一页阅读法。

一目十行并不是指那种缺乏思索理解过程，不带任何识记任务因而读后一无所获的"跑马"式阅读，而是指在略读快速之中获取对书本或文章的整体理解，产生摄取书本或文章中的思想意义精华的探测性阅读，是指一眼就能视读比较多的文句，是一种高级快速阅读法。古人所说的"一目十行"，实际上就是面式阅读法的一种形式。一个人的知识经验越丰富，阅读理解能力越强，这种一目十行的能力就越强。"一目十行"，或者是眼球转动迅速，一眼扫视多行文字，大脑以相同的吸收、理解速度与之相适应，使阅读重点词有效进行；或者是一眼同时看到多行文字，并进行理解，这种情况，实质是通过扩大视读单位来实现的。无论上述哪种情况，都比慢读有利于对读物进行整体理解。"一目十行"，往往运用于精读前的初读阶段，以便于对读物整体的了解，从而有利于以后对读物各个细节的研究研读。此外，也常常应用于寻找有用信息或判断读物是否有精读价值的阅读以及消遣性的或"随便翻翻"式的阅读。

可能有很多人认为"一目十行"是不认真读书、"走马观花"。其实"一目十行"作为一种速读技能需要严格训练。在这种训练中，除了必须不断积累知识和经验，提高认识水平以外，还必须在逐渐加快阅读速度的过程中，渗透进思考的功夫，特别是意会、领悟等直觉思维的能力，这对"一目十行"的快速阅读有重大影响更高的阶段便是一目一页阅读法。这种阅读法是指眼睛在书面中的某几个点停留而迅速获知该页文字内容大意的快速法，这是真正的"全景摄影"，整页文字，一目了然、尽收眼底，是视读法的完美形式，快速阅读的最高技巧。一目一页阅读，适用于专业书籍或文章有共同论题的读物，选出共同的项目；还适用于浅显容易的读物，学生预习、复习功课，寻找各种参考资料，并且适用于阅读消遣性书籍、报纸、刊物等一目一页是速读的最高技巧，只要经过一定的训练，必定会达到最终目的。在练习时，要注意克服心理障碍，树立信心。要有较宽的有效视野，必须要有高度集中的注意力，灵敏的阅读反应，并要熟练地掌握各种速读技巧。唯有靠坚定的信心，刻苦努力，不断练习，才能逐步达到这个最高速读境界。

一般来说，一页内容只有两三段。运用段落阅读法，一眼看一段段落，只要看两三眼，就可以看两三段，抓住重点词或者段落大意，掌握该页要点，就可以了解该页主要内容，这样，就达到阅读一目一页的目的。

中心点视读练习

由上面可知，直读法需要眼睛的有效快速地运动。中心点视读练习是同时解决集中注视力和扩大视读野两个任务。

第一阶段：第一周和第二周是训练集中注意力，即能控制和分配自己的注意力。

第二阶段：第二周和以后几周，是训练扩大视读野的感知范围。

请看下面的几篇短文。

秦始皇和他的帝国

公元前221年，秦始皇嬴政结束了长达250多年诸侯纷争的战国时期，建立了中国历史上第一个统一的、中央集权的多民族封建国家——秦。秦始皇统一了文字，统一了度量衡，统一了货币，建立了郡县制度。由他奠定的封建国家框架在以后的2000多年中一直被人们延用着。他在十几年的时间里组织30多万人在中国北部修建了绵延5000公里的长城，并生前就开始修筑庞大的坟墓。1974年发现的、守护秦始皇陵的秦兵马俑震惊了世界。8000个如真人大小的陶俑、陶马和战车栩栩如生，被誉为"世界第八大奇迹"。

国安剑指足协杯

大胜青岛海牛队之后，正逢联赛休战，国安队经过短暂放假之后，于本周一重新集结。刚刚到手的三分并没有让魏克兴感到特别兴奋："赢球了当然高兴，但其实那场比赛中也暴露了不少问题。我们边路进攻的成功率并不是很高，上一场四个进球当中唯一一个不是定位球的进球，还是抢断对方的失误攻进的，这说明我们阵地进攻的作用还没有完全发挥出来。这两周时间，除了有针对性地进行战术训练外，还要加强体能训练。因为我们队员的体能马上就要面临考验——在联赛中间还要穿插进行足协杯赛，我们又要一周三赛，这意味着要比别人付出更多的体力。"目前国安的剑锋已直指足协杯了。俱乐部常务副总经理杨祖武认为今年足协杯的形势对国安非常有利，能够主场翻盘战胜厦门厦新队，不仅意味着夺冠的希望增大，更好似给全队打了一剂强心针，对联赛的帮助也是很大的。足协杯赛下一轮面对的是武汉红桃K，虽然有人说国安队实力占优，但红桃K是极有希望冲A的球队，其实力不容小视。国安队员们分析，如果能够战胜红桃K顺利挺进足协杯决赛，那么夺冠的希望就增大了，因为国安队历来有善打关键战役的传统。"总说新老交替容易出问题，我们将证明年轻队员并不只是会拖后腿。"一位年轻球员对记者说。

阿拉法特：不为人知的一面

　　不肯安静片刻的阿拉法特非常好动。不管在什么地方，不管在干什么，也不管是跟谁在一起，阿拉法特总是不会安宁。他的眼睛前后左右地巡视，手也不停地忙碌，膝盖来回摆动，脚总是发出滴滴嗒嗒的敲打声。他从不喜欢坐在椅子或者沙发上，实在没有办法坐下时，他也会突然提出要求换一个座位。据说，阿拉法特的好动一半是天生，一半也是环境使然。因为他若长时间固定呆在一个地方，就很容易成为暗杀者们的靶子，天生的敏感使他随时掉换自己的位置和方向，使他的敌人数十次暗杀他的阴谋落空。实际上，阿拉法特好动的天性、不肯安静的性格和总想做点事情的需求，也是他个人宝贵的财富。阿拉法特充沛的精力是常人难以想象的。据说在过去的几十年里，阿拉法特一天工作18至19个小时，一周工作7天，一年工作365天。他每天的睡眠时间平均不超过5小时。如果条件许可，这5小时他经常分为两段来用，一段是凌晨4时到7时，一段是下午4点到6点。午夜的阿拉法特精神抖擞，思维和反应最为敏捷。也许正因为如此，他的朋友和敌人都把他看作是一个不平凡的人。喜欢看卡通，如果时间允许，阿拉法特常常会以看电视卡通来作为休息。他的一位同事跟他开玩笑说，看卡通片是孩子们的事情，对于巴解组织的主席是不合适的。这时，阿拉法特会一口气举出世界上六七位著名精神病学家的姓名，要求这个同事读读他们的书，说他们都认为看卡通片是最好的休息方式。

　　具体的练习方法是：

　　1. 每天坚持练习上面三篇短文，最好在晚上安静时进行。练习3个月时间能收到显著效果，可以逐步达到一目一页。

　　2. 做绿点练习前，先从书上剪下这三篇短文，将其贴在厚纸板上，便于阅读。阅读时只读一遍，思想要集中，读速要慢。

　　3. 端坐在桌前，把短文放在面前。双手放在桌上，双脚自由下垂，触地，但不要交叉。全身放松，呼吸均匀，平静，摒弃任何杂念。

　　4. 阅读时要直视短文中想象出来的一个绿点，即短文中的中心点，共10分钟，注意力都要集中在绿点上。

　　5. 开始，应沿横线往两侧扩大视野。在不放过绿点的状态下，以这页的横线中心为起点，尽可能地看一行文字。

6.在能看一行以后，就可以逐渐扩大视觉幅度。一是应该同时看见绿点和上下二三行的文字；二是应该同时看绿点及上下五六行；三是一目十行，最后达到半页或一页。

如果能正确地、认真地完成这些训练，自如地注视十分钟绿点，在精神集中的一刹那，瞅着文章就象看见一扇敞开的窗户，不但看到了一整页的绿点，而且看到了一整页的文字。中心点视读法是为了扩大视野，但是视线一定要集中到每页的中心，就能看清一页全貌。

下面我们再介绍一下中心点视读一本书的练习。

1.必须准备10~15本通俗的书，每本书为50~100页。

2.最初三四本要做些准备，用铅笔在书页的中间从上到下浅浅地画一条直线，做为中心线。

3.中心点视读的目的是为了使视线在纵观全页的前提下沿着书页的中心严格地垂直运动。这种方法只是培养视线在书页中央或报刊中间作垂直运动，是培养阅读习惯的锻炼。

4.阅读时，要一本一本地读下去，开始阅读每页的时间不超过20秒，熟练后阅读每页的时间要逐渐减少。

5.在训练眼睛作垂直运动的第一周，每天阅读一本通俗读物，约50~150页的书。暂时不要管理解程度。再用两周的时间用眼睛作垂直运动的方法。每天阅读一两本书（100~150页），这时要尽量掌握书中的大意。再用三周的时间，阅读书籍时，只要知道书名、作者、出版社、大意、有趣的事实以及印象深的事件。

面式阅读的方法与技巧

在面式阅读中，为了达一目十行、一目一页的阅读目的，可根据具体实际情况分别运用浏览法、扫读法、略读法、跳读法、鉴别阅读法、带着问题的阅读、选读法、计时阅读法、退缩阅读法和猜读法。下面就此作一简单介绍。

运用猜读法

运用猜读法可以分为以下两种方式：

① 怎样猜读一篇文章：看一篇文章的题目，有时可以猜到这篇文章的范围、内容和中心思想。看一篇文章的体裁特点，有时可以猜到是记叙文、说明文还是议论文，以便根据文章的思想进行阅读。看一篇文章的段落时，看开头一二行、中间几行、结尾一二行，有时就可猜出这一段的主要内容。如果是篇课文、看了课文的习题，有时可以猜到该课重点。

② 怎样猜读一本书：一般来说，看一本书的书名、体裁、前言、后记、目录，有时可以猜到这本书的大概内容。看章节的标题、黑体字，看一节的开头一二段，中间三四段，结尾一二段就能猜到这一节的主要内容。把几节内容综合起来就是该章主要内容，看一章后面的思考题，有时可以猜到这一章的重点。最后把几章或十几章内容综合起来，就是这本书的内容了。

线式、面式阅读法的综合运用

线式阅读法，是指阅读的视野单位连续扩大为一条线。线式阅读时，视力方向是从左至右的。线视阅读是快速阅读的初级阶段。而面式阅读是以整个版面为最高阅读单位。要达到这个要求，就要经过线式阅读，一目多行，一目半页、一目一页几个阶段，只有通过严格的训练才能达到。面式阅读一开始就要求自上而下的直线阅读。最初一目两三行的训练完成后，再依次递增一目多行，最后达到一目半页及至整页。就各自的特点而言，线式阅读法适用于内容重要、充实，语义信息量大的文章。也就是未读过的新知识，较深的文章，难理解的内容。面式阅读适用于内容比较通俗的读物或是含义信息量少的文章。线式阅读和面式阅读有时可以交叉使用。阅读一本书或一篇文章时，可以变换阅读速度。阅读新知识，学习新课文，较深的内容可用线式阅读；学习旧知识，浅显的内容，复习等可用面式阅读。如果阅读一本书或一篇文章时，既有未学过的知识，又有学过的知识，可以交叉使用线式阅读和面式阅读。当快则快，当慢则慢，当精则精，当粗则粗，其效率比单一的精读方式要高得多。

检索信息阅读

人们阅读主要为了获取新知识——有用信息。但是一本书或一篇文章，为了结构完整，便于人们理解，必须利用大量的旧知识去论证、推导新知识，因此，实际上无用信息，多余信息远远大于有用信息。阅读时从书本或文章提供的信息中删除多余信息，提取主要信息。从主要信息中区别出无用信息，析出有用信息。可以运用整体阅读法，根据文章体裁的特点，对多余的信息一步步地筛选，提取有用信息，可以运用鉴别阅读法，提取文章中的段意、主要内容和中心思想；可以运用带着问题阅读法提取文章中的重点；可以运用寻读法迅速提取所需的资料；可以运用略读法提纲挈领地把握材料的主要内容。

运用闪示阅读法

应该指出的是，面式阅读可以采用闪示阅读的方法，将文字快速闪示，引起人们阅读兴趣，集中注意力，革除默读，做到眼脑直映。在前面词语、句子、线式阅读的基础上，可以进一步运用闪示阅读。如果用遮盖闪示、卡片闪示、幻灯闪示可以闪视两三行，看一层的文字；要闪示多行，看一个自然段的文字；可以闪示十行，看一个意义段的文字；可以闪示半页或一页。只要通过一步步扎扎实实的训练，就能不断提高阅读水平，从而收到显著效果。

最后我们介绍一下对段落的快速阅读。针对面式阅读的特点，要从一目二三行起视读一层的文字；从一目多行起视读一个自然段的文字；从一目十行起视读一个意义段的文字；从一目一页起视读两三段的文字。为了适应面式阅读的需要，可以从层、自然段、意义段逐步训练，最终达到一目一页的目的。

我们在阅读一篇课文的过程中，要分段，段里要分层，这都是为了更好地弄清文章的结构，更准确地体会和掌握文章的内容。因此，要想一目十行地阅读一篇文章，首先要在段落中分层阅读。这是继线视阅读（即一目一行阅读）基础上进行一目视读两三行的文字，也就是眼看一层文字的快速阅读。这是继线式阅读有了相当熟练之后的训练，在这里完全抛开了逐字阅读的习惯。这个阶段也是掌握速读的一个关卡。从视觉机能来说，要比上一个阶段阅读更为自然。层的阅读，一般来说，一层文字不过二三行，内容不过几句。由一目一行视读一句熟练的基础上，可以进入一目视读二三行，视读一层的文字。

必须注意，划分段中的层，这要弄清一个段落里句与句之间的关系。如果连着的几个句子讲的是同一件事物，或它们的意思相连，就可以划为一层。然后就需要概括层意。概括每层主要意思，一是用这一层的原话作层意；二是根据所记叙的内容概括段意。不论用哪种方法，都要抓住这层的主要内容，不必面面俱到。要能理解这一层的意思，还要注意层与层之间互相联系组成自然段。

在分层阅读的基础上，应该继续进行自然段的快速阅读训练。段，一是自然段，二是结构段。这里说的阅读一段，是指阅读自然段。在阅读一层文字训练有了相当熟练之后，就要进入一个新的阶段。在这个阶段里进行一目数行而且能阅读一个自然段，这就真正进入速读了。与以前相比较，在速度和理解方面，都可以有明显的进步。在阅读时，由一目二三行视读一个层次，进入一目阅读数行，视读一个自然段落。不但能看到一目数行的文字，而且能理解这一段的意思，并能记住要点，还要注意自然段与自然段联系组成意义段。

一般来说，自然段的明显标志是每一段开头空两格，即作者在文章形式上所分成的各个段落。一个自然段，一般只能有一个中心思想，有些自然段虽有几个小的层次，但也都是为了一个中心服务的。文章写法格式多样，段落层次安排也不尽相同，常见的基本表达方式有：

1. 因果式。在一段话中有两层意思，先写原因，后写结果。

2. 递进式。就是层与层之间是按故事的先后顺序叙述出来的。

3. 总分式。在一段话中，先总说，然后分开叙述；或者先分别叙述，最后用一句话总结；或者先总说，再分说，最后再总结。

4. 并列式。就是围绕段的中心思想，从几个方面展开叙述。

下一步需要概括自然段的段意。先要读懂这段的主要内容，抓住要点，用简练的语言概括出这段的段意。常见的基本方法有：

1. 归纳中心句。有许多段落往往找不到中心句。其实，没有中心句的段落，仍然有个中心，它融合在字里行间。这就必须把中心归纳总结出来。

2. 分层归纳法。用多层归纳的方法概括段落大意，要先分好一个段落的层次，再弄清每层的意思，然后归纳这个段落的大意。

3. 摘录归纳法。就是从段落中摘录现成句子作为段意。这是最简便的概括段意的方法。

4. 缩句法。这种方法就是将段落的句子加以压缩，取其句子的主要意思。采用这种方法有时自己可以添加或改写个别词语。

最后讲一下意义段的快速阅读。意义段是以文章的内容来安排秩序，是文章的结构单位。在一篇文章里，有时一个自然段就是一个意义段。但更多的是几个自然段组成一个意义段。这里所讲的分段，是指在文章中划分意义段。

在一目数行视读一个自然段的基础上，进行一目十行视读一个意义段，这是各项训练的成果，会有综合性的明显体现，这是速读进入了自然又自由的运用阶段。一个意义段的文字一般来说不过几行到十几行，快速阅读就是一眼能看到十行，也就是一眼看一个意义段。不但看到文字，而且要了解这段的意思，还能记住要点，并要注意和前后段的联系。

注意，应该根据文章体裁的特点来划分段落：

1. 记叙文划分段落可按时间发展、情节发展、地点转移、内容变化、描述角度、情感变化、逻辑关系等来划分。

2. 说明文分段可按时间顺序、空间顺序、事物类别和所讲问题的步骤分段。

3. 议论文划分段落可按总——分——总划分，即序论——本论——结论三部分。也可按总——分划分，即序论——本论。还可按分——总划分，即本论——结论。另外，有一种情况只有本论部分，序论和结论的内容含在本论之中，不再自成段落。

在此基础上，需要概括段意：

1. 议论文概括段意，有的可以找段的中心论点；有的可以概括段意；有的可以将几个自然段段意合成一个段意。

2. 说明文概括段意，有的可以找段落中心句；有的可以指明从哪方面说明或说明是什么即可；有的可以抓住该段所说明的客观事物某一侧面进行概括。

3. 记叙文概括段意，可用串连法、缩句法、摘句法、取句法、连接关键词语等方法归纳。

面式阅读训练

接下来进入正式的训练阶段。面式阅读是在线式阅读和直读的基础上，进行一目多行、一目十行、一目一页的训练。但要达到一目多行、一目十行、一目一页的目的，只有反复训练才能收到显著效果。面式阅读的行数一定要与文章中段落的层、自然段、意义段的内容结合起来，才能达到一目多行、一目十行、一目一页的视读，才能达到读得快、理解得快、记得快的效果。

具体来说，面式阅读训练可以分五个阶段进行：

第一阶段：一目二三行，一眼能视读一层的文字。

第二阶段：一目五六行，一眼能视读一个自然段的文字。

第三阶段：一目十行，一眼能视读一个意义段的文字。

第四阶段：一目半页，一眼能视读一二段的文字。

第五阶段：一目一页，一眼能视读二三段的文字。

应该注意的是，面式阅读训练，一定要扎扎实实。最好是在顺利完成第一阶段后，再进行第二阶段练习。因为前一个阶段是后一阶段的基础。技能是通过训练形成的。技能水平的提高是和训练次数成正比的。只有经常练习、坚持不懈，才能运用面式阅读这项高效率的阅读技能。

第一阶段：4-9个训练

4个字训练

舞曲悠扬	秋高气爽	春色满园	光彩夺目	装饰一新	翩翩起舞	喜气洋洋
谈笑风生	精神振奋	无比喜悦	色舞眉飞	前俯后仰	欢天喜地	捧腹大笑
欢喜异常	盛大宴会	应邀出席	亲切交谈	人山人海	锦上添花	琳琅满目
相互访问	友好会见	仪式隆重	鼓乐齐鸣	欢聚一堂	热烈欢迎	络绎不绝
威武雄壮	花雨飘飞	挥手致意	皆大欢喜	接踵而来	排列迎候	仪式庄严
井然有序	人欢马叫	普天同庆	欢喜若狂	热闹非凡	鱼贯而入	喜泪盈眶

9个字训练

生活便是寻求新知识	学问无大才能者为尊	好学不倦者必成大才	朋友间必须患难相济	不以人所短弃其所长
不思而言如无的放矢	胜利属于最坚韧之人	将在外君命有所不受	胜利是在最后五分钟	天才是用劳动换来的
背上的灰自己瞧不见	越自夸越显得在撒谎	人之不幸莫过于自足	气忌盛心忌满才忌露	商品优良则顾客自来
久饮茶可以轻身换骨	一万年太久只争朝夕	以身许国何事不敢为	想象支配着整个世界	严守时间为经商之本
自然就是良好的医师	人是要有一点精神的	劳动好文化好政治好	穷则变变则通通则久	没有节奏的便不是诗
我爱我师我更爱真理	读书是我唯一的快乐	星期天上帝也不休息	天才就是勤奋的结果	同心而共济始终如一

第二阶段：16-36个训练

16个字训练

玉洁水清 心地光明 无论对谁 如实反映	种时没种 出来没垅 剥开没皮 吃着脆梨	系天绳子 铺地银子 挂檐柱子 源花珠子	四四散散 重重叠叠 不削会尖 不漂会白
生在青山 死在平地 一脚踩去 喊天喊地	十个和尚 分居两床 日同行路 夜卧同床	双辫朝天 上面搭线 从不烧油 行驶方便	体圆似球 色红如血 皮亮如珠 汁甜赛蜜
一朵白花 开在脑瓜 不怕雨淋 单怕风刮	四角方方 跟我来往 伤风咳嗽 数它最忙	上圆下方 无顶无底 晚上放下 天亮挂起	异样异样 根朝上生 屋里生成 屋外不生
亮光一闪 瞬息千里 一鸣千里 风雨来临	生在水中 却怕水冲 放在水里 无影无踪	一个老汉 肩上挑担 为人公平 偏心不干	你前我后 我前你后 坐下之后 不分先后
驼背公公 力大无穷 爱驮什么 车水马龙	眼如圆铃 身象铁钉 有翅无毛 有脚难行	黄泥筑墙 洼水满荡 井水开花 味落池塘	城外失火 城内调兵 千兵自炸 爆断腰身

25个字训练

无论乌鸦怎样用孔雀的羽毛来装饰自己，乌鸦毕竟是乌鸦	埋在地下的树根使树枝产生果实，却并不要求什么报酬。	所谓以礼待人，即用你喜欢别人对待你的方式对待别人。	事业如果没有崇高理想的鼓舞，就会是无效果的、渺小的
我的确时时解剖别人，然而更多的是更无情的解剖自己。	只有奋斗可以给我们出路。而且只有奋斗可以给我们快乐	我们知道的东西是有限的，我们不知道的东西是无限的。	无论你怎样地表示慎思都不要做出任何无法挽回的事来。
人之所以犯错误，不是他们不懂，而是他们以为什么都懂	开资并不带来任何技巧天资只提供学习任何技巧的可能性	一切事开头总是困难的这一句话，在一切科学上都可运用	您没有最有效的使用而把它放过去的那分钟是永不返回了
没有不可认识的东西，我们只能说还有尚未认识的东西。	不读书就就没有真的教养，同时也不可能有什么鉴别力。	除了一个真正的朋友之外，没有一样药剂是可以通心的。	道德美，包含着两个互相区别的因素，就是正义与慈爱。

36个字训练

不满烦闷，只应该使我们更坚决地向前奋斗，不应该使我们去逃避困难，一叶障目

形成天才的决定因素就是勤奋。天资的充分发挥和个人的勤学苦练是成正比例的。

节省时间，也就是使一个人的有限的生命更加有效，而也即等于延长了人的生命。

艺术的大道上荆棘丛生，这也是件好事，常人都望而却步，只有意志坚强的人例外

只有知识，才能构成巨大的财富的源泉，既使土地获得丰收，又使文化繁荣昌盛。

读书是我唯一的娱乐，我从不把时间浪费在酒店，赌博或任何一种恶劣的游戏上。

学习上切忌好高骛远，急于求成，学得不扎实。他想要来得快些，结果反便慢了。

没有信仰，则没有名副其实的品行和生命没有信仰，则没有名副其实的国土。

我从来不把安逸和快乐看作是生活目的本身——这种伦理基础，我叫它猪栏的理想

第三阶段：49–121个训练

49个字训练

绝不能靠一时表现出来的英勇气概，而需要在大量的日常工作中表现出来的最持久、顽强、最难得的英勇精神。

伟大的成绩和辛勤的劳动是成正比的，看一分劳动就有一分收获，日积月累，从少到多，奇迹就能创造出来。

我们是世界上最大的理想主义者我们是世界上最大的行动主义者我们是世界上最大的行动与理想结合的综合者!

我有我的人格、良心，不是钱能买的。我的音乐贡献给祖国，献给劳动人民大众，为挽救民族的死亡而服务。

任何时候，我也不会满足，越是多读书，就越是深刻地感到不满足，越感到自己知识贫乏、科学是奥妙无穷的。

真正的朋友不把友谊挂在口头上他们并不是为了友谊而相互要求一点什么，而走彼此为对方作一点办得到的事。

人，不管是什么人，应当从事劳动，汗流满面地工作，他的生活的意义和目的、他的幸福、他的欢乐故在手此。

人们最出色的工作往往在处于逆境的情况下受到思想的压力，甚至肉体上的痛苦都可能成为精神上的兴奋剂。

每一本书是一级小阶梯，我每爬上一级，就更脱离畜牲而上升到人类，更接近爱好生活的观念，更热爱这本书。

64个字训练

你是我朋友，各拿一个苹果彼此交换；交换后仍是各有一个苹果；倘若你有一种思想，而朋友间相互交流思想，那么我们每一个人就有两种思想了。

教师一方面要贡献自己的东西，另一方面也要象海绵一样，从人民中、生活中和科学中吸收一切优良的东西，然后把这些优良的东西贡献给学生。

人生中可怕的事是很多的，但最可怕的是失去理想，失去意志，失去改造自己和改造世界的勇气。这是人类最可怕的敌人，是生活中最大的悲剧。

对于新的异常困难艰巨的事业，应当善于三番五次地从头做起，开头碰了壁，就重新再来。即使这样来上十次也没有关系，但是一定要达到目的。

100个字训练

1919年12月14日，开始动工建造的海军航空母舰"凤翔"号（排水量为7470吨），是世界上最早的航空母舰。1922年11月30日，这艘航空母舰在日本千叶县馆山海面进行第一次试航，搭载飞机21架，最大时速可达每小时25海里。

在加勒比海，有个叫马提尼克的岛，岛上的居民都长得很高，就是外地迁居到这里的成年人，也会长高几厘米。经过科学家们考察，原来这个岛上有大量的放射性矿藏，这种放射性物质能使人体内部的机能发生某种变化，使人长高。

1828年，荷兰阿姆斯特丹的贡拉德·巴恩·霍廷，把可可豆粉碎，除去可可油，最早期制成可可。当时商店中可可是作为"巧克力饮料"出售的，固体形状，由于脂肪过多，味道很不好。巴恩·霍廷制作的可可，是可溶于水的可可粉。

新西兰北岛的汤加里罗火山公园，园内有十五个火山口，其中有三个著名的活火山，在那里，沸泉、间歇泉、喷气孔、沸泥塘等千姿百态的地热遍地可见。远眺热雾弥漫，腾空而起；近望沸流高喷，呼呼作响，目睹一切真是别具风味。

121个字训练

1979年7月，党中央和国务院为促进实施改革、开放、搞活经济的方针，决定在广东省的深圳、珠海、汕头三市和福建省的厦门市各划出一定范围的地区建设经济特区，实行特殊的经济政策和经济体制。1988年4月，我国政府又决定划海南岛为经济特区成为国际经济交流第一线。

1806年10月7日英国伦敦的拉尔夫·韦吉乌德研制的复写纸，以"书写复制而制造的用具"获得专利。在专利说明中写道，把薄纸用墨水浸透，待干加工可使用。韦吉乌德什么时间开始批量生产不清楚，1820年伦敦的大街（拉斯波恩·普雷斯四号）开始了大量地出售复写纸。

1891年，英国的布利斯特尔电灯公司制造的、二烛光的角形电灯笼，是世界上最早的电灯笼。这个电灯笼包含电池重量在内，总重量不到一公斤。最早最大量购买这种电灯笼的公司，是布利斯特尔普通公司共汽车公司。该公司1892年初开始查票，购买了好些这种电灯笼作照明用。

游泳运动员吴传玉，于1953年在第一届国际青年友谊运动会上，为新中国夺得第一块金牌；举重运动员陈境开于1956年打破世界记录，是我国第一个破世界记录的运动员；兵兵球运动员容国团，于1959年在世界乒乓球锦标赛上，为新中国夺得了第一个世界冠军。取得了优异成绩。

第四阶段：144-225个训练
144个字训练

传说在古希腊有一个叫德摩斯掉尼的演说家，因为小时候口吃，登台讲演的时候，声音浑浊，发音不准确，常常被雄辩的对手所压倒。可是，他并不气馁，为了战胜对手，便每天口含石子，面对大海朗诵，不管春夏秋冬，雨雪风霜，坚持50年如一日，连爬山、跑步也边走边演说。终于成为古希腊的一个最有名气的演说家。

三国时期的董遇，从小父母双亡，家境贫苦，却十分好学。有人向他求教："没有时间学习怎么办？"董遇说："我都是利用三余时间学习的。"那个问什么是三余呢？"董遇说："冬者岁之余，夜者日之余，阴雨者时之余也。"唐宋八大家之一的欧阳修曾对人说："作平生所作文章，多在三上，乃马上、枕上、厕上也。"充分利用三余、三上时间吧。

1987年，当时年仅15岁的英国伦敦学生活尔塔·莱恩兹，最早发明了小型摩托车。沃尔塔的父亲完全不明白这个发明的创造价格，没有向英国政府申请任何专利。以后，有不少的年轻人发明了大量的生产商品，沃尔塔可能是发明者中最年轻的一个。后来，他成立了特莱安格玩具公司，并研制出很有名气的"妖车"，1920年开始生产。

雷安军曾参加过1977年的高考，他兴致勃勃地报考了山西农学院，但由于成绩不理想，没被录取。当希望变成失望后，他冷静下来："人类之所以能够发展，就是人能适应环境，主宰自己的命运。上大学固然能吸取广博的知识，但成才则需实践。如果自己能在实践中学，边实践边学习，不也是条路吗？对，就这么走下去。

169个字训练

美国数学航海纳撒尔·鲍迪奇，从10岁起就天天到图书馆去刻苦攻读，14岁就成为一名精通航海和天文的学者。他立志把自己的一生贡献给航海事业，自学了50多种语言。他在实践中，修正了《航海实践》中8千多条错误，终于创立了"鲍迪奇航海法"—依靠星人本定位导航。鲍迪奇之所以能取得这样巨大的成就，难道不是青年时期就立壮志并努力的结果吗？

有这样一个故事，说的是一个爱讲废话而又不肯勤奋学习的青年，整天缠着大科学家爱因斯坦，要他公开成功的秘诀。爱因斯坦被他缠得没办法了，就给他写了一个公式：$A = X + Y + Z$。然后告诉他："A代表成功，X代表勤奋，Y代表正确的方法，Z代表少说废话。"这个公式，包含着真理，它表明：一个人要想在科学上取得一点成绩是不容易的，重要的是要求人们有个"勤"字。

196个字训练

美国宇航局已拟定了一个计划，预计在1990年开始实施"小月亮"的计划。首先用航天船把180万公斤材料运到距离地球2万公里的宇宙空间的适当位置，然后装配一个总面积30平方公里的反射镜面。镜面反射到地球上的太阳光可比我国农历十五的月亮强10~100倍。第二阶段（1995-2005年）预计建造一个总面积达2080平方公里的宇宙镜，它的光比月光强10~20万倍。计划中的第三阶段建造一个总面积达6万平方公里的宇宙镜，地球上将不再有黑夜。

1960年9月24日，美国海军航空母舰"企业"号（排水量为72500吨），在弗吉尼亚洲纽彼特·纽茨港下水，1961年11月25日开始服役，这是世界上最早的核动力航空母舰。这艘航空母舰有8座压水型原子反应堆，动力约为30万马力（约22万千瓦），全长达1101.5英尺（335.77米）。建造费用为4.45亿美元，不论从哪一点来说，都是世界上最大的航空母舰。这艘航空母舰的军官有440名，士兵有4160名，搭载的飞机有100架，据说甲板上还铺设了四个美国式的足球场。

205个字训练

人际沟通的含义包括认知和行为两个层面的内容，从认知层面来讲，人际沟通也就是同理心，即了解他人感受的能力，这在工作、恋爱、交友和家庭生活中都极为重要。人们通过细微、有时难以察觉的"信号"来彼此传递和获取信息。研究表明，我们越是善于体察别人的交际信号背后的情绪，也就越能善于控制本人发出的信号。从行为层面来讲，人际沟通则是一种互动的交往过程以及关系的建立。如何维系友谊、消拜分歧，以及如何在合作中互利互惠都属于这方面的内容。

第五阶段：254–567个训练

254个字训练

中学语文教育有它工具性的一面，但我今天暂时不谈这一面。我主要想谈它文学性的一面。我认为中学文学教育的基本任务就是唤起人对未知世界的一种向往、一种想象力、一种探索的热情，或者说是一种浪漫主义精神。我们这一代很多人都有这个体验。对我的青少年时代影响最大的，至今还成为我做人的基本信念的是安徒生的童话《海的女儿》。这篇童话所表现的对人的信念，对美好东西的信念，还有为了这个信念不惜献出一切的精神，一直到今天还深深地影响着我。这其中就包涵着一种浪漫主义精神。我觉得这种影响对一个人非常重要，也是一个人"精神的底子。"

303个字训练

"人与天地相应，人与草木同归"，这就是中国先民对人与自然的关系的深层领悟。可是在现代文明到来之际，人们的生存环境日益恶化，试看今日世界：天空在变黑，海水在变臭，森林在减少，土地在退化，物种在灭绝……在这环境污染、生态失衡、人口爆炸、资源危机的年代，人们已经认识到了自己的"失足"。天文、地理、生命运动是综合效应运动，将他们对立起来、割裂开来，人类必将受惩罚！将太空天体系统、地球生物系统、地表人类社会系统进行综合考察，方能把地球——人类的家园建设好！实践使人们认识到，经济增长不能完全等同于社会发展，物质富裕更不能等同于生活幸福。人们开始注重社会生活各领域的全面发展，寻求一条使经济、社会能够协调发展的道路。

372个字训练

我们经常这么说，母性是天生的。今天，这句话有了科学依据。英国剑桥大学教授阿齐姆·塞莱尼9月底公布了一项研究成果，他发现女性（雄性）抚养后代的习性是由其体内的基因决定的。由塞莱尼领导的研究小组在小白鼠身上发现了一种被称为"Mest"的育儿基因，他们对此已研究了四五年时间。研究人员曾经改变了一组小白鼠的"Mest"基因，结果发现基因的育儿功能失去了作用，雌性白鼠不再给幼鼠喂食，同时幼鼠离开巢穴后母鼠把它们衔回来的行动也变得迟缓。研究小组在《自然基因学刊》上撰文推断，人体内也有类似的基因，如果母亲体内的育儿基因缺损，做妈妈的也会置小宝宝于不顾。也许，这可以解释人类社会的一些弃婴现象。实验还表明，基因通常由父亲和母亲两方面决定，但像"Mest"这样的基因只需要通过父亲的遗传便能发生作用。塞莱尼教授指出，育儿基因也许解释了大自然中母体为何能倾力照顾下一代的原因。

477个字训练

随着世界科技的迅猛发展，一个以"知识经济"占主导地位的世纪就要到来。"知识经济"的生命和源泉在于创新。努力提高国家的创新能力，包括知识创新和技术创新的能力，对于迎接"知识经济"时代的到来，提高我国在国际竞争和世界格局中的地位具有重要意义。"知识经济"，是以知识及其产品的生产、流通和消费为主导的经济。"知识经济"的兴起，源自以信息技术等高技术及其产业迅猛发展为标志的科技革命。对于发达国家，"知识经济"是其生产力发展的自然结果；对于工业化进程中的发展中国家，则是新的挑战，也是新的机遇。在"知识经济"占主导地位的时代，世界科技的发展速度将加快，知识更新的速度将加快，从技术革命到产业革命的周期将缩短，技术产品的市场生命周期将缩短。发展中国家通过学习别国技术和经验而赶上发达国家的难度将增加，"后发优势"的作用将减弱。一个国家如果缺少雄厚的科学和技术储备，缺少对国际科技前沿动态的识别与响应能力，缺少创新能力，必然会失去在国际市场竞争力和国内市场竞争优势，陷入被动挨打的局面；只有拥有持续创新能力和大量高素质的人力资源，才能在"知识经济"时代左右逢源，立于不败之地。

516个字训练

权威型个人通过寻求权力而获得安全感，固步自封以提高自己的身份，生活在一种持续的胆怯与恼怒状态。他们害怕比自己更有权力的陌生人，也怕别人夺走权力。这种持续的恐惧状态伴随着一种怨恨、气恼，并且在很多情况下会当场向他认为是引起他恐惧的人发泄愤怒。所以，这种既恐惧又怨恨的个人就得不断地控制自己不要把内心那种一触即发的情绪暴露出来。既然对爱、热情、温情、亲近与善意的需求都被当做弱点看待，那么权威型的人是不能冒昧地表露弱点的，于是他们的感情生活中喜怒哀乐的正常表达统统受到了限制。同样，他们甚至不可能承认恐惧感。权威型的人唯一能够允许自己流露的感情是气恼。他们感到，只有他们的家人、亲近者和拥有权威的人才是可信赖的，因此，不能公开对这些人表达他们的气恼。那么，他们能够找到的出气筒就是外人、陌生人或者软弱的人。在这里，我们就看到，权威型的个人不可避免地带有偏见。从家庭的层次上看，温柔的感情在权威型家庭中不是缺失就是恩赐，这种恩赐是以子女遵从父母的意愿为前提的。因此，在权威型家庭中，孩子渴望爱和温情，但又很难得到。渐渐地，有的孩子就步其父母的后尘，开始寻求权力，变得富于侵犯性和竞争性。此外，他们变得害怕与别人建立情感上的乃至亲昵的关系。

567个字训练

公害病一般认为是环境污染引起的地区性疾病。公害病不仅是一个医学概念，而且具有法律意义，必须经严格鉴定和国家法律正式认可。公害对人群的危害，比生产环境中的职业性危害广泛。形成公害的污染物，一般与构成职业性危害的污染物具有相同的种类和性质，只是浓度较低。但浓度低并不意味着危害轻，因为汇集到环境中的多种有害物质在各种环境因素（日光、空气、土、水、生物等）作用下，可能发生物理化学或生物方面的变化，从而产生各种不同的危害。如含无机汞的工业废水排入水体后其中的无机汞沉积水底，被细菌转化成毒性更强的甲基汞，并被富集于水生生物（如鱼类、贝类等）体内，人们长期食用这种含甲基汞的鱼类或贝类，就会造成中枢神经系统损伤。日本的水俣病是一个典型的例子。公害病有下列特征：1. 它是由于人类活动造成的环境污染所引起的疾患。2. 损害健康的环境污染因素是很复杂的，有一次污染物和二次污染物，有单因素作用或多因素的联合作用；污染源往往同时存在多个，污染源的数量及其排放污染物性质和浓度同对人体的损害程度之间一般有相关关系，确凿的因果关系则往往不易证实。3. 公害病的流行，一般具有长期（十几年或几十年）陆续发病的特征，还可能系及胎儿，危害后代；也可能出现急性爆发性的疾病，使大量人群在短时间内发病。4.公害病在疾病谱中是新病种，有些发病机理至今还不清楚，因而缺乏特效疗法。

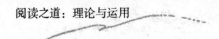

第六阶段：一目一页文章训练

劣质动画电影成文化"豆腐渣工程"

张玉玲

近日上映的动画电影《戚继光英雄传》，号称投资1200万元，周票房却不到两万元，而且制作水平之低引发业内集体声讨。愤怒之余，需要反思更深层的问题：地方政府扶持动漫产业本是件好事，可怎样把好事办好，怎样杜绝文化产品"豆腐渣工程"，把有限的资金用在刀刃上，培育出真正的文化精品？

粗糙动画影片引发的争议

"刷新了动画电影的底线"、"是对动漫全行业的侮辱"、"是文化的'豆腐渣工程'"……动画电影《戚继光英雄传》恶评如潮。动画导演皮三第一个站出来质疑和抨击，他愤怒地说："这部电影差得没有底线了，劣质动画电影向社会传递了不少负面信息，损害了整个行业的形象，我们实在是忍无可忍了。"

劣质动漫片引发行业内的集体声讨已不是第一次，从抄袭的《高铁侠》，到有争议的《郑和下西洋》，粗制滥造的动画片太多了。杭州师范大学国际动漫学院副院长夏烈说，大家除了争论艺术创作理念的差别、创作水平的高低，其实最终矛头是指向一些动漫企业投机取巧的做法——不把时间和精力花在研究观众和市场上，而用于争取地方政府的扶持资金，甚至通过"走形式的上映"、"垃圾时段的播出"来换取补贴资金。

皮三深有感触地说，随着越来越多的企业进入动漫产业，一些企业不是努力去提高水平、推动产业发展，而是想方设法地钻政策的漏洞，为了争取和骗取政府扶持资金，搅坏了整个市场环境。

文化"豆腐渣工程"也应监管

《戚继光英雄传》的出品方之一是浙江省的一个地方党政部门。因此业内人士质疑的一个焦点是，这部只值200万元制作成本的劣质动画电影是否值得地方政府扶持？

"地方政府扶持文化产业无可厚非，而且在文化产业发展初期是需要政府介入的。"北京电影学院动画学院副院长李剑平如是说，"不少地方政府有发展文化产业的积极性，也希望借用动漫这种新的表现形式挖掘当地历史文化资源，以扩大地方品牌知名度。但有这种良好的愿望，还得尊重产业和专业的规律，要对文化产品进行质量把关。"

近年来，各级政府对发展文化产业都很有热情，出版、影视、主题公园都有了新的发展，但在快速发展的过程也存在一定的盲目性。一位地方宣传部部长的说法颇有代表性："文化产业听着熟悉、做着陌生。很少仔细思考如何因地制宜地发展当地文化产业，充分利用好本地的文化基础和资源条件。而是一哄而上搞动漫，常用的扶持方法就是批地、减税、给钱，很少思考到底应扶持谁、怎样扶持。"

文化产业需要精细化扶持和管理

目前，我国动漫产量已达到22万分钟，为世界第一。但有国际影响力的动漫品牌却不多，观众喜闻乐见的动漫形象也不多，中国动漫亟待提升质量已成行业的共识。北京万豪卡通董事长陈雷作了一个生动的比喻：在过去几年的发展中，各路动漫企业应运而生，良莠不齐，如杂草丛生；现在呼唤精细化的扶持和管理，需要用"除草剂"，除去杂草；辨别出真正的好苗，浇水施肥，做大做强。

怎样分清良莠，防止文化"豆腐渣"工程，陈雷建议引入建筑工程管理的方法，对文化企业进行资质管理。一方面对从业人员有区分，根据创作经历、创作经验、创意才能，确立创作人员和技术人员的入行门槛和职业水准。建议劳动部门应与时俱进，对新兴的文化产业提出新的职业技能标准；另一方面，对文化企业也要分门别类，区别对待，有一定生产经验、有知名文化作品的企业可以取得更高等级，也才能承担更大、更重要的任务。

北京大学文化产业研究院副院长陈少峰认为，行业无标准、作品无监管的结果是文化产品质量低下。这些粗制滥造的文化产品将受到消费者的唾弃，影响整个行业的形象，挫伤社会对文化产业的热情。文化产品作为特殊的产品，亟须各部门综合治理，推出精细化管理，既不能"一刀切"，要防止"一管就死、一放就乱"，也要防止出现文化"豆腐渣工程"，要为文化产业营造一个良好的发展环境。

（《光明日报》2012年06月15日 字数1458）

〔测试记录〕

文章字数：	字
阅读用时：	分钟
阅读速度：	字/分钟
理解率：	%
阅读效率：	字/分钟

第五章　综合测试

相信经过前面这么多快速阅读的训练，你的阅读速度将会得到很大的提高。如果你还不确信现在自己的阅读能力，你可以运用你所掌握的快速阅读法来做一下测试。把测试的成绩与你在本书开始所做的测试成绩对比，你就知道本书为你介绍的快速阅读法的神奇效果了。当然，如果你的成绩还不是很令人满意，也不要灰心。因为，虽然现在你已经了解了快速阅读的技巧与方法，但是这并不意味着你已经很熟练地掌握了它们。必须牢记的是，你应该坚持不懈地按照本书的方法进行训练。相信在不久的将来，你会为自己的阅读速度感到骄傲和自豪的。

在本篇，我们选择了几篇不同体裁的文章。希望你能选择适合自己的快速阅读法来阅读这些文章。应该注意的是，你不一定要采取最难的面式阅读法来进行阅读，你要根据自己的实际情况来选择最合适的方法。此外，你也不要单纯地追求高速度，而是必须保证较好的理解程度。最后我们还要强调一次的是，无论测试的成绩如何，只要有所进步，就要坚持不懈地继续加强训练。这样的话，成功必将属于你！

第一篇　冷静客观看待"国酒茅台"商标申请

段文清

古时候有这样一个关于韩非和李斯的故事：

有人把韩非的著作传到秦国。秦王见到《孤愤》、《五蠹》这些书，说："我要见到这个人并且能和他交往，就是死也不算遗憾了。"李斯说："这是韩非撰写的书。"秦王因此立即攻打韩国。

起初韩王不重用韩非，等到情势吃紧，才派遣韩非出使秦国。秦王很喜欢他。李斯、姚贾妒忌韩非，在秦王面前诋毁他说："韩非，是韩国贵族子弟。现在大王要吞并各国，韩非到头来还是要帮助韩国而不帮助秦国，这是人之常情啊。如今大王不任用他，在秦国留的时间长了，再放他回去，这是给自己留下的祸根啊。不如给他加个罪名，依法处死他。"秦王认为他说的对，就下令司法官吏给韩非定罪。

李斯派人给韩非送去了毒药，叫他自杀。韩非想要当面向秦王陈述是非，又不能见到。后来秦王后悔了，派人去赦免他，可惜韩非已经死了。

这个有关妒忌心的故事，至今已经千百年，却仍在上演，对于真理的误杀仍在进行。7月20日，国家工商总局表示，"国酒茅台"商标正式对外公示，贵州茅台的"国酒茅台"商标一审通过，一审通过后将进入三个月的公示期，公示期结束无异议，贵州茅台的"国酒"身份将会实至名归。

国家工商总局终于被茅台的执著所打动，在经过茅台十余年前后九次的申请之后，为茅台敞开了大门。而簇拥在门外的其他酒类生产企业不乐意了，对茅台申请国字号的行为从低声议论演变为了大声谩骂。这是中国企业在碰到优秀同行时最为常见的一种表现，其中传承着悠久的中国文化——大家都一样就安全了，倘若队列里有人伸出一颗头颅，立即砍掉。

鲁迅先生在《看镜有感》一文有过这样的一段描述：无论从哪里来的，只要是食物，壮健者大抵就无需思索，承认是吃的东西。唯有衰病的，却总常想到害胃，伤身，特有许多禁例，许多避忌；还有一大套比较利害而终于不得要领的理由，例如吃固无妨，而不吃尤稳，食之或当有益，然究以不吃为宜云云之类。同样的道理，健康的企业百无禁忌，只有那些心怀鬼胎百病缠身的企业才认为这也不可那也不行，处处求全责备。

一些观点认为，茅台要是真成了"国酒"，会不会价格越来越贵？到那个时候，茅台"让老百姓喝得起"的承诺不就成为空谈？要知道，茅台所处的环境是中国市场经济最为充分竞争的领域，对于市场的把控上大家各显神通。消费者真正认的是性价比和口碑，失去这两样要素的支撑，标再高的价市场也会用脚投票，弃之不理。相信茅台酒的当家人们不敢冒丢掉市场和消费者的险，而抱着一个"国酒"的空头衔高兴。

还有人觉得，"国酒茅台"商标如果获批，是否意味着政府的行政公信力与"国酒"挂上了钩？一旦企业产品或声誉出问题，受伤害的还将是行政公信力，还举例说国家免检产品制度就是一个明证。要知道，企业申请专利、商标注册的目的在于国家保护其知识产权，不受他人的侵犯，因此专利申请、商标注册行为不属于行政许可。这与国家免检产品并不能强画等号。申请"国酒茅台"这个商标，是企业在知识产权方面屡屡遭受侵害之后做出的行为，其行为指向是侵权者，而非与整个白酒行业为敌，更没有行政公信力的保驾护航。

茅台申请"国酒"商标，谁在妒忌、谁在唾骂、谁在喝止、谁在高兴、谁又在盘算？相信公众会有一个完整的判断和认识。

(《华夏时报》2012年08月22日 字数1286)

〔测试记录〕

文章字数：	字
阅读用时：	分钟
阅读速度：	字/分钟
理解率：	%
阅读效率：	字/分钟

第二篇　脚步量出民心

刘 杰　何 聪

最偏远的地方，也不会被忘记；最细小的琐事，也不会被忽视。困难人家、偏远乡村、繁忙厂矿……访民情、汇民智、释民惑、解民忧、惠民生，安徽各地活跃着党员干部走访的身影。

2011年9月中旬，安徽省委部署开展"五级书记带头大走访"活动，省、市、县、乡、村五级党组织书记带头进农村、进企业、进社区、进学校，问需问计问民生。活动开展半年来，安徽各级党员干部纷纷深入基层，与群众同吃同住同劳动。在走访中共商"兴皖富民"大业，倾听老百姓所思、所想、所盼，在"零距离"接触、面对面交流中，党和群众的血肉联系愈加密切。

访民不扰民，走访不走秀

2011年9月15日，安徽省召开群众工作电视电话会议，对"五级书记带头大走访"进行全面部署。

"对群众反映要句句有回复、件件有着落，严防做秀走过场。能解决的问题，尽快解决；暂时不能解决、又必须要解决的问题，列出计划，告之于民，逐步解决；不能解决或一时难以解决的，要做好解释工作，取得群众理解。"安徽省委要求，要把那些矛盾多、条件差、困难大的地方，把那些工作推不开的地方，把那些领导干部长期走不到的地方，作为走访的重点和联系点。省委还特别对轻车简从等做出硬性规定，杜绝形式主义和铺张排场，确保访民不扰民，走访不走秀。

省委领导率先垂范。按照省委部署，省领导纷纷到田间地头、厂矿企业，特别是深入到条件艰苦、问题较多、困难较大的地方，和群众一起摸爬滚打，解决实际问题，为全省广大党员干部深入开展大走访做出表率。省委、省政府领导同志共走访农户264户，梳理问题142个，涉及农村基础设施建设、农村公共服务、农村金融服务体系滞后、创业融资难、失地农民养老保险等方面内容，有关问题正在抓紧研究解决。

忽如春风来，处处气象新。从省到市，从县到乡，各级党组织书记和领导班子成员到基层走访，用实际行动自觉践行群众路线。滁州市83岁的抗美援朝老战士王金宝老人感慨地说："这是党的优良传统作风又回来了啊！"

走访范围越广泛，了解民意越全面；下沉基层越深入，分析问题越透彻。阜南县朱寨镇推行"五访九问"，五访是指晚上走访农忙户、随机查问农闲户、反复关心上访户、预约结对帮扶户、重点支持贫困户；九问即问政策是否暖心，政府是否关心，服务是否贴心，出行是否方便，居住是否安心，教育是否满意，医疗就诊是否满意，饮食是否放心，生活是否舒心。

"征迁户、困难户、信访户、隔阂户、老党员、老干部、老模范和农村致富带头人等必访。"滁州市委书记韩先聪介绍，滁州市组织1291个工作组，按照每个工作组走访不少于100户要求，深入281个社区、1010个建制村进行大走访活动，实现村居全覆盖。"谁走访、谁联系、谁包保、谁负责"，各工作组与走访的社区（村）长期共建，探索建立"四包三推一联系"机制。即：包社区民意收集、包政策法规宣传、包信访个案化解、包困难群众帮扶，推进社区维稳平台建设、推进惠民政策落实、推进社区（村）和谐创建，共同做到社区（村）建设有人抓、民生保障有人问、困难群众有人帮、矛盾纠纷有人管。目前，滁州各级党组织已经走访14万户，走访群众1万多户，慰问困难群众4000多户。

联系群众见真情，为民谋利出实招

"我家买了几年的空调今年才用上，过了一个温暖的春节，看了一个'正版'的春节晚会。这可是大走访带来的好年货！"2月7日，霍山县诸佛庵镇大岭村支部书记韩邦言高兴地说。春节前，大岭村的电网经过增容改造升级，村民能正常用电了。

"一到关键时刻，电就不给力，掉链子。买的空调、冰箱天热天冷都不管用，只能当摆设。看电视，春节晚会只能看个缩小版，只有屏幕一半大……"省委主要领导在大岭村走访时，群众如是反映。经过调研发现，全省像大岭村这样小水电自供电网所存在的电力不足、电压不稳问题，涉及6个山区县36个乡镇、60万山区群众。多年来，水电供区农网建设和改造标准低，用电同价不同质，急需增容改造。

"必须理顺供电体制，水电供电营业区移交省电力公司，实施省水电供区电网改造，让群众早日用上安全电、放心电，改善群众生产生活条件。"2011年12月27日，安徽省政府召开专题会议，研究水电供区农网改造。春节前，安徽省电力公司先行在大岭村开展了电网改造，让群众用上了放心电。省政府要求，2012年底前其他地区改造任务全部完成。

"这不仅是服务群众的一项民心工程，也是推动当地经济社会建设发展的基础工程。"安徽省常务副省长詹夏来说，"只有找准经济社会建设与服务群众的结合点，才能通过走访最大程度提升群众幸福指数。"

大走访活动中，广大党员干部怀着一腔真情，走村入户，访贫问苦，谱写出一曲曲为民之歌。黄山市重点走访在沪、杭等地的流动党员，深入了解他们生活情况，帮助解决务工、创业等方面困难。合肥市把行政区划调整中的相关利益群体作为走访对象，多次到巢湖市、庐江县走访调研，并出台政策支持巢湖、庐江发展。铜陵市把大走访活动与争创全国社会治安综合治理优秀城市"三连冠"相结合，要求把走访联系点建成党建和服务群众的示范点。

干部思想受触动，服务群众长本领

2011年12月31日，阜阳市委书记宋卫平再次来到会龙乡会龙村。他此行的目的就是落实上次走访时群众关心的会龙村到朱寨村的道路修复和蔬菜大棚政策保险问题。目前，已筹措40多万元资金基本解决"会朱路"修建问题。对于蔬菜大棚政策保险问题，保险公司正在调研论证中。

近年来，东至县张溪镇杨畈村部分村民种植烟叶，收入可观，但受排水渠淤泥沉积造成的水患影响，目前种植面积仅有260亩。大走访活动开展以来，池州市金融办主要负责人多次率队深入杨畈村调研后，建议对排涝工程整体布局合理设计，并统一规划烟叶种植面积，实现规模效益提升。

随着越来越多的党员干部走进群众、贴近群众、融入群众，大走访转变作风的成效初显，党员干部为群众办实事越来越多，服务群众的观念也越来越强，干群之间的感情越来越深厚。

在毛坦厂镇东石笋村走访时，六安市长张韶春了解到该村连通舒城的道路路况差，对群众出行和当地发展影响较大，就与同行的镇村干部一起研究解决办法。"大走访活动，就是要倾听民声，问访民情，了解民意，增强我们服务百姓的本领，从而拿出更有针对性、可操作性的措施，让农村发展得更快，让百姓生活更好。"张韶春说。

基层的所见所闻，让不少干部的思想深受触动。淮北市烈山区委常委、组织部长马建国连续两周天天在基层走访。他在走访日记中写道："亲历亲受群众所思所盼所忧，我感到需要做的事情太多了。""只有和群众零距离接触，才能真正深入了解群众，知道我们有什么制度需要完善，哪些措施需要强化，怎样帮助解决基层和群众的困难。要从一点一滴做起，不做空洞的'雷声大'宣传，多办具体的'雨点小'实事。"

"群众的困难就是我们的困难，群众的忧愁就是我们的忧愁；群众需要什么，我们就办什么。"大走访活动开展以来，安徽各级党组织和广大党员干部主动到矛盾较集中、问题较复杂、历史遗留问题较多的地方，到条件艰苦、群众不富裕、工作难开展的地方，了解群众所思、所想，集中更多力量解决一大批老百姓交通、饮水、上学等问题。安徽省委副秘书长、省委督查室主任张杰介绍，据不完全统计，目前，市、县、乡、村领导班子成员深入基层走访，共收集梳理各类问题6万多件，已初步解决近4万件。

（《人民日报》2012年02月12日 字数2887）

〔测试记录〕

文章字数：	字
阅读用时：	分钟
阅读速度：	字/分钟
理解率：	%
阅读效率：	字/分钟

第三篇　中国奇迹的一大法宝

任理轩

进入21世纪的中国，正在更深地融入并影响着世界。中国经济连续30多年高速增长，2010年经济总量上升到世界第二位，在国际金融危机肆虐、世界经济低迷中依然保持强劲动力。2011年5月，全球语言监测机构公布的21世纪十大新闻中，"中国崛起"高居榜首。世界纷纷热议"中国奇迹"，并从多方面、多层次进行解读，探寻"中国奇迹"的奥秘。研究一下中国共产党91年的发展壮大史，特别是领导改革开放走过的34年历程，不难发现，"中国奇迹"的根源，就在于中国共产党坚持解放思想、实事求是、与时俱进，始终保持着高度的理论自觉和理论自信。这是"中国奇迹"产生的一大法宝。

高度的理论自觉和理论自信是我们党带领人民创造中国奇迹的根本原因在世界经济发展史上，像中国这样一个有着13亿人口的大型经济体长期保持平稳快速发展非常罕见。改革开放以来，中国经济以惊人的速度发展起来。在1978-2011年的33年间，中国经济的年均增长率接近10%，持续时间之长、速度之高，打破了二战后"日本奇迹"的纪录：日本在1950—1973年的23年间年均经济增长率达到9.3%。在同一时期，中国经济平均增速比世界经济平均增速高了两倍多。

伴随着经济持续快速增长，社会主义中国的面貌发生了历史性变化。从综合国力看，改革开放以来，中国从贫穷落后跃升为世界第二大经济体，进出口贸易总额位居世界第二，外汇储备稳居世界第一，大多数工农业产品产量位居世界第一，已经成为具有全球影响力的制造业大国。从人民生活看，不仅用不足世界10%的耕地养活了世界22%的人口，而且创造了人民生活从贫困到温饱再到总体小康的历史性跨越。2011年，中国人均国内生产总值约5500美元，达到世界中等偏上收入国家水平。社会主义民主政治、社会主义先进文化建设成就非凡。人民民主的内容不断扩大、形式不断丰富、实践不断深化，中国特色社会主义法律体系形成。在改革开放的伟大实践中，在载人航天、北京奥运、上海世博等世所瞩目的大事喜事中，在九八抗洪、抗击非典、抗震救灾等抗击重大自然灾害的艰苦斗争中，中国人民展现了团结统一、爱好和平、勤劳勇敢、自强不息的伟大民族精神，赢得了世界的赞许目光和普遍尊重。

中国奇迹，是在中国共产党的正确领导下，中国人民万众一心、奋力拼搏取得的发展奇迹。我们破除了把市场经济等同于资本主义的思想束缚，又抵制了新自由主义的影响，把社会主义基本制度优势同市场优势有机结合起来，发展社会主义市场经济；我们坚定不移发展社会主义民主政治，民主团结、生动活泼、安定和谐的政治局面不断得到巩固和发展，人民权益得到越来越切实的保障；我们推动社会主义文化大发展大繁荣，中国人民的精神风貌更加昂扬向上，向心力、凝聚力空前提高；我们着力推进以改善民生为重点的社会建设，努力建设社会主义和谐社会；我们始终不渝走和平发展道路，与世界各国共同分享发展机遇、共同应对各种挑战。深入分析中国奇迹可以看出，高度的理论自觉和理论自信是中国奇迹产生的根本原因。这种理论自觉和理论自信体现为对马克思主义基本理论和社会理想的深刻认识和坚定信念；体现为对马克思主义当代价值和现实意义的自觉彰显和坚定信心；体现为不断推进马克思主义理论创新，创造性地回答当代中国和人类社会的重大问题，指导中国经济社会科学发展、和谐发展、和平发展。正是依靠高度的理论自觉和理论自信，我们党才团结带领人民在改革开放的伟大实践中走出了一条适合中国国情的中国特色社会主义道路。

中国特色社会主义道路之所以完全正确、之所以能够引领中国发展进步，关键在于我们既坚持了科学社会主义的基本原则，又根据我国实际和时代特征赋予其鲜明的中国特色。中国特色社会主义道路的鲜明特征在于：这是一条坚持改革开放，以解放和发展生产力为本质要求、以实现共同富裕为价值指向的社会主义现代化道路；这是一条坚持以人为本，以全面协调可持续为基本要求、以统筹兼顾为根本方法的科学发展道路；这是一条坚持勇于创新，依靠中国人民的勤劳智慧、汲取世界文明发展成果，创新发展理念、创新科技文化、创新体制机制的现代文明发展道路；这是一条坚持人民群众的主体地位，发展为了人民、发展依靠人民、发展成果由人民共享的和谐发展道路；这是一条坚持互利共赢的开放战略，在维护世界和平中发展自己，又以自身发展促进世界和平的和平发展道路。

中国奇迹的发生，充分证明了中国特色社会主义道路是复兴之路、富强之路、幸福之路，是实现社会主义现代化、创造人民美好生活的必由之路。

高度的理论自觉和理论自信是我们党始终站在时代前列的根本优势

我们党是一个由科学理论孕育催生、用科学理论武装发展的马克思主义政党。高度的理论自觉和理论自信，是我们党区别于其他一切政党的鲜明特征，是我们党始终保持先进性的集中体现，是我们党始终站在时代前列、保持创造力凝聚力战斗力的根本优势。

理论自觉就是既坚持马克思主义基本原理，又善于在实践中总结规律性认识，不断丰富和发展马克思主义，推进马克思主义中国化时代化大众化，用发展着的马克思主义指导新的实践。理论自信就是坚定对马克思列宁主义、毛泽东思想和中国特色社会主义理论体系的信念，坚持高举旗帜不动摇，坚持理论创新不停步，坚持理论武装不放松，坚持海纳百川不封闭。

依靠高度的理论自觉和理论自信，我们党把马克思主义基本原理同中国革命具体实际相结合，实现了马克思主义中国化的第一次飞跃，创立了毛泽东思想，完成了新民主主义革命，实现了民族独立、人民解放；完成了社会主义革命，确立了社会主义基本制度。新民主主义革命的胜利，社会主义基本制度的建立，为当代中国一切发展进步奠定了根本政治前提和制度基础。

依靠高度的理论自觉和理论自信，我们党以巨大的政治勇气、理论勇气、实践勇气实行改革开放，实现了马克思主义中国化的第二次飞跃，创立了中国特色社会主义理论体系，形成了党在社会主义初级阶段的基本路线、基本纲领、基本经验，建立和完善社会主义市场经济体制，坚持全方位对外开放，推动社会主义现代化建设取得举世瞩目的伟大成就。社会主义和马克思主义在中国大地上焕发出勃勃生机，给人民带来更多福祉，使中华民族大踏步赶上时代前进潮流、迎来伟大复兴的光明前景。

我们党成立91年、在全国执政63年、领导改革开放34年以来，推动中国经济社会发生了深刻变革和快速发展，创造了人类历史上少有的发展奇迹，开辟和拓展了中国特色社会主义道路，创立和发展了中国特色社会主义理论体系，形成和完善了中国特色社会主义制度，这是中国共产党领导全国各族人民进行的重大创新，是人类文明史上的伟大创举，是中国对世界的历史性贡献。这样成就的取得，是党的高度理论自觉和理论自信的必然结果，是党在思想理论上既一脉相承又与时俱进的必然结果，是党对共产党执政规律、社会主义建设规律和人类社会发展规律深刻认识的必然结果。

改革开放以来，我们党以高度的理论自觉和理论自信，团结带领人民推进社会主义制度自我完善和发展，在经济、政治、文化、社会等各个领域形成一整套相互衔接、相互联系的制度体系，确立了中国特色社会主义制度。中国特色社会主义制度的内在优势在于：人民代表大会制度这一根本政治制度，中国共产党领导的多党合作和政治协商制度、民族区域自治制度以及基层群众自治制度等构成的基本政治制度，中国特色社会主义法律体系，公有制为主体、多种所有制经济共同发展的基本经济制度，以及建立在根本政治制度、基本政治制度、基本经济制度基础上的经济体制、政治体制、文化体制、社会体制等各项具体制度，符合我国国情，顺应时代潮流，有利于保持党和国家活力、调动广大人民群众和社会各方面的积极性、主动性、创造性，有利于解放和发展社会生产力、推动经济社会全面发展，有利于维护和促进社会公平正义、实现全体人民共同富裕，有利于集中力量办大事、有效应对前进道路上的各种风险挑战，有利于维护民族团结、社会稳定、国家统一。

中国奇迹，是中国特色社会主义制度内在优势的彰显，是我们党以高度的理论自觉和理论自信始终站在时代前列的最好例证和生动说明。

增强理论自觉和理论自信是我们党实现历史使命的根本要求

当今世界正处在大发展大变革大调整时期，当代中国正处在全面建设小康社会的关键时期和深化改革开放、加快转变经济发展方式的攻坚时期。面对风云变幻的国际形势，面对艰巨繁重的国内改革发展稳定任务，我们只有进一步增强理论自觉和理论自信，中国特色社会主义航船才能战胜艰险、破浪前行，我们党才能团结带领人民实现中华民族的伟大复兴。

从国际看，和平、发展、合作仍是时代潮流，世界多极化、经济全球化深入发展，世界经济政治格局出现新变化，科技创新孕育新突破，国际环境总体上有利于我国和平发展。同时，国际金融危机影响深远，世界经济增长速度减缓，全球需求结构出现明显变化，围绕市场、资源、人才、技术、标准等的竞争更加激烈，气候变化以及能源资源安全、粮食安全等全球性问题更加突出，各种形式的保护主义抬头，我国发展的外部环境更趋复杂。

从国内看，工业化、信息化、城镇化、市场化、国际化深入发展，人均国民收入稳步增加，经济结构转型加快，市场需求潜力巨大，资金供给充裕，科技和教育整体水平提升，劳动力素质改善，基础设施日益完善，体制活力显著增强，政府宏观调控和应对复杂局面能力明显提高，社会大局保持稳定，我们完全有条件推动经济社会发展和综合国力再上新台阶。同时，我国发展中不平衡、不协调、不可持续问题依然突出，主要是，经济增长的资源环境约束强化，投资和消费关系失衡，收入分配差距较大，科技创新能力不强，产业结构不合理，农业基础仍然薄弱，城乡区域发展不协调，就业总量压力和结构性矛盾并存，物价上涨压力加大，社会矛盾明显增多，制约科学发展的体制机制障碍依然较多。

综合判断国际国内形势，我国发展仍处于可以大有作为的重要战略机遇期，既面临难得的历史机遇，也面对诸多可以预见和难以预见的风险挑战。我们必须增强理论自觉和理论自信，坚定不移坚持党的十一届三中全会以来的路线方针政策，坚定信心、砥砺勇气，坚持不懈把改革创新精神贯彻到治国理政各个环节，奋力把改革开放推向前进。在前进道路上，我们要继续牢牢扭住经济建设这个中心不动摇，坚定不移走科学发展道路；继续大力推进社会主义民主政治建设，坚定不移走中国特色社会主义政治发展道路；继续大力推动社会主义文化大发展大繁荣，坚定不移发展社会主义先进文化；继续大力保障和改善民生，坚定不移推进社会主义和谐社会建设。这是续写中国奇迹的内在要求，是我们党继续推动中华民族伟大复兴进程的战略任务。

中国的发展离不开世界，世界的发展也需要中国。我们党要团结带领人民续写中国奇迹、实现历史使命，既要坚持走自己的路，又要与世界合作共赢，在加快发展中充分展示开放、包容、负责任的大国形象。无论积极创造参与国际合作和竞争新优势，还是妥善应对国际形势新挑战；无论实现全面协调可持续发展、保障和改善民生，还是破除妨碍科学发展的思想观念和体制机制障碍、破解资源和环境瓶颈，都需要切实增强理论自觉和理论自信，更好地把马克思主义基本原理同当代中国实践和时代特征结合起来，发扬光大马克思主义的理论精华，集中凝聚中华民族的非凡智慧，大力推进实践创新、理论创新、制度创新。只有这样，才能抓住和用好我国发展的重要战略机遇期，赢得主动、赢得优势、赢得未来，不断为全面建设小康社会、实现中华民族伟大复兴打下更为坚实的基础。

增强理论自觉和理论自信是我们党团结带领全国各族人民共同奋斗的根本基础

中国特色社会主义理论体系，是包括邓小平理论、"三个代表"重要思想以及科学发展观等重大战略思想在内的科学理论体系，是全党全国各族人民团结奋斗的共同思想基础。它系统回答了在中国这样一个十几亿人口的发展中大国建设什么样的社会主义、怎样建设社会主义，建设什么样的党、怎样建设党，实现什么样的发展、怎样发展等一系列重大问题，是对毛泽东思想的继承和发展。它的独特价值在于：它是将马克思主义与本国国情相结合，与时代发展同进步，与人民群众共命运而形成的最新理论成果；是中华文明、中国智慧与时代精神和人类文明成果相融合的最新思想结晶；是深刻把握共产党执政规律、社会主义建设规律和人类社会发展规律的最新科学认识；是对发展中国家如何在新的国际形势下实现自身发展和赶上世界潮流，在全球化浪潮中创造独特优势的最新成功解答。

经过改革开放特别是党的十六大以来的不懈努力，我国思想道德领域的主流是积极健康的，全国各族人民的共同理想信念更加牢固，全社会的精神风貌更加昂扬向上。中国成功应对国际金融危机冲击，成为全球瞩目的世界经济复苏引擎，中国人民的民族自尊心、自信心、自豪感空前增强，对坚持中国特色社会主义旗帜、道路、理论体系和制度充满信心。同时，在经济体制深刻变革、社会结构深刻变动、利益格局深刻调整、思想观念深刻变化的历史条件下，人们思想活动的独立性、选择性、多变性和差异性不断增强，统一思想、凝聚共识既面临难得的历史机遇，也面对一些问题和挑战。

理论建设是文化建设的核心。理论自觉和理论自信是文化自觉和文化自信的基础。只有切实增强理论自觉和理论自信，才能抓住机遇、应对挑战，不断增强国家文化软实力；才能用社会主义核心价值体系引领社会思潮，在多元中立主导、在多样中谋共识、在多变中把握正确方向，进一步巩固全党全国各族人民团结奋斗的共同思想基础。增强理论自觉和理论自信，当前需要突出抓好以下几个方面。

始终高举中国特色社会主义伟大旗帜。中国特色社会主义伟大旗帜，是当代中国发展进步的旗帜，是全党全国各族人民团结奋斗的旗帜，是在新形势下增强理论自觉和理论自信的基本遵循。高举中国特色社会主义伟大旗帜，最根本的就是要坚持中国特色社会主义道路、理论体系和制度不动摇。中国特色社会主义道路，是建设富强民主文明和谐的社会主义现代化国家、创造人民美好生活的唯一正确道路。中国特色社会主义理论体系，是指导党和人民沿着中国特色社会主义道路实现中华民族伟大复兴的唯一正确理论。中国特色社会主义制度，集中体现了中国特色社会主义的特点和优势，是当代中国发展进步的根本制度保障。

继续推进中国特色社会主义实践创新、理论创新和制度创新。坚持和拓展中国特色社会主义道路，坚持和丰富中国特色社会主义理论体系，坚持和完善中国特色社会主义制度，这是在新形势下增强理论自觉和理论自信的基本着眼点。要准确把握世界发展大势，准确把握社会主义初级阶段基本国情，深入研究我国发展的阶段性特征，及时总结党领导人民创造的新鲜经验，重点抓住经济社会发展重大问题，作出新的理论概括，永葆科学理论的旺盛生命力；不断深化对经济社会发展的规律性认识，不断升华中国特色社会主义实践成果、理论成果、制度成果，不断赋予中国特色社会主义鲜明的实践特色、民族特色和时代特色。

坚持不懈用中国特色社会主义理论体系武装全党、教育人民。这是增强理论自觉和理论自信的重要任务。中国特色社会主义理论体系这一马克思主义中国化最新成果，只有为广大党员和人民群众所理解、所掌握，才能在实践中发挥出巨大的指导作用，转化为强大的物质力量。要针对当前干部群众中出现的一些思想疑虑和困惑，针对人们关心的重大理论和现实问题，深入研究阐释，帮助干部群众明辨是非、澄清认识，把思想统一到中央精神上来，统一到推动科学发展、促进社会和谐上来。要用群众喜闻乐见的形式和各种现代化的传播方式宣传党的理论创新成果，不断增强马克思主义的创造力、说服力、感召力。

努力构建具有中国特色、中国风格、中国气派的话语体系。这是增进与世界各国之间理解与互信，充分展现中国和平发展、民主进步、文明友善的国家形象的现实需要，是增强中国文化软实力的重要途径，是新形势下增强理论自觉和理论自信的必然要求。要在学习借鉴人类文明成果的基础上，用中国的理论研究和话语体系解读中国实践、中国道路，不断概括出理论联系实际的、科学的、开放融通的新概念、新范畴、新表述。要运用国外受众易于理解和接受的形式和手段，讲好讲活讲深中国故事，增强话语体系的亲和力、感染力，同时对发展观、全球化、现代化和人与自然和谐发展等人类发展共同面对的重大问题作出具有说服力的理论回答，增强话语体系的解释力、影响力。要讲清楚中国基本国情、发展理念、内外政策，阐明我们坚定不移地走中国特色社会主义道路、坚定不移地坚持改革开放、坚定不移地发展社会主义民主政治、坚定不移地走和平发展道路的鲜明立场和主张。

高度的理论自觉和理论自信，建立在中国特色社会主义伟大实践基础之上，又是引领这一伟大实践蓬勃发展的强大精神力量。只要我们高举中国特色社会主义伟大旗帜，打牢思想根基，凝聚社会共识，不为任何风险所惧，不被任何干扰所惑，坚定不移沿着中国特色社会主义道路奋勇前进，就一定能创造更加辉煌的发展奇迹，实现中华民族伟大复兴，为人类的进步事业作出更大贡献！

（《光明日报》2012年07月23日 字数6773）

〔测试记录〕	
文章字数：	字
阅读用时：	分钟
阅读速度：	字/分钟
理解率：	%
阅读效率：	字/分钟

参考书目

〔1〕 A.McCollen： Speed Reading of English for American Children. N.J： Lawrence Erlbaum Associates， 1996

〔2〕 D.Foss & D.Hakes： Psycholingusitics： An Introduction to the Psychology of language. New York： Prentice – Hall， 1978

〔3〕 D.G. Bobrow & A.Collins （Eds.）： Representation and Understanding： Studies in Cognitive Science. New York： Academic Press， 1975

〔4〕 S.P.Fost & M.K.Paine： PSR： The New Revolution of Reading Study. Harmondsw orth： Penguin， 1996

〔5〕 阿恩海姆著，滕守尧译：《视觉思维》，光明日报出版社，1987年

〔6〕 阿瑟·克罗普利著，沈金荣等译：《终身教育》，职工教育出版社，1990年

〔7〕 艾天喜著：《过目不忘的记忆术》，中国友谊出版公司，1989年

〔8〕 爱德华·孚蓝著，李志强、盛群力译：《速读教育指南》，福建教育出版社，1991年

〔9〕 安生编著：《战胜右脑》，海南出版社，1997年

〔10〕 奥·库兹捏佐夫著，杨春华等译：《快速阅读法》，中国青年出版社，1980年

〔11〕 鲍尔、希尔加德著，邵瑞珍等译：《学习论——学习活动的规律探索》，上海教育出版社，1987年

〔12〕 北京三维人生心理科学研究所编：《做自己的心理医生》，中国民航出版社，1998年

〔13〕 布莱克斯利著，董奇、杨滨译：《右脑的奥秘与人的创造力》，国际文化出版公司，1988年

〔14〕 布莱克斯利著，傅世侠、夏佩玉译：《右脑与创造》，北京大学出版社，1992年

〔15〕 陈冠如编著：《如何使孩子用功读书》，武陵出版社（台湾），1994年

〔16〕陈文德著：《学习困难儿童指导手册》，中国少年儿童出版社，1996年

〔17〕成栋编著：《"十"式思维》，中国档案出版社，1997年

〔18〕程汉杰、石鼎风编著：《超快速阅读法》，知识出版社，1993年

〔19〕春山茂雄著，魏珠恩译：《脑内革命》，创意力文化事业公司（台湾），1996年

〔20〕崔相录主编：《素质教育——中小学教育改革的主旋律》，山东教育出版社，1997年

〔21〕德莱顿、沃斯著，顾瑞容等译：《学习的革命》，生活·读书·新知三联书店，1997年

〔22〕董奇、周勇、陈红兵编著：《自我监控与智力》，浙江人民出版社，1996年

〔23〕高木重郎著，林怀秋译：《记忆术》，湖南科学技术出版社，1983年

〔24〕高特曼等著，刘寿怀译：《怎样培养高EQ的小孩》，时报文化出版企业股份有限公司（台湾），1997年

〔25〕顾建华、程汉杰主编：《超级全脑速读》，北京师范大学音像出版社，1997年

〔26〕桂诗春著：《心理语言学》，上海外语教育出版社，1985年

〔27〕国家教育委员会基础教育司编：《面向21世纪开创基础教育的新局面》，北京师范大学出版社，1997年

〔28〕哈里·谢夫特著，朱敏才译：《自学快速阅读法》，中国国际广播出版社，1992年

〔29〕韩氏青著：《现代思维方法学》，山东人民出版社，1989年

〔30〕加古德次著，王彦良、陈俊杰编译：《神奇速读记忆法》，新华出版社，1989年

〔31〕加涅著，傅统先、陆有铨等译：《学习的条件》，人民教育出版社，1987年

〔32〕科恩著，杨爱华等译：《科学革命史》，军事科学出版社，1992年

〔33〕科林·曼尔斯著，胡雪梅、李志强译：《高效速读法》，陕西人民出版社，1989年

〔34〕 兰本达著：《物理学家是怎样工作的》，人民教育出版社，1990年

〔35〕 乐连珠著：《小学速读教学》，浙江少年儿童出版社，1992年

〔36〕 李康主编：《阅读训练教程》，北京三维人生心理科学研究所内部资料，1998年

〔37〕 联合国教科文组织总部：《教育——财富蕴含其中》，教育科学出版社，1996年

〔38〕 刚梁良、黄牧怡著：《走进思维的新区》，中央编译出版社，1996年

〔39〕 梁龙娟编著：《创造性思维训练》，北京三维人生心理科学研究所内部资料，1998年

〔40〕 凌云、麦吉编著：《情商：唤醒心中的巨人》，企业管理出版社，1997年

〔41〕 芦田献之著，吴树生译：《实用速读法》，上海文化出版社，1988年

〔42〕 吕缜颜主编：《快速阅读》，辽宁省锦州市记忆研究会内部教材，1987年

〔43〕 罗伯特·谢弗著，李杏保等编译：《成功的阅读》，上海社会科学院出版社，1989年

〔44〕 奈德·嚇曼著，宋伟航译：《全脑革命》，经济管理出版社，1998年

〔45〕 南博著，宋金明编译：《记忆术》，中国青年出版社，1996年

〔46〕 帕博著，赖慈芸等译：《WWW，新家庭》，大块文化（台湾），1997年

〔47〕 潘菽主编：《教育心理学》，人民教育出版社，1983年

〔48〕 彭聃龄主编：《语言心理学》，北京师范大学出版社，1991年

〔49〕 彭聃龄主编：《普通心理学》，北京师范大学出版社，1988年

〔50〕 皮亚杰著，王宪钿译：《发生认识论原理》，商务印书馆，1981年

〔51〕 七田真著，刘天祥译：《超右脑革命》，中国生产力中心（台湾），1996年

〔52〕 齐藤茂太著，王美娟译：《脑内革命》，西藏人民出版社，1998年

〔53〕 钱学森主编：《关于思维科学》，上海人民出版社，1986年

〔54〕 邵郊编著：《生理心理学》，人民教育出版社，1978年

〔55〕 申荷永、高岚著：《心理教育》，暨南大学出版社，1995年

〔56〕佘文才等编著：《高效阅读》（上），安徽人民出版社，1992年

〔57〕沈蕾编著：《高效阅读》（下），安徽人民出版社，1992年

〔58〕施良方著：《学习论——学习心理学的理论与原理》，人民教育出版社，1994年

〔59〕汤川秀树著，周林东译：《创造力和直觉》，复旦大学出版社，1987年

〔60〕唐映红、郭晨升著：《EQ：戈尔曼的人生处方》，企业管理出版社，1997年

〔61〕唐映红著：《心灵体操——心理能力自助训练教程》，中国城市出版社，1998年

〔62〕陶西平主编：《从这里起步——北京市优秀教师教学法精粹》，北京教育出版社，1997年

〔63〕王洪礼著：《奇妙的快速高效记忆法》，中国青年出版社，1992年

〔64〕王洪礼著：《快速高效记忆学》，贵州人民出版社，1989年

〔65〕王凯荣编著：《行为作业·记忆能力训练》，北京三维人生心理科学研究所内部资料，1998年

〔66〕王丽等编著：《中国语文教育忧思录》，教育科学出版社，1999年

〔67〕王雨田主编：《控制论、信息论、系统科学与哲学》，中国人民大学出版社，1988年

〔68〕王宇鸿主编：《现代快速系列学习方法》，山西教育出版社，1993年

〔69〕威廉·卡尔文著，杨雄里、梁培基译：《大脑如何思维：智力演化的今昔》，上海科学技术出版社，1996年

〔70〕温寒江、连瑞庆主编：《开发右脑——发展形象思维的理论和实践》，浙江教育出版社，1997年

〔71〕温寒江著：《现代教学论引论》，天津教育出版社，1988年

〔72〕吴忠魁主编：《让孩子听说读写样样通》，北方妇女儿童出版社，1997年

〔73〕吴忠魁主编：《如何成为学习大王》，北方妇女儿童出版社，1997年

〔74〕吴宗潢著：《智能学论纲》，三联书店，1988年

〔75〕谢家安著：《开启您的智慧》，科学出版社、香港大脑潜能中心，

1996年

〔76〕欣茨曼著，韩进之等译：《学习与记忆心理学》，辽宁科学技术出版社，1986年

〔77〕徐云主编：《儿童早期教育与训练》，浙江教育出版社，1994年

〔78〕许良英、范岱年编译：《爱因斯坦文集》第1卷，商务印书馆，1976年

〔79〕杨玉英、朱法良编著：《"学习与全面发展"应用研究》，教育科学出版社，1997年

〔80〕闫本古、王志强主编：《中学语文快速阅读与训练》，山东教育出版社，1994年

〔81〕晏茂心、蒋瑛、易明惠合著：《初中生四级台阶速读训练法》，四川少年儿童出版社，1992年

〔82〕野口悠纪雄著，陈系美、王燕萍译：《"超"学习法》，中国友谊出版公司，1998年

〔83〕俞国良、郑布英编著：《现代人成材技能优化》，中国国际广播出版社，1990年

〔84〕俞国良编著：《创造力心理学》，浙江人民出版社，1996年

〔85〕曾祥芹、韩雪屏主编：《阅读学原理》，河南教育出版社，1992年

〔86〕章益辑编译：《新行为主义学习论》，山东教育出版社，1983年

〔87〕张必隐主编：《阅读心理学》，北京师范大学出版社，1992年

〔88〕赵中建编：《教育的使命——面向21世纪的教育宣言和行动纲领》，教育科学出版社，1996年

〔89〕朱曼殊主编：《心理语言学》，上海教育出版社，1990年

〔90〕朱智贤、林崇德著：《思维发展心理学》，北京师范大学出版社，1986年

〔91〕朱智贤主编：《心理学大词典》，北京师范大学出版社，1989年